U0468643

国家竞争战略论

— ON NATIONAL COMPETITIVE STRATEGY —

唐永胜 ◎ 主　编
贤峰礼 ◎ 副主编

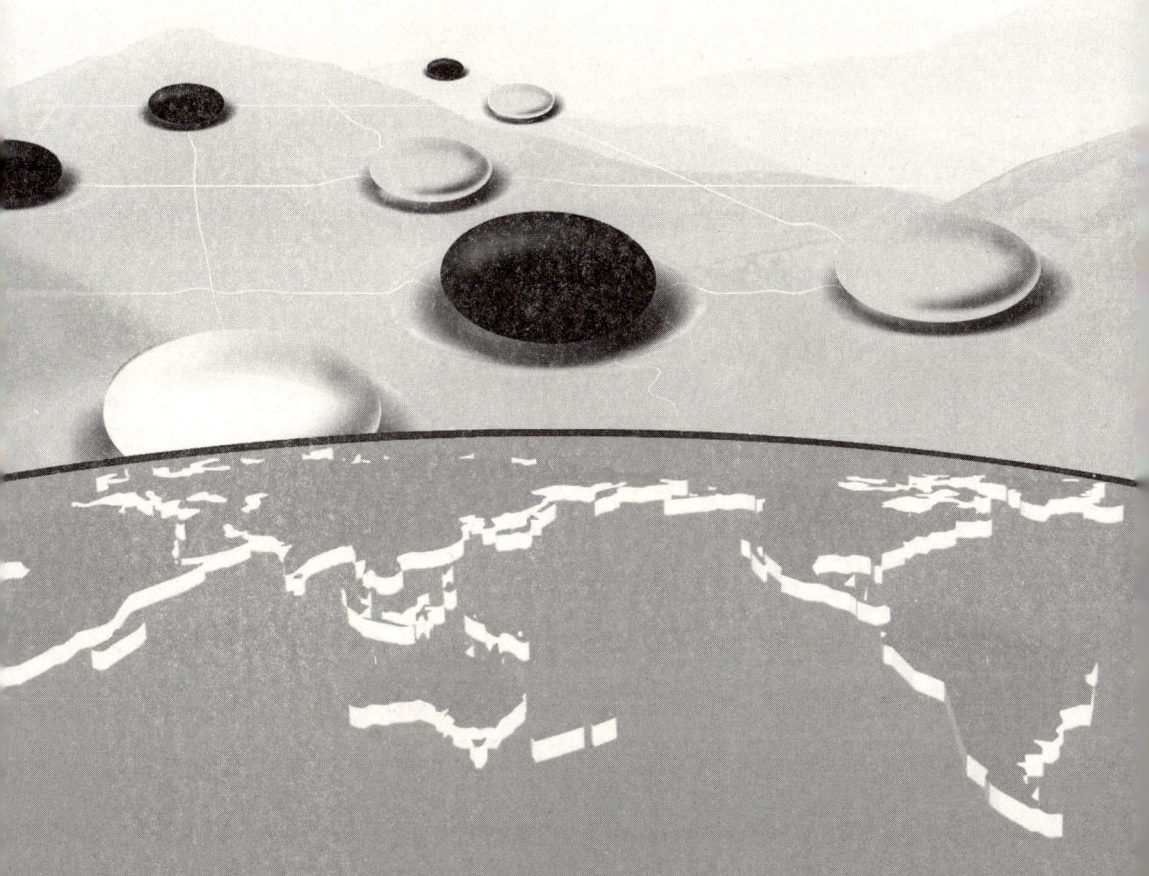

时事出版社
北京

图书在版编目（CIP）数据

国家竞争战略论/唐永胜主编. —北京：时事出版社，2018.1
ISBN 978-7-5195-0161-7

Ⅰ.①国…　Ⅱ.①唐…　Ⅲ.①国际化—竞争战略—研究　Ⅳ.①F114

中国版本图书馆 CIP 数据核字（2017）第 287341 号

| 出 版 发 行：时事出版社
| 地　　　　址：北京市海淀区万寿寺甲 2 号
| 邮　　　　编：100081
| 发 行 热 线：(010) 88547590　88547591
| 读者服务部：(010) 88547595
| 传　　　　真：(010) 88547592
| 电 子 邮 箱：shishichubanshe@sina.com
| 网　　　　址：www.shishishe.com
| 印　　　　刷：北京朝阳印刷厂有限责任公司

开本：787×1092　1/16　印张：16.5　字数：200 千字
2018 年 1 月第 1 版　2018 年 1 月第 1 次印刷
定价：90.00 元

（如有印装质量问题，请与本社发行部联系调换）

执笔人(按姓氏笔画)：
马　锋　刘　庆　李　薇　沈志雄
贤峰礼　赵景芳　姜　磊　唐永胜

前　　言

随着国际体系深刻变迁，国际关系的性质已经发生重要变化，爆发世界大战的危险显著下降，传统的零和博弈受到日益增多的制约。大国，其中也包括原有的霸权国家，已难以追求绝对安全，而代之以争夺相对竞争优势，进而大国在国际竞争中占据主导地位。由此而来，国家竞争战略的重要作用得以日趋凸显。

人类的竞争是一个永恒历史主题。作为战略竞争的主体，自民族国家形成以来，国家间战略竞争从来就没有停止过，而且在相当长一段时间内，这种竞争主要以残酷的战争方式进行，在成王败寇的历史定律中重复着国家存亡和大国兴衰的轮回，并推动实现世界和地区权力的更替与转移。两次世界大战的爆发主因是大国竞争，并将竞争的烈度推至历史顶点，给人类带来空前灾难，迫使各国不得不在战后进行深刻反思，以避免历史悲剧重演。二战结束后爆发的冷战发生在美苏两个超级大国集团间，是为争夺世界霸主地位而在全球范围内展开的一场空前战略大博弈，最终以苏联的垮台而终结，由此开创了人类历史上没有经过大规模战争对决便决定结局的大国战略竞争新模式，具有重大的历史转折点意义。

历史证明，人类社会越发达，国家间战略竞争也会变得越激烈。进入21世纪，在信息化和全球化浪潮的助推下，人类社会发展迈入了一个新的时代，呈现出诸多前所未有的新特征，令人眼花缭乱，应接不暇。一方面，经济全球化使国际联系更加密切，相互借重和依赖显著增强，给各国发展带来了新机遇；另一方面，经济全球化无法代替国家主体的独立性，以国家综合实力提升为基础，各国为保持自身优势，实现本国利益最大化，相互防范、戒备和制衡力度也在同步增大。其结果是，合作之势使国家间相互牵制，战略顾忌加大，在世界范围内爆发大战的可能性明显降低，甚至在使用武力上也将变得更加慎重；与此同时，竞争之势又使国家间的矛盾与对抗增多，并在政治、经济、军事、科技、信息、文化等全领域，通过多元途径角力，致使当今世界危机四伏，冲突不断。当前，以金砖国家为代表的新兴市场国家群体崛起已对美西方发达国家主导的世界经济体系带来巨大冲击，双方的经济和金融竞争已拉开帷幕，由此引发的是范围更广泛的大国权力之争。这是前所未有的历史性全球大博弈，标志着人类社会进入了新一轮国际权力更替与转移期，竞争的结果将直接决定未来国际格局变化和国际秩序调整。面对历史机遇与挑战，世界主要国家尤其是大国纷纷筹划和制定新的国家竞争战略，提升国家综合竞争力，谋取全面优势，争取战略主动。

国家经济实力历来是国家战略竞争的强大支撑和坚强后盾。作为国家战略竞争的重要组成部分，在经济全球化时代，以大型跨国企业竞争为主体的商业竞争一直是人们关注的焦点，其激烈程度丝毫不亚于国家安全和军事领域的竞争，甚至更加现实残酷。需求是人类社会发展的不竭动力。人类丰富的战争实践不仅推动了社会发展和进步，更催生了《孙子兵法》和《战争论》等军事理论巨著的诞生，并用于指导战争实践。同样，在严峻的企业生存危机和巨大经济利益的驱动下，商业竞争也已积累了丰富竞争实践，由此催生了较为系统成熟的商业竞争理论，并指导企业如何在激烈的商业竞争中立于不败之地。美国哈佛商学院迈克尔·波特教授是商业竞争战略理论家，被誉为"竞争战略之父"，也是当今世界竞争战略和竞争力领域公认的权威。他的三部关于

前　言

商业竞争的经典著作《竞争战略》《竞争优势》《国家竞争优势》被称为竞争三部曲，是当今竞争理论经典成果。他所提出的"五种竞争力量"和"三种竞争战略"是其竞争理论的核心，其研究实现了由企业竞争向国家竞争的升级转变，被奉为指导商业竞争的宝典。商场如战场，商业竞争与国家安全领域的竞争有诸多相通相似之处，国家安全领域竞争完全可从商业竞争中得到有益借鉴与启示，对于国家安全领域的专家而言，如何将二者紧密联系起来，把商业竞争理论和实践研究透，并将其成功运用于国家安全竞争领域，这是十分大胆而有益的尝试，必将给国家安全领域的战略竞争研究注入新活力。

中华文明博大精深，源源流长，作为一个拥有五千年文化的世界大国，中国不乏关于战略竞争的丰富理论与实践。先秦诸子，战国七雄，合纵连横，纵横捭阖，秦国一统，演绎了世界史上战略竞争的绝唱。此后，虽然王朝频繁更替，但统一后的中华封建王朝长期处于无竞争对手的独孤求败状态，直至进入近代，曾盛极一时的大清帝国终在西方列强炮舰的联合轮番冲击下千疮百孔，身陷国衰外侮的困境，最终在与西方国家之间的首次战略竞争中彻底失败。已衰弱的大清国也曾试图通过学习西洋，革新图强。但不幸的是，洋务运动只学到了皮毛，而邻国日本的明治维新则是脱胎换骨，结局是傲慢的大清国在与邻国日本的战略竞争中再次失败，在内忧外患中终于轰然倒塌，中华民族复兴进程被打断。中华民国的建立迎来了中国发展的又一次机遇，正当中国经济和社会发展呈现繁荣之相时，日本再次将军事矛头对准中国，接连发动侵华战争，中华民族复兴进程再次被打断，并陷于亡国危险，全民抗战，救亡图存成为全民族上下的共同悲壮历史使命。

新中国成立后，在中国共产党的领导下，中华民族重新走上国家富强民族复兴之路。在建国后的一段时期内，为有效遏制中国发展壮大，西方对华奉行全面封锁政策，使中国发展面临重重困难。即使在这种恶劣环境中，共产党领导下的新中国依然生机勃勃，充满活力，综合实力稳步上升。在国家安全领域，抗美援朝战争的伟大胜利标志着自近代以来，中国第一次在与外国列强的军事较量中取得成功，极大地提升了民族自豪感，增强了参与国际竞争的自信心。而"两弹一星"的辉煌成就使中国一举奠定再次成为世界强国的根基，在与其他世界大国的战略竞争中赢得一席之地，成为世界国际格局中一支不容忽视的战略力量。改革开放已近40年，中国充分利用难得战略机遇期，始终坚持以经济建设为中心不动摇，韬光养晦，潜修内功，综合国力和国际影响力快速稳步提升，令世界瞩目，在新一轮国际战略竞争中赢得主动，为实现国家崛起和民族复兴积聚了强大物质和精神力量。

国际体系正处在深刻变迁之中，中国与外部世界的关系也进入深度调整的关键阶段。列宁指出："只有首先分析从一个时代转变到另一时代的客观条件，才能理解我们面前发生的各种重大历史事件……只有在这个基础上，即首先考虑到各个'时代'的不同的基本特征（而不是个别国家的个别历史事件），我们才能够正确地制定自己的策略；只有了解了某一时代的基本特征，才能在这一基础上去考虑这个国家或那个国家的更具体的特点。"[①] 进入新世纪，全球化带来了国际形势更加深刻的变革、调整和重组，进一步加深了国际主体间的相互依存与竞争合作，推动世界格局加速向多极化发展趋势，国际战略竞争的内涵和外延都有重要拓展。中国作为"崛起国家"的代表，其快速崛起的势头已使现存"守成大国"美国感受到巨大压力，并视中国为能够挑战其世界领导地位和全球霸权的主要现实对手。以加快推行第三次抵

---

① 列宁：《打着别人的旗帜（1915年1月以后）》，《列宁全集》第26卷，第142—143页。

消战略为主要标志，美国对华战略遏阻已全面展开，中美战略竞争已成为关系两个世界大国前途和命运的战略大博弈，令世界瞩目。

随着国际局势的深刻变化，国际秩序进入变革和重塑期，原有权力结构出现松动，在变化的世界中可利用的矛盾显著增多，为中国顺势而为谋求发展，在国际事务中提升制度性和结构性权力提供了有利条件，但如果应对失当，也可能成为矛盾聚集的焦点。在当前及未来较长时期里，中国需要切实走出一条不同于传统权力政治的新的国家安全道路，以此为条件才有可能成功破解"修昔底德陷阱"，有效维护国家安全，担当起大国责任。在大国关系层面上，中国的战略任务仍十分繁重，尽管中国坚持和平发展道路，在国际政治安全事务中努力追求合作和共赢，但美国对外政策中的权力政治逻辑难有实质改变，对中国的战略顾虑将随着中国综合国力的持续提高而不断加深，将中国确定为最大"挑战者"和"现实对手"的可能性将长期存在。中国在对外开放提高国际竞争力的同时，尤其须有效防范和慑止美国或以美国为首的国家集团与我发生直接重大冲突。

战略竞争无法避免且无时无刻无处不在，也只有在战略竞争中赢得胜利才能实现中华民族真正的崛起。这是一项无成功历史先例可循的历史性任务，既需要充分吸取历史上大国兴衰的经验和教训，避免与"守成大国"实施"零和"竞争，陷入恶性循环，犯颠覆性的历史错误，又要全面吸取中华文明的智慧精髓，与时俱进，紧密结合世界发展大势和中国实际，解放思想，大胆创新，破解时代难题，走出一条具有中国特色的战略竞争之路，为实现"两个一百年"目标和中华民族伟大复兴提供坚强支撑。中国传统的"和合"文化以及战略思维中天下情怀、道德主义、注重防御等内涵，必然构成今天和平发展、兼济天下大战略的基本逻辑和历史根源。战略研究和筹划要为中国和平崛起和国际关系实践服务，要为推动战略理论的创新，也要为推动世界和平与发展作出独特贡献。中国的战略文化必将在日益丰富的战略实践中发扬光大，而具有历史穿透力的战略思想将构成中国民族复兴的重要支撑，时代呼唤中国特色的竞争战略。

目 录

第一章　企业竞争战略理论及启示 …………………………（1）
　一、企业竞争战略理论的三大流派 ……………………………（1）
　　（一）结构学派 ………………………………………………（1）
　　（二）能力学派 ………………………………………………（2）
　　（三）资源学派 ………………………………………………（2）
　二、企业竞争战略理论的主要内容 ……………………………（3）
　　（一）竞争体系 ………………………………………………（3）
　　（二）竞争个体 ………………………………………………（25）
　　（三）竞争结构与个体的连接 ………………………………（28）
　　（四）动态竞争 ………………………………………………（31）
　　（五）战略评估 ………………………………………………（35）
　三、企业竞争对国家战略竞争的几点启示 ……………………（37）
　　（一）准确把握国家与国际体系的关系 ……………………（38）
　　（二）国家竞争应牢固树立成本控制理念 …………………（39）
　　（三）国家竞争应充分体现差异性效能 ……………………（39）
　　（四）打造国家赢得竞争的核心竞争力 ……………………（39）
　　（五）以创新保持和提升国家核心竞争力 …………………（40）
　　（六）拥有引领竞争的一流领导层 …………………………（40）
　　（七）建立科学完善的竞争战略评估机制 …………………（41）

第二章　当前国家竞争战略基本理论和实践 (42)
一、国家竞争与国家竞争战略 (42)
（一）国家竞争 (42)
（二）国家竞争战略 (43)
二、国家竞争战略的影响要素 (50)
（一）综合国力 (50)
（二）战略环境 (52)
（三）战略文化 (54)
三、竞争战略决策 (56)
（一）主要特点 (57)
（二）主要内容 (59)
四、竞争战略规划 (62)
（一）意义作用 (63)
（二）主要内容 (64)
五、竞争战略实施 (68)
（一）竞争能力准备 (68)
（二）竞争实施 (69)
六、竞争战略评估 (72)

第三章　历史上大国战略竞争实践及其启示 (75)
一、出发点：认清战略环境与方位 (75)
（一）把握时代大势 (76)
（二）找准主要对手 (81)
（三）确定关键领域 (85)
二、支撑点：确立正确思想与理论 (91)
（一）构建独特价值 (92)
（二）修定完善理论 (94)
（三）防止因循守旧 (96)

三、关节点：以降低竞争成本获取优势 (99)
- （一）集中竞争战略 (100)
- （二）差异化竞争战略 (104)
- （三）总成本领先战略 (108)

四、助力点：增强和保持战略柔性 (116)
- （一）恪守理性 (116)
- （二）适时纠偏 (120)
- （三）视情重塑 (123)

第四章 国家安全竞争战略的理论构建 (131)

一、构建国家安全竞争战略的基本问题 (131)
- （一）国家安全竞争战略的核心要义 (132)
- （二）国家安全竞争战略的根本目的 (133)
- （三）国家安全竞争战略制定的程序和方法 (135)

二、国家安全竞争战略的基本指导 (139)
- （一）指导思想 (140)
- （二）主要原则 (140)

三、国家安全竞争战略的路径与策略选择 (147)
- （一）经济实力领先 (147)
- （二）总成本最低化 (150)
- （三）差异化 (154)
- （四）战略集中 (157)
- （五）综合优势 (160)
- （六）弯道超越 (162)

四、国家安全竞争战略的能力建设 (166)
- （一）构建竞争战略体系 (166)
- （二）提高战略领导能力 (168)
- （三）保持战略连贯性 (172)

（四）增强战略谈判能力 …………………………………… (175)
　　（五）增强战略博弈能力 …………………………………… (178)

第五章　中美战略竞争与美国对华竞争战略 ……………………… (182)
　一、战略竞争已成为中美关系的新格局 ……………………… (182)
　　（一）中美战略关系的历史演进 …………………………… (183)
　　（二）中美战略竞争的缘起 ………………………………… (185)
　　（三）中美战略竞争的维度 ………………………………… (192)
　　（四）中美战略竞争关系的属性 …………………………… (202)
　二、美国对华竞争战略 ………………………………………… (206)
　　（一）美国竞争战略的历史演变 …………………………… (206)
　　（二）美国"第三次抵消战略" …………………………… (210)
　　（三）竞争战略的泛化 ……………………………………… (214)

第六章　中国在大国竞争中的战略选择 …………………………… (221)
　一、中国面临的战略竞争环境 ………………………………… (221)
　　（一）和平竞争成为大国战略竞争的主要形态 …………… (222)
　　（二）国际格局正处于大变动、大调整之中 ……………… (222)
　　（三）中国面对来自美国的战略竞争压力
　　　　　不断上升 ………………………………………………… (223)
　　（四）亚太地区竞争日益成为国际战略
　　　　　竞争的核心 ……………………………………………… (224)
　　（五）科技创新日益成为战略竞争的焦点 ………………… (224)
　　（六）军事大国努力抢占军事竞争的战略制高点 ……… (225)
　　（七）中国战略竞争力量建设与布局喜中有忧 …………… (226)
　二、推进实施竞争战略的总体思路和基本原则 ……………… (227)
　　（一）坚持中国特色道路 …………………………………… (228)
　　（二）以我为主保持战略定力 ……………………………… (229)

目　录

　　（三）以和平合作为主轴 ………………………………（229）
　　（四）坚持发展创新驱动 ………………………………（230）
　　（五）主动发力赢得竞争优势 …………………………（231）
　　（六）兼顾开放与自主 …………………………………（232）
　　（七）把握成本与效益的平衡 …………………………（233）
三、国家安全领域实施竞争战略的主要举措 ………………（233）
　　（一）积极管理中美战略竞争关系 ……………………（233）
　　（二）塑造有利的周边战略环境 ………………………（238）
　　（三）善于借助第三方力量弥补自身力量不足 ………（241）
　　（四）以非对称发展和自主创新实现弯道/
　　　　　变道超车 …………………………………………（242）
　　（五）加快国家战略竞争体制机制改革 ………………（245）

第一章

企业竞争战略理论及启示

企业竞争战略属经济和管理学研究范畴，主要是指企业产品和服务参与市场竞争的方向、目标、方针及其策略。企业竞争战略的目的就是要在市场上占据别人无可取代的优势，从而在竞争中求得生存与更大发展。目前，在全球市场竞争异常激烈的情况下，如何在竞争中避免失败并获得优势，成为企业和学界共同关注的焦点，对于企业竞争战略理论的研究一直被置于经济和管理学领域学术研究和企业实践的前沿地位，并已形成较为成熟完善的竞争战略理论体系。认真研究经济和管理学领域的竞争战略理论要点，不仅可以深入探究其思想精髓，还可为研究国家战略竞争提供有益借鉴。

一、企业竞争战略理论的三大流派

综观近年的国际研究成果，可将企业竞争战略研究思潮大致划分为三个前后继起的主要理论流派，即结构学派、能力学派和资源学派。

（一）结构学派

结构学派的创立者和代表人物是美国著名战略管理学家、哈佛大学商学院的迈克尔·波特，其主要理论贡献是提出了竞争战略的产业选择与竞争对手的分析框架。20世纪80年代，随着产业组织理论的发展，产业经济学中的有关理论和分析方法越来越多地被应用到战略研究，从而形成了一个新的研究领域。其中，迈克尔·波特在《竞争战略》一书中提出的产业分析的一般模式影响最大。强调在五种竞争作用力下，企业可以采取一些能与这些竞争作用力相抗衡的防御位势的行为。

（二）能力学派

所谓能力学派，是指一种强调以企业生产、经营行为和过程中的特有能力为出发点，制定和实施企业竞争战略的理论思想[1]。该学派的主要理论贡献是提出了竞争战略的行为与过程分析理论，它有两种代表性的观点：一是以汉默尔和普拉霍莱德为代表的"核心能力观"；二是以斯多克、伊万斯和舒尔曼为代表的"整体能力观"[2]。前者所说的"核心能力"，是指蕴含于一个企业生产、经营环节之中的具有明显优势的个别技术和生产技能的结合体；后者所指的"整体能力"，主要表现为组织成员的集体技能和知识以及员工相互交往方式的组织程序。

（三）资源学派

资源学派目前已基本成为竞争战略研究领域中占主导地位的理论流派，它的主要理论贡献是提出了竞争战略的综合理论分析

---

[1] 许可、徐二明：《企业资源学派与能力学派的回顾与比较》，《经济管理》2002年第2期。

[2] 叶克林：《企业竞争战略理论的发展与创新——综论80年代以来的三大主要理论流派》，《江海学刊》1998年第6期。

框架。从结构学派到能力学派再到资源学派，竞争战略理论经历了一个"否定之否定"的"正反合"发展过程。从这种意义上说，资源学派初步实现了对竞争战略理论的一次集大成，强调"资源"问题的重要性是资源学派的理论出发点和基础。在其主要理论代表人物柯林斯和蒙哥马利看来，资源是一个企业所拥有的资产和能力的总和。因此，一个企业要获得佳绩，就必须发展出一系列独特的具有竞争力的资源并将其配置到拟定的竞争战略中去。

二、企业竞争战略理论的主要内容

竞争体系、竞争个体、竞争过程、评估反馈四个环节共同组成了企业竞争的完整体系，企业竞争战略理论尽管流派不同、观点各异，但主要围绕这些环节展开研究，而对于不同环节重视程度的区别，在很大程度上正是竞争战略理论多种流派形成的基础。

（一）竞争体系

竞争体系或者称为竞争结构，是指由行业内部各个企业通过一定规则相互竞争、互动形成的结构状态。这一概念的提出者是迈克尔·波特。波特指出，构成企业环境的最关键部分就是企业投入竞争的一个或几个产业，产业结构强烈地影响着竞争规则的确立以及可供企业选择的竞争战略。为此，波特反复强调，产业结构分析是确立竞争战略的基石，理解产业结构永远是战略分析的起点。

产业结构研究并不是一个全新的领域，无论是战略管理学家还是经济学家都对此有过不少研究。其中影响最广泛的当数哈佛大学商学院的安德鲁斯。他在《企业战略概念》一书中所提出的战略理论及其分析框架（有时也称之为"道斯矩阵"）一直被视为企业竞争战略的理论滥觞。在安德鲁斯的 SWOT 分析框架中，S 是指企业的强项（Strength）、W 是指企业的弱项（Weakness）、O 是指环境向企业提供的机遇（Opportunity）、T 是指环境对企业造成的威胁（Threats）。[①] 然而，在 20 世纪 80 年代波特的著作出现之前，战略领域却没有提供多少获得这种理解的分析技巧，有些虽已崭露头角但尚缺乏广度和综合性；经济学家们尽管一直在研究产业结构，但大都是从公共政策的角度出发，所以经济学的研究一直未引起企业经理们的注意。

优势	机会
劣势	挑战

图 1　SWOT 分析模型

20 世纪 80 年代，随着产业组织理论的发展，产业经济学中的有关理论和分析方法越来越多地被应用到了战略研究，从而形成了一个新的研究领域。其中，迈克尔·波特在《竞争战略》一书中提出的产业分析的一般模式影响最大。这种分析方法扎根于产业组织理论中经典的结构—行为—效果（SCP）模式，即产业结构决定了产业内的竞争状态，并决定了企业的行为及其战略，从而最终决定了企业的绩效。强调企业在五种竞争作用力，即进入威胁、替代威胁、现有竞争对手之间的竞争、买方砍价能力和供方砍价能力的作用下，可以采取一些能导致与这些竞争作用力相抗衡的防御位势的行为。

---

① 黄瑞敏：《基于 SWOT 分析的企业竞争情报实例研究》，《现代情报》2007 年第 1 期。

第一章　企业竞争战略理论及启示

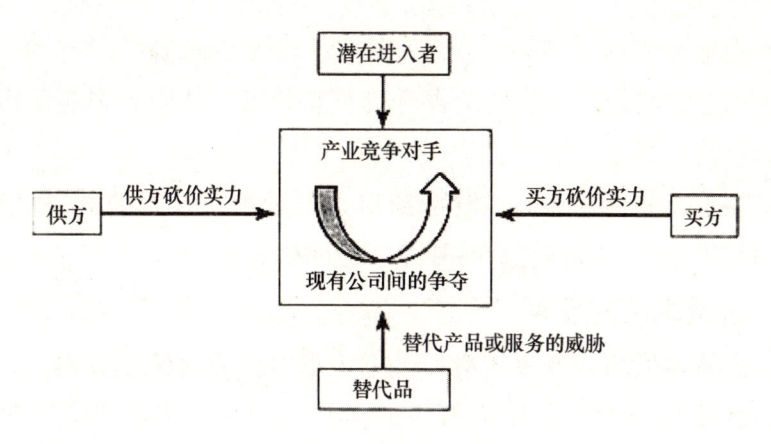

图2　五力模型示意图

　　波特认为企业成功是两个因素的函数：企业参与竞争的产业的吸引力和企业在该产业中的相对位势。企业的收益率可分解为产业效应和位势效应两部分。企业成功是这两种效应的结果，也可能纯粹由于其中一个因素的作用。产业的吸引力、产业效应的大小主要取决于产业的竞争状况和竞争结构。产业内部的竞争状态取决于五种基本竞争力量。这五种竞争力量的共同作用力决定了竞争的强度和最终利润。在一定时期，其中的一种或几种作用力对企业战略的形成起关键作用。产业结构在很大程度上影响着市场游戏规则及企业的潜在可行战略，它部分是外源性的，部分又受到企业行为的影响。因此，产业结构和企业行为是相互联系的，是一种互动的关系。

　　波特的理论实际上把产业结构看成是一个稳定的常量，成功的企业是那些在该产业中具有良好的相对位势的企业。竞争优势可以分成两类：低成本优势和差异化优势，每一家成功企业都具有一种或两种优势。战略的本质是选择，选择的结果形成相对位势，相对位势带来超额回报，这就是波特分析的一条因果链。波特明确指出，当影响产业竞争的作用力以及它们产生的深层次原因确定之后，企业的当务之急就是辨明自己相对于产业环境所具备的强项与弱项。① 据此，企业应采进攻性或防御性的行动，占据进退有据的地位，成功地提升五种竞争力，从而为企业赢得超常的投资收益。

在上述分析基础上，波特提出了三种可供选择的竞争战略：成本领先战略、差别化战略和专一化战略。

1. 成本领先战略

波特在他的《竞争战略》一书中指出，成本领先战略是指企业通过降低成本，在研究开发、生产、销售、服务、广告等领域，使本企业的总成本低于竞争对手的成本，甚至达到全行业最低，以构建竞争优势的战略。② 企业的经营面往往对其成本优势举足轻重。成本优势的来源因产业结构不同而异。它们可以包括追求规模经济、专利技术、原材料的优惠待遇和其他因素。如果一个企业能够取得并保持全面的成本领先地位，那么它只要能使价格相等或接近于该产业的平均价格水平就会成为所在产业中高于平均水平的超群之辈。当成本领先的企业的价格相当于或低于其竞争厂商时，它的低成本地位就会转化为高收益。然而，一个在成本上占领先地位的企业不能忽视使产品别具一格的基础，一旦成本领先的企业的产品在客户眼里不被看作是与其他竞争厂商的产品不相上下或可被接受时，它就要被迫削减价格，以增加销售额。这就可能抵消了它有利的成本地位所带来的好处。所以，尽管一个成本领先的企业是依赖其成本上的领先地位来取得竞争优势的，但是它要成为经济效益高于平均水平的超群者，则必须与其竞争厂商相比，在产品别具一格的基础上取得价值相等或价

---

① "企业竞争战略"，中国学网，2016年10月4日，http://www.xue163.com/37770/60727/607270352.html。

② [美]迈克尔·波特：《竞争战略》，北京：华夏出版社，1997年版。转引自：李建中、陈宇、祝建辉：《企业实施成本领先战略的新思考》，《生产力研究》2011年第10期。

值近似的有利地位。产品别具一格基础上的价值相等使成本领先的企业得以将其成本优势直接转化为高于竞争厂商的利润；产品别具一格基础上的价值近似意味着为取得令人满意的市场占有率所必需的降低幅度还不至于冲销成本领先企业的成本优势，因此成本领先企业能赚取高于平均水平的收益。

成本领先战略一般必然地要求一个企业就是成本领先者，而不只是争夺这个位置的若干厂商中的一员。许多厂商未能认识到这一点，从而在战略上铸成大错。当渴望成为成本领先者的厂商不只一家时，他们之间的竞争通常是很激烈的，因为每一个百分点的市场占有率都被认为是至关重要的。除非一个企业能够在成本上领先，并"说服"其他厂商放弃其战略，否则，对盈利能力以及长期产业结构所产生的后果就可能是灾难性的。所以，除非重大的技术变革使一个企业得以彻底改变其成本地位，否则小成本领先就是特别依赖于先发制人策略的一种战略。

成本领先战略在不同的企业和同一企业的不同发展阶段，所追求和所能达到的目标是不同的，其目标是多层次的。企业应当根据自身的具体情况，整体筹划，循序渐进，最终实现最高目标。

第一，成本领先战略的最低要求是降低成本。以最低的成本实现特定的经济目标是每个企业都应当追求的，当影响利润变化的其他因素不变时，降低成本始终是第一位的。但成本又是经济活动的制约因素，降低成本意味着对企业中每一个人都有成本约束，而摆脱或减轻约束是人的本性所在。因此，实施成本控制、加强成本管理，在企业中是一个永恒的话题。在既定的经济规模、技术条件和质量标准条件下，不断地挖掘内部潜力，通过降低消耗、提高劳动生产率、合理的组织管理等措施降低成本，是成本领先战略的基本前提和最低要求。①

第二，成本领先战略的高级形式是改变成本发生的基础条件。成本发生的基础条件是企业可利用的经济资源的性质及其相互之间的联系方式，包括劳动资料的技术性能、劳动对象的质量标准、劳动者的素质和技能、企业的管理制度和企业文化、企业外部协作关系等各个方面。在特定的条件下，生产单位产品的劳动消耗和物料消耗有一个最低标准，当实际消耗等于或接近这个标准时，再要降低成本只有改变成本发生的基础条件，可通过采用新设备、新工艺、新设计、新材料等，使影响成本的结构性因素得到改善，为成本的进一步降低提供新的平台，使原来难以降低的成本在新的平台上进一步降低，这是降低成本的高级形式。这一点在一些对安全和质量要求高的产品上，显得尤为重要和困难。如航空产品的制造和维修，降低成本的困难在于承担技术革新的风险；又如建筑行业，由于终身追究质量责任，过剩设计的现象已是不争的事实，而设计的浪费恰恰是最大的浪费。

第三，成本领先战略的最低目标是增加企业利润。在其他条件不变时，降低成本可以增加利润，这是降低成本的直接目的。在经济资源相对短缺时，降低单位产品消耗，以相同的资源可以生产更多的产品、可以实现更多的经济目标，从而使企业获得更多的利润。但成本的变动往往与各方面的因素相关联，若成本降低导致质量下降、价格降低、销量减少，则反而会减少企业的利润。因而成本管理不能仅仅着眼于成本本身，要利用成本、质量、价格、销量等因素之间的相互关系，以合适的成本来维系质量、维持或提高价格、扩大市场份额等，使企业能够最大限度地获得利润。同时成本还具有代偿性特征，在不同的成本要素之

---

① 周松：《赢在成本——微利时代的企业领先战略》，《会计之友》2009 年第 10 期。

间,一种成本的降低可能导致另一种成本的增加;在成本与收入之间,降低成本可能导致收入下降,通过高成本维持高质量可提高收入,也有可能获得高利润。

案例 1　美国沃尔玛连锁店公司

沃尔玛是美国最大的也是世界上最大的连锁零售商。1962 年沃尔玛的创始人山姆·沃尔顿在美国阿肯色州的罗杰成立了第一家沃尔玛门店,1990 年沃尔玛成为全美第一大零售企业,2002 年沃尔玛全球营业收入高达 2198.112 亿美元,荣登世界 500 强的冠军宝座。沃尔玛每十年上一个新台阶,最终在其第一家沃尔玛门店成立 40 年后,坐上了令世界无数企业仰慕的头把交椅。沃尔玛能够取得今日的成就,其中一个重要原因就是成功地实施了成本领先战略。沃尔玛把节约开支的经营理念作为实施成本领先战略的先决条件,将其物流循环链条作为实施成本领先战略的载体,利用发达的高科技信息处理系统作为成本领先战略实施的基本保障。沃尔玛在采购、存货、销售和运输等各个商品流通环节想尽一切办法降低成本,使其流通成本降至行业最低,商品价格保持在最低价格线上,然后利用成本优势打开市场,扩大市场份额,最终取得同等市场条件下的超平均利润,成为零售行业成本领先战略的经营典范。[①] 沃尔玛降低成本的具体举措如下:

第一,将物流循环链条作为成本领先战略实施的载体。

一是直接向工厂统一购货和协助供应商减低成本,以降低购货成本。

沃尔玛采取直接购货、统一购货和协助供应商降低成本三者结合的方式,实现了完整的全球化适销品类的大批量采购,形成了低成本采购优势。

[①] 张红霞:《浅析沃尔玛成本领先战略的实施及对中国零售业的启示》,《华东经济管理》2003 年第 4 期。

直接向工厂购货。零售市场的很多企业为规避经营风险而采取代销的经营方式，沃尔玛却实施直接买断购货，并对货款结算采取固定时间、决不拖延的做法（沃尔玛的平均"应付期"为29天，竞争对手凯玛特则需45天）。这种购货方式虽然要冒一定的风险，却能保护供应商的利益，这大大激发了供应商与沃尔玛建立业务的积极性，赢得了供应商的信赖，保证沃尔玛能以最优惠的价格进货，大大降低了购货成本。据沃尔玛自己统计，实行向生产厂家直接购货的策略使采购成本降低了2%—6%。

统一购货。沃尔玛采取中央采购制度，尽量由总部实行统一进货，特别是那些在全球范围内销售的高知名度商品，如可口可乐、柯达胶卷等，沃尔玛一般对1年销售的商品一次性地签订采购合同。由于数量巨大，沃尔玛获得的价格优惠远远高于同行。

协助供应商减低产品成本。沃尔玛通过强制供应商实现最低成本来提高收益率，如对供应商的劳动力成本、生产场所、存货控制及管理工作进行质询和记录，迫使其进行流程再造和提高价格性能比，使供应商同沃尔玛共同致力于降低产品成本及供应链的运作成本。

二是建立高效运转的物流配送中心，保持低成本存货。

为解决各店铺分散订货、存货及补货所带来的高昂的库存成本代价，沃尔玛采取建立配送中心，由配送中心集中配送商品的方式。为提高效率，配送中心内部实行完全自动化，所有货物都在激光传送带上运入和运出，平均每个配送中心可同时为30辆卡车装货，可为送货的供应商提供135个车位。配送中心的高效运转使得商品在配送中心的时间很短，一般不会超过48小时。通过建立配送中心，沃尔玛大大提高了库存周转率，缩短了商品储存时间，避免了公司在正常库存条件下由各店铺设置仓库所付出的较高成本。在沃尔玛各店铺销售的商品中，87%左右的商品由配送中心提供，库存成本比正常情况下降低50%。

三是建立自有车队，有效地降低运输成本。

运输环节是整个物流链条中最昂贵的部分，沃尔玛采取了自建车队的方法，并辅之全球定位的高技术管理手段，保证车队处在一种准确、高效、快速、满负荷的状态。这一方面减少了不可控的、成本较高的中间环节和车辆供应商对运输环节的中间盘剥，另一方面保证了沃尔玛对配送运输掌握主控权，将货等车、店等货等现象控制在最低限度，保证配送中心发货与各店铺收货的平滑、无重叠衔接，把流通成本控制在最低限度。

第二，利用发达的高技术信息处理系统作为战略实施的基本保障。

沃尔玛开发了高技术信息处理系统来处理物流链条循环的各个点，实现了点与点之间光滑、平稳、无重叠的衔接，使点与点之间的衔接成本保持在较低水平。

第三，对日常经费进行严格控制。

沃尔玛对于行政费用的控制非常严格。在行业平均水平为5%的情况下，沃尔玛整个公司的管理费用仅占销售额的2%，这2%的销售额用于支付公司所有的采购费用、一般管理成本、上至董事长下至普通员工的工资。为维持低成本的日常管理，沃尔玛在各个细小的环节上都实施节俭措施，如办公室不配置昂贵的办公用品和豪华装饰、店铺装修尽量简洁、商品采用大包装、减少广告开支、鼓励员工为节省开支出谋划策等。另外，沃尔玛的高层管理人员也一贯保持节俭作风，即使是总裁也不例外。首任总裁萨姆与公司的经理们出差，经常几人同住一间房，平时开一辆二手车，坐飞机也只坐经济舱。沃尔玛一直想方设法从各个方面将费用支出与经营收入比率保持在行业最低水平，使其在日常管理方面获得竞争对手无法抗衡的低成本管理优势。

案例2　格兰仕公司

格兰仕创建于1978年，前身是一家乡镇羽绒制品厂。1992

年，带着让中国品牌在微波炉行业扬眉吐气、让微波炉进入中国百姓家庭的雄心壮志，格兰仕大胆闯入家电业。在过去10多年里，格兰仕微波炉从零开始，迅猛从中国第一发展到世界第一：1993年，格兰仕试产微波炉1万台；1995年，以25.1%的市场占有率登上中国市场第一席位；1999年，产销突破600万台，跃升为全球最大专业化微波炉制造商；2001年，全球产销量飙升到1200万台。至2006年，格兰仕已经连续12年蝉联了中国微波炉市场销量及占有率第一的双项桂冠，连续9年蝉联微波炉出口销量和创汇双冠。格兰仕之所以能够在短短十多年间实现如此巨大的成功，靠的正是其秉持的成本领先战略，其具体举措如下：

第一，把降低成本作为核心。

格兰仕领先的规模是其成本优势的主要来源。产量增长给格兰仕带来了规模经济，降低了单位成本。1995年，格兰仕首次在国内市场销量取得冠军，但是其产能与其他有出口业务的企业相比仍有差距。1996年格兰仕将其主流产品降价40%，微波炉售价仅500—600元，极大地刺激了需求，当年销量达65万台。1997年，格兰仕又分别于7月和10月两次大幅降价，当年产量上升至198万台，而当时国内最大的竞争对手产能不足150万台。规模经济不仅仅体现在固定成本分摊上，更体现在大销量对于研发费用的分摊。为此，格兰仕为研制磁控管投入了4亿元研发费用，分摊到其1000万台产品上，每台的研发成本仅为几十元。通过大规模为跨国公司代工，格兰仕在规模扩大的过程中，自身的规模生产、营销能力也得到了提高。1998年，格兰仕接到了翡罗利公司10万台产品的订单，双方在技术、采购、生产、认证等方面全力合作，确保产品质量和按期供货。通过此次合作，格兰仕了解到欧洲市场最流行的微波炉设计，同时也学会了大规模生产的生产、质量控制能力。

国际产业转移使格兰仕获得了通过迅速扩大规模降低成本的

机遇。经过30多年的发展，到20世纪90年代，微波炉在欧美市场已经成为传统产业，越来越依赖于制造成本的竞争。欧美传统微波炉厂商面临着日韩企业的竞争，后者拥有成本优势。微波炉产业的制造成本中，劳动力成本差异的重要性日益显现。日韩企业借助在海外低成本地区进行投资，具备了成本优势。以微波炉变压器为例，1997年，欧洲的单位生产成本为25美元，日本企业出口单价只要11美元。部分欧美企业已经通过寻求日韩厂商代工的方式降低成本，产业从欧美向低成本地区转移的趋势已经呈现。早在20世纪80年代，三星就已经开始为GE代工生产微波炉。中国劳动成本低的优势使格兰仕具备了接受国际微波炉产业转移的潜力。劳动力成本低是格兰仕取得成本优势的重要原因之一。1991年，中国制造业工人的工资相当于美国同行的1.7%。根据联合国《2002年贸易和发展报告》，1998年美国、日本、韩国劳动力的平均工资分别是中国的47.8倍、29.9倍和12.9倍。同时，某些工序，工人的劳动效率甚至比机器更高，这也进一步加强了格兰仕的成本优势。在格兰仕的冲压车间内，现代化的冲压设备基本上只能维持在每小时600件左右，但一个熟练工人每小时能够完成700—800件。通过采用合理的内部激励制度，格兰仕确保了其内部生产效率。格兰仕对部分工种采用计件工资制，激励了工人提高效率。1997年亚洲金融危机的爆发，加速了欧美微波炉产能向格兰仕的转移。由于受到金融危机的冲击，韩国企业大幅降价，欧美企业面临更大的竞争压力。1997年，韩国部分微波炉制造商，把微波炉的售价从5000元急剧降低到1500元，他们的作法使欧、美、日企业丧失了竞争力。在这种情况下，格兰仕接收欧美企业生产线，并以较低的成本为其提供产品的做法受到了广泛的欢迎，格兰仕的产能急剧扩大。从1996年开始出口微波炉到2000年，格兰仕的产量从65万台跃升至1000万台——用供货合约和生产返还的方式获得生产线，比起并购企业和购买生产线，大幅减少投资成本。格兰仕接收生产线后，只收材料费，每周开工160小时，其中只需要20小时左右即可满足国外厂商的生产需求，其余时间生产线可以用于为自己生产产品。

加强成本控制能力提高成本优势。格兰仕在保证营销效果的同时还降低了成本。用"知识营销"代替广告，格兰仕降低了营销费用。1995年，在格兰仕进入微波炉市场之初，常见的营销方式便是在电视上做广告，但是需要很高的资金投入。格兰仕采取与报刊合作宣传微波炉使用知识的"知识营销"手段，既节省了营销支出，又提高了品牌知名度。"知识营销"在新产品初期进入市场时可以使本企业的形象深入到消费者的心目中，使公司的产品品牌成为这一产品的代名词。格兰仕很善于制造轰动效应，而且公司与媒体保持良好关系，这也降低了其为了提高品牌认知度所需付出的营销成本。格兰仕的大幅降价引发了媒体的广泛关注。格兰仕早期每年的广告费用仅1000多万元，而家电行业一些年销售额与格兰仕相当的企业投入都达上亿元。格兰仕还建立了视频化的网上营销平台，降低了营销成本。格兰仕在网站上还提供视频系统，客户可以通过这个系统看到格兰仕的原材料、产品，甚至还能够直接看到工厂的生产线。通过精简组织结构设置，格兰仕降低了生产管理和销售费用。在组织结构上，格兰仕以生产为核心，精简管理和销售部门。2002年，格兰仕销售额80多亿元，共有13000多个员工，但其中只有约190名管理人员和160名销售人员。之所以能够精简销售部门，在于格兰仕坚持把重心放在生产上，销售工作尽可能由专业渠道商负责。在国内市场，为了建立一个相对完善的网络，通常需要3000—5000人，有些企业的营销人员甚至过万，一个月仅员工工资就超过1000万元。格兰仕把重点放在对中间商的协调和服务支持上，严格地保证分销商和零售商的利益，在分销渠道的选择上，采取"选择分销"，与中间商建立起长期稳定的关系。格兰仕的研发人员不承担研发任务时都在一线工作，对原料、工艺熟悉，开发速度快，降低了研发成本。格兰仕微波炉的全新产品从概念到出产品只要两个月时间。国外研发磁控管一般要花8亿—10亿元，而格兰仕只投入了4亿多元就取得了成功。平均而言，即使企业规模一样，格兰仕通过严格的内部管理措施，也使其产品成本比同类企业要低5%—10%。格兰仕的管理费用只有同类企业的一半左右，而其工人的劳动生产率要比同类企业高20%以上。除了精简组织结构之外，格兰仕还通过多种手段降低运营成本。格兰仕坚持销售的"现款现货"政策，无论内销还是外销，几乎没有一笔坏账。通过3年的努力，格兰仕终于实现"先款后货"，充足的现金流使其节省了财务费用。格兰仕注重对经销商利益的保护，经销商的支持使格兰仕无需花费高昂的成本就建立了可靠的销售渠道。格兰仕为了降低经销商的经营风险，在实施"先款后货"的情况下，对于产品降价给经销商带来的损失进行全额补贴。1993—1994年，短短的两年时间内，格兰仕建立了全国范围内的销售与服务网络，产品销往全国5000多家商店。格兰仕通过与供应商建立良好的合作关系，确保其采购和库存成本低于同行业其他企业。格兰仕准时支付供应商的货款，深得供应商的信赖。

第二，始终把降价作为首要竞争手段。

在格兰仕进入市场的早期，低价是其唯一的选择。20世纪90年代初，中国微波炉市场存在很大的发展空间。当时，中国市场的微波炉渗透率很低。中国家庭微波炉保有率很低，1994年不足1%，到1995年也不足4%，1997年6月上升至10.5%。价格是中国消费者购买微波炉的主要障碍。1993年，中国市场微波炉平均价格超过3000元；而当时中国最富裕的广东省城镇居民人均收入4277.23元。据报道，1995年，中国城市微波炉购买者的目标价位多集中在1000至1600元这一区间。微波炉使用知识缺乏则是另外一个中国消费者购买微波炉的障碍。中式烹饪一般会把多种原料和辅料在不同时间分别放入，这与微波炉一次烹制成功的特点相异，因而中国消费者往往只是把微波炉作为一个加热饭菜的工具。当时，中国本土微波炉市场的厂商数量很少，并且规模都不大。1992年，中国微波炉行业主要有蚬华（国产第一）、松下（进口第一）、飞跃、水仙四个品牌。1993年，国内市场份额最大的是蚬华，约占50%，但其在国内的年销量也不过12万台。尽管市场空间大，但是由于价格和微波炉使用知识障碍，企业很少希望通过低价拓展国内市场。进入中国市场的跨国公司，产品价位都相对较高，主要针对少数城市高端消费者。1993年，松下是中国市场最大的外资微波炉品牌，产品价格多高于3000元。对于在中国投资的跨国公司而言，出口既是当时的政策导向，又是它们的天然优势。1994年，松下、日立相继在中国投资设立微波炉工厂，但设计产能均仅为30万台。1995年，LG在中国天津投资设立微波炉工厂，其70%左右的产能都用来满足国外需求。在价格区间上，国内企业的定价相对跨国公司是较低的。在市场定位上，1994年蚬华产量90万台，收入为1亿美元，平均价格低于1000元。1995年，格兰仕销售收入3.84亿元，微波炉销量为25万台，意味着平均每台价格约为1536元。但由于国内市场规模有限，国内微波炉厂商都把出口作为其重要的业务方向。据估计，1994年微波炉国内市场规模不足100万台，而中国微波炉总产量约为200万台，其中绝大部分都出口。1992年，中外合资北京新宝公司年产微波炉约10万台；由于其合资伙伴在国外有稳定的经销渠道，因此新宝70%以上的产品都是外销。通过低价拓展国内微波炉市场是格兰仕早期的唯一的选择。相对与其他企业，格兰仕既无法定位高端，又没有进入海外市场的渠道。在格兰仕进入行业之初，不具备研发能力，只能够从事生产和组装，核心部件磁控管和变压器均依赖进口。相对于国内的合资企业，格兰仕也没有可以协助其拓展海外市场的合作伙伴。即使到了1996

年，格兰仕进入北欧市场仍很艰难，与海外市场的联系主要通过香港贸发局，挪威耀发公司是格兰仕在欧洲的第一个客户，一年的订单只有两三千台。此前，中国家电行业中已经出现一些企业通过价格战，扩大规模迅速成为行业领导企业。20世纪90年代初，在中国彩电、空调、冰箱行业，通过价格战，海尔、长虹等国内企业成长了起来。在上述背景下，格兰仕确立了通过降价并辅以大规模市场宣传手段的市场战略。

在取得市场领先地位后，格兰仕用低价巩固和加强市场地位。在拥有规模优势之后，格兰仕通过降价把微波炉行业众多的中小企业赶出市场。格兰仕通过降价引发了国内微波市场的快速增长后，众多企业开始进入该行业。1995年中国微波炉企业共有31家，广东12家，上海7家。而到了1996年，国内已有100多家微波炉企业。通过1996年之后的多次大规模降价，微波炉利润迅速下降，规模较小的企业根本无法支撑。在格兰仕的价格战之下，尽管国内微波炉企业已近100家，但是1996年开工率仅为38.5%，低于国内家电行业平均率。到1999年，中国市场的微波炉企业减少到了不足30家，格兰仕的市场份额达到了70%以上。2002年之后，尽管格兰仕已经越来越把重心放在差异化上时，却仍然经常通过大幅降价来打击竞争对手。同时，低价是格兰仕拓展海外市场的主要优势。在当时的欧美微波炉市场，日韩企业由于在东南亚等地的大规模投资，拥有相对于欧美企业的成本优势。欧美企业把订单交给格兰仕代工，就可以实现成本的降低，因而获得了与日韩企业的竞争空间。同时，通过低价代工的策略，格兰仕还成为一个隐形的冠军，并不为日韩企业所重视。

2. 差异化战略

又称别具一格战略，是指为使企业产品、服务、企业形象等与竞争对手有明显的区别，以获得竞争优势而采取的战略。这种战略的重点是创造被全行业和顾客都视为是独特的产品和服务。差异化战略的方法多种多样，如产品的差异化、服务差异化和形象差异化等。实现差异化战略，可以培养用户对品牌的忠诚。因此，差异化战略是使企业获得高于同行业平均水平利润的一种有效的竞争战略。①

实现差异化战略可以有许多方式——设计或品牌形象、技术特点、外观特点、客户服务、经销网络及其他方面的独特性。最理想的情况是公司使自己在几个方面都差异化。

如果差异化战略成功地实施了，它就成为在一个产业中赢得高水平收益的积极战略，因为它建立起防御阵地对付五种竞争力量，虽然其防御的形式与成本领先有所不同。波特认为，推行差异化战略有时会与争取占有更大的市场份额的活动相矛盾。② 在建立公司的差异化战略的活动中总是伴随着很高的成本代价，有时即便全产业范围的顾客都了解公司的独特优点。

产品差异化带来较高的收益可以用来对付供方压力，同时可以缓解买方压力，当客户缺乏选择余地时其价格敏感性也就不高。最后，采取差异化战略而赢得顾客忠诚的公司，在面对替代品威胁时，其所处地位比其他竞争对手也更为有利。

实现产品差异化有时会与争取占领更大的市场份额相矛盾。它往往要求公司对于这一战略的排它性有思想准备，即这一战略与提高市场份额两者不可兼顾。较为普遍的情况是，如果建立差异化的活动总是成本高昂，如：广泛的研究、产品设计、高质量的材料或周密的顾客服务等，那么实现产品差异化将意味着以成本地位为代价。然而，即便全产业范围内的顾客都了解公司的独特优点，也并不是所有顾客都愿意或有能力支付公司所要求的较

---

① 王宏：《企业实施差异化战略研究》，《生产力研究》2007年第1期。
② 张扬：《差异化战略浅析》，《价值工程》2003年第4期。

高价格。在其他产业中，差异化战略与相对较低的成本和与其他竞争对手相当的价格之间可以不发生矛盾。

案例1　北京海底捞火锅店

海底捞的差异化战略主要体现在两个方面——产品差异化与服务差异化。

一是产品差异化。海底捞在继承川、渝餐饮文化原有的"麻、辣、鲜、香、嫩、脆"等特色的基础上，不断创新，以独特、纯正、鲜美的口味和营养健康的菜品，赢得了顾客的一致推崇并在众多的消费者心目中留下了"好火锅自己会说话"的良好口碑。海底捞在保证产品安全卫生的同时，将后堂操作透明化，使顾客产生信赖感，产品形成品牌效应，达到了更好的差异化效果。

"美其食必先美其器"，消费者去就餐并非满足简单的吃饱，而更多的在追求消费体验，而环境正是最明显的消费体验。不同于传统火锅店老旧暗淡的就餐环境，海底捞火锅店主打的"西式化"、"时尚化"环境成了制胜的关键。海底捞通过改善环境，对消费者更加具有吸引力。

二是服务差异化。海底捞始终秉承"服务至上、顾客至上"的理念，以创新为核心改变传统的标准化、单一化的服务，提倡个性化的特色服务，将用心服务作为基本经营理念，致力于为顾客提供"贴心、温心、舒心"的服务。海底捞的服务不仅仅是体现于某一个细小的环节，而是形成了从顾客从进门到就餐结束离开的一套完整服务体系。海底捞的服务之所以让消费者印象深刻，就在于将其他同类火锅店所存在的普遍性问题通过服务的形式予以了很好的解决，比如说在就餐高峰的时候，为等候的客人提供一些让人感觉很温暖、很温馨的服务，如免费各式小吃、饮料。同时，顾客在等待的时候还可以免费上网，甚至女士可以在等待的时候免费修理指甲等等。

对于海底捞来说，让顾客放心是三级服务，让顾客满意是二级服务，让顾客感动才是一级服务。在众人眼里，海底捞所提供的各种各样的个性化服务早已成为"最好服务"的代名词，甚至因为长久以来一直没有得到过如此周到而体贴的服务，消费者们都有一种诚惶诚恐的感觉，继而竟有海底捞的个性化服务是"变态服务"的认识。正是这样的高于竞争对手的个性化服务使得海底捞更加出众。[①]

案例2 小米科技

小米科技（全称北京小米科技有限责任公司）由前Google、微软、金山等公司的顶尖高手组建，是一家专注于新一代智能手机软件开发与产品研发的公司。米聊、MIUI、小米手机是小米科技的三大核心产品。小米科技成功的秘诀在于：避开与竞争对手拼杀的红海，实行差异化的营销战略。小米科技的差异化战略表现在以下几个方面：

一是产品差异化战略。产品差异化是指产品的特征、工作性能、一致性、耐用性、可靠性、易修理性、式样和设计等方面的差异。也就是说企业生产的产品，要在质量、性能上明显优于同类产品的生产厂家，从而形成独立的市场。小米创始人雷军将小米公司的战略称为"铁人三项"加CPS。"铁人三项"指的是硬件、操作系统、云服务，而CPS则是通讯录、电话和短信。近年来，以iPhone为代表的智能手机的出现，带来了用户行为和个人终端市场的巨大变革，然而，智能手机普遍偏高的价格却也让大量消费者望而却步。在这样的市场背景下，售价仅为1999元的小米手机一经推出便受到极大关注。小米手机坚持"为发烧而生"的设计理念，将全球最顶尖的移动终端技术与元器件运用到每款

[①] 李飞、米卜、刘会：《中国零售企业商业模式成功创新的路径——基于海底捞餐饮公司的案例研究》，《中国软科学》2013年第9期。

新品。由于具有极高的性价比，和用户的要求完美契合，并且成功地运用一系列营销模式，小米手机自上市以来备受热捧，使以前只有在苹果手机首次发售时才会产生的哄抢局面首次在国产机上演。同时，小米还注重差异化包装的运用。作为产品的一部分，包装犹如产品的衣裳，在产品销售中起着重要的作用。为了突出与竞争对手的差异，小米手机选择的包装是：（1）类似包装策略。小米手机对旗下不同类型的手机产品，在包装上采用相近的图案、近似的色彩和共同的特征。采用该策略，可使消费者形成对小米手机产品的深刻印象，也降低了小米手机的包装成本。（2）等级包装策略。小米手机根据产品质量等级的不同采取了不同的包装，例如青春版小米手机的外包装盒上印着显眼的"青春"两字。（3）配套包装策略。小米手机将不同类型和规格但又相互联系的产品置于同一包装中。例如，小米将手机及必备配件内置于紧凑的包装盒中再将包装盒与周边配件置于统一规格大包装盒中进行发货，这便是典型的配套包装。

  二是营销差异化战略。在市场营销方面，相对于一般手机厂家采用的诸如电视宣传、户外广告等常见营销方式，小米手机主要针对手机发烧友，综合采用了多种营销手段。（1）口碑营销。小米手机以高配置、低价格，留住了相当多的消费者，并创造了良好的口碑，吸引了众多"米粉"口口相传，取得了不错的效果，并为公司节省了大笔的广告费用。（2）事件营销。小米手机的宣传非常成功，会在每次新品推向市场前召开发布会，利用小米手机的高配低价吸引媒体关注。关于小米手机的信息一经发布，就窜至各大网站手机版块的头条。（3）微博营销。由于小米团队是先做系统后做手机，在做手机之前已经拥有百万客户，这些客户是小米手机的潜在客户。小米科技通过微博、论坛等新型互联网信息传播渠道宣传小米手机，并让这些客户参与了小米手机的开发环节，为小米手机的开发提出了大量中肯的意见。

(4) 饥饿营销。尽管董事长雷军否认小米采用类似于苹果的饥饿营销，解释其定期开放购买的原因是产能不足。但实际上，小米科技通过这种销售方式赢得了国内市场。

三是服务差异化战略。在客户服务上，小米力争离客户近一点，服务更细一点，体现了其"为用户省一点心"的服务理念。小米现在采用的是互联网销售模式，其绝大部分商品使用凡客诚品如风达的配送体系进行配送，在如风达不能到达的偏远地区则通过顺丰或EMS，让广大客户放心购买。此外，各大论坛及微博为网友们提供了很好的交流平台，客户可以及时反馈意见，让小米的服务尽量做到完美。

四是人员差异化战略。人员差异化战略上最明显的一点就是小米科技是由微软、Google、摩托罗拉等国内外知名IT企业的优秀软件工程师组建的，在技术上具有明显的优势。并且，小米的员工中大多为具有十年经验的工程师，同时也吸纳了少数刚毕业的研究生，因此小米是一个既有经验又有活力的团队，怀揣一颗创业的梦想是这个团队所有成员的共同特点。正是凭借这样一班人马，小米科技在创业之初从软件优势切入，打造了有口皆碑的MIUI系统，然后选择了一条曲线救国的道路，欲完成从软件到硬件的华丽转身。

五是情感差异化策略。情感差异化策略是从不同的消费人群的不同情感出发提供产品的策略。每个人都有自己的情感世界，当一个人买一件产品时往往除了理性，还有情感控制。很多时候个人的情绪会影响是否去购买产品。因此，小米通过微博、论坛互动等多种交流形式了解消费者的不同情感，从而有针对性地设计产品以满足用户的各种需求。

3. 专一化战略

专一化战略是指主攻某个特殊的顾客群、某产品线的一个细分区段或某一地区市场。正如差异化战略一样，专一化战略可以具有许多形式。

这一战略依靠的前提思想是：公司业务的专一化能够以高的效率、更好的效果为某一狭窄的战略对象服务，从而超过在较广阔范围内竞争的对手。

波特在《竞争战略》中对三种通用战略实施的要求进行了详细的分析。波特认为，三种战略是每一个公司必须明确的，因为徘徊其间的公司处于极其糟糕的战略地位。这样的公司缺少市场占有率，缺少资本投资，从而削弱了"打低成本牌"的资本。全产业范围的差别化的必要条件是放弃对低成本的努力。而采用专一化战略，在更加有限的范围内建立起差异化或低成本优势，更会有同样的问题。徘徊其间的公司几乎注定是低利润的，所以它必须做出一种根本性战略决策，向三种通用战略靠拢。一旦公司处于徘徊状况，摆脱这种令人不快的状态往往要花费时间并经过一段持续的努力；而相继采用三个战略，波特认为注定会失败，因为它们要求的条件是不一致的。①

同时波特也认为，采用专一化战略的结果是，公司要么可以通过满足特定群体的需求而实现差异化，要么可以在为特定群体提供服务时降低成本，或者可以二者兼得。这样，企业的赢利潜力会超过行业的平均赢利水平，企业也可以籍此抵御各种竞争力量的威胁。但是，"专一化战略"常常意味着企业难以在整体市场上获得更大的市场份额，该战略包含着利润率与销售额之间互以对方为代价这一层含义。

许多企业在商战中选择和确定了自己的专一化发展战略，并且运用这种发展战略取得了明显竞争优势，经济效益颇丰。

---

① 徐万里、吴美洁、黄俊源：《成本领先与差异化战略并行实施研究》，《软科学》2013 年第 10 期。

案例　格力电器

从一个年产值不到2000万的小厂到全球最大的专业化空调企业，二十多年间，格力电器完成了一个国际化家电企业的成长蜕变，而其成功的关键正是前期专注于空调制造的专一化发展战略。

进入21世纪，面对着我国家电企业多元化经营的局面，格力电器是唯一一家坚持专一化经营战略的大型家电企业。2002年著名财经杂志美国《财富》中文版揭晓的消息表明，作为我国空调行业的领跑企业，格力电器股份以7.959亿美元的营业收入、0.55亿美元的净利润，以及6.461亿美元的市值再次荣登该排行榜第46位，入选《财富》"中国企业百强"，成为连续两年进入该排行榜的少数家电企业之一。不仅多项财务指标均位居家电企业前列，而且在2002年空调市场整体不景气的情形下，格力空调的销售实现了稳步增长，销量增幅达20%，销售额及净利润均有不同程度的提高，取得了良好的经济效益，充分显示了专一化战略的魅力。

格力空调专一化战略指的是格力电器长期坚持以空调作为自己的主业，不发展空调之外的其他业务，而把主业做专做精。是中国唯一一家坚持专一化经营战略的大型家电企业。其特点是：第一，该公司从其成立之日起，就将空调作为主要经营业务，而且只限于做家用空调和一般商用空调。格力电器实行专一化的背后，是格力电器选择了一个迅速成长而且发展空间巨大的产业。而且从当时看，中国及至世界空调的普及率还并不高，未来还会有较长时间的成长期。第二，该公司进入空调时间较晚，当时春兰、华宝、美的等一批国内企业已经崛起，在市场份额与品牌声誉等方面占有了很大优势。第三，目前家电产业的许多公司出于分散风险、迅速扩张等原因，纷纷开展多元化经营，但格力集团仍然坚持专一化经营。

格力集团坚持专一化经营战略的主要依据，是空调市场具有广阔的发展前景。在我国，电视机、洗衣机、冰箱等家用电器于20世纪80年代已进入普及化的成长时期，但空调市场的发育却因各种因素的制约，相对滞后。到了20世纪90年代，空调行业开始进入成长时期，市场需求出现了迅速增长势头。据有关资料，1985年我国居民对空调器需求仅8万余台，1995年城镇居民的空调器需求量增加了33.4倍，达到270万台。到1997年，全国空调器工业销售量又提高了2.15倍，达到851.02万台。目前全国居民空调器拥有率是16.29%，还有极大的发展空间。这就为格力集团的专一化经营战略提供了良好的机遇。

专一化是格力最突出的经营特色，也是格力实现技术创新、抢占市场制高点的关键。"专"是为了"精"，也只有"专"才能保证"精"和"高"。现代社会化大生产，专业分工越来越细，只有集中精力、财力、物力和人力专攻一业，才能缩短新产品开发周期，不断抢占技术制高点。专一化为格力的技术创新奠定了坚实的基础、提供了可靠的保证。

正是凭借其长期专注于空调产品的专一化战略，格力电器才得以实现了从上游零部件生产到下游废弃产品回收的全产业链覆盖，成为从"中国制造"走向"中国创造"的典范。

（二）竞争个体

关注竞争结构的波特竞争战略理论具有明显的局限性。产业结构虽然是企业竞争环境的关键组成部分，但产业结构的特征和演变只是企业制定竞争战略的主要依据之一。按照竞争战略的完整概念，战略应是一个企业"能够做的"（即组织的强项和弱项）和"可能做的"（即环境的机会和威胁）之间的有机组合。波特的竞争理论更多着眼于从企业外部环境出发，从产业结构入手对一个企业"可能做的"方面进行了透彻的分析和说明,但对企业"能够做的"方面却语焉不详,对企业内在的因素未做深入研究,不能突破把企业视为"黑箱"的局限。因此,20世纪80年代中后期及90年代初期以来,不少管理学家就越来越注重对竞争个体的分析,即公司的资源和能力分析。以汉默尔、普拉哈拉德、斯多克、伊万斯等人为代表的核心竞争力与核心能力观受到理论界的青睐,战略管理理论由波特的结构观转向了能力观,即从企业外部转向了企业内部,由竞争结构转向了竞争个体。能力观强调组织内部的技能和集体学习以及对它们的管理技能,认为竞争优势的根源在于组织内部,新战略的采取受到公司现有资源的约束。因而,强调竞争个体能力的这一类竞争战略理论又被称为能力学派。

所谓能力学派,是指一种强调以企业生产、经营行为和过程中的特有能力为出发点,制定和实施企业竞争战略的理论思想。该学派有两种具有代表性的观点:一是以汉默尔和普拉霍莱德为代表的"核心能力观";另一种观点是以斯多克、伊万斯和舒尔曼为代表的"整体能力观"。[①] 前者所说的"核心能力",是指蕴含于一个企业生产、经营环节之中的具有明显优势的个别技术和生产技能的结合体。后者所指的"整体能力","主要表现为组织成员的集体技能和知识以及员工相互交往方式的组织程序。"换言之,两种"能力观"虽然都强调企业内部行为和过程所体现出的特有能力,但前者注重企业价值链中的个别关键优势,而后者则强调价值链的整体优势。能力学派的主要理论观点包括:

第一,竞争作用力框架对于系统考察竞争作用力如何在产业

---

① George Stalk, Philip Evans and Lawrence E. Shulman, Competing on Capabilities: The New Rules of Corporate Strategy, Havard Business Review, March-April, 1992, pp. 57-69.

层次发挥作用，如何决定不同产业的获利情况等问题提供了有效途径。首先，经济租金是一种垄断租金。一家企业如果能阻止竞争作用力，它就能获取租金，而竞争作用力的结果是使租金趋向于零。其次，有些产业变得更有吸引力是因为这些产业对竞争作用力有结构性障碍，如进入障碍等。租金产生于产业及亚产业层次，而不是企业这一层次，但也要考虑一些公司特有的资产。

第二，从短期看，公司的竞争力产生于现有产品的价格、性能、特征，但是全球化竞争已使成本和质量作为竞争优势的重要性日趋下降；从长期看，公司的竞争力产生于比竞争对手以更低成本、更快速度建立核心竞争力的能力。竞争优势的真正来源在于管理者将公司范围的技术和生产技能变成竞争力的能力。

第三，公司就像一棵大树，树干和主要分枝是核心产品，小的树枝是经营单位，树叶花朵、果实是最终产品，提供抚育、营养和稳定性的根系则是核心竞争力。核心竞争力是多因素的混合体，它是技术、治理机制和集体学习的结合。至少有三个检验标准可以用来确认企业的核心竞争力或者核心能力：首先，核心竞争力为通往多种市场提供潜在通道；其次，核心竞争力应该对最终产品所体现的消费者福利有显著的贡献；最后，核心竞争力应使竞争者难以模仿。

第四，多元化的企业应是核心竞争力的组合，而不是传统理论中的产品和事业组合。两种不同的企业概念对管理有不同的含义。一个在全球取得领先地位的企业，必须把自己看作是核心竞争力的组合，并在核心竞争力、核心产品和最终产品三个层次展开竞争。

第五，企业要发展核心竞争力。首先，开发企业层次的战略构造（Strategic Architecture），以维持高级管理层资源配置的一致性；其次，要把核心竞争力作为企业重要资源加以培养和使用。

战略构造是辨认核心竞争力及其有关技术的未来路线图。它对不同的企业是不同的。把核心竞争力作为企业重要资源加以培养和使用，要求管理者对有关核心竞争力的资产的分布、数量和质量加以辨认，同时在企业范围内加以调配使用，并通过有关的报酬和人事制度促进其培养和利用。

能力学派与以前的战略竞争理论流派相比，最大的不同是注重竞争个体而非行业，主要从企业的内部来研究企业的竞争优势。这种对于竞争个体的研究打破了"企业黑箱论"，从企业独特的资源、知识和能力的角度揭示了企业竞争优势的源泉，这在很大程度上弥补了波特理论中注重竞争结构的缺陷。但是对于竞争个体的过分强调，又带来了自身的缺陷，即极少关注竞争的外部环境，完全从竞争个体内部的视角出发。

（三）竞争结构与个体的连接

无论是强调竞争结构的结构学派还是强调竞争个体的能力学派，均是过分单一强调企业外部环境或企业内部能力，存在着片面性的问题。为了解决这一局限，资源学派应运而生。资源学派试图将公司的内部分析与产业和竞争环境的外部分析即竞争个体与竞争结构结合起来，从而在上述两种迥然不同的研究方法之间架起一座桥梁。显而易见，从结构学派到能力学派再到资源学派，企业竞争战略理论经历了一个"否定之否定"的"正反合"发展过程。从这种意义上说，沟通结构与个体的资源学派初步实现了对竞争战略理论的一次集大成。[①]

资源学派认为，每个组织都是独特的资源和能力的结合体，

[①] 叶克林：《企业竞争战略理论的发展与创新——综论80年代以来的三大主要理论流派》，《江海学刊》1998年第6期。

这一结合体形成了企业竞争战略的基础。因此企业战略管理的主要内容就是如何最大限度地培育和发展企业独特的战略资源以及优化配置这种战略资源的独特能力，即核心能力。核心能力的形成需要企业不断地积累战略制订所需的各种资源，需要企业不断地学习、超越和创新。只有核心能力达到一定水平后，企业才能通过一系列组合和整合形成自己独特的、不易被模仿、替代和占有的战略资源，才能获得和保持持续的竞争优势。同时资源学派也承认产业分析的重要性，认为企业能力只有在产业竞争环境中才能体现出重要性。因此资源学派的战略管理思想可以概括为：产业环境分析、企业内部资源分析—制订竞争战略—实施战略—积累战略资源并建立与产业环境相匹配的核心能力—赢得竞争优势—获得绩效。[1]

强调"资源"问题的重要性，是资源学派的理论出发点和基础。在其主要理论代表人物柯林斯和蒙哥马利看来，资源是一个企业所拥有的资产和能力的总和。因此，一个企业要获得佳绩，就必须发展出一系列独特的具有竞争力的资源并将其配置到拟定的竞争战略中去。然而，在一个企业所拥有的各类资源中，哪些资源可以成为企业战略的基础呢？在实践中又如何识别和判断不同资源的价值呢？对此，柯林斯和蒙哥马利认为，资源价值的评估不能局限在企业自身，而要将企业的资源置于其所面对的产业环境，并通过与其竞争对手所拥有资源进行比较，从而判断其优势和劣势。为此，他们进一步提出资源价值评估的五项标准：进行不可模仿性评估，即资源是否难以为竞争对手所复制；进行持久性评估，即判断资源价值贬值的速度；进行占有性评估，即分析资源所创造价值为谁占有；替代性评估，即预

---

[1] 许可、徐二明：《企业资源学派与能力学派的回顾与比较》，《经济管理》2002年第2期。

测一个企业所拥有的资源能否为另一种更好的资源代替；竞争优势性评估，即在自身资源和竞争对手所拥有的资源中，谁的资源更具有优越性。通过上述五个方面的评估，通常能够表明一个企业资源的总体状况，从而为制定和选择竞争战略提供一个坚实可靠的基础。

在柯林斯和蒙哥马利的研究基础上，英国学者福克纳和鲍曼两人进一步拓展了资源学派导向的竞争战略理论体系和分析模式。他们不仅综合了结构学派和能力学派的有关理论思想，而且在分析技术工具上进行了富有成效的大胆创新，从而大大提高了企业竞争战略理论的实用价值。为了客观分析一个企业的市场竞争地位，福克纳和鲍曼首先创建了"顾客矩阵"（如图3）。这是一个由可察觉的价格和可察觉的使用价值两组变量构成的两维坐标。在他们看来，竞争战略的主要目的是为了能比你的竞争者更加满足顾客提的需求。一个企业要获取竞争优势，就必须以最低的可察觉价格向顾客提供最高的可察觉的使用价值。按照这一原则，在顾客矩阵中一个企业有两种基本的战略选择，一是削减价格，二是增加可察觉的使用价值。一个企业到底选择哪种战略，还必须以企业对核心能力的开发与使用状况为依据。一个企业的核心能力主要包括运行能力和制度能力。而核心能力中能为企业带来竞争优势的又被称之为"关键能力"。为了分析关键能力，福克纳和鲍曼又创建了"生产者矩阵"分析技术工具。在这一矩阵中，纵轴表示能产生价值的有效能力，横轴表示相对单位成本。[①] 综合运用"顾客矩阵"和"生产者矩阵"，就可以比较准确地把握一个企业的市场竞争地位。

---

① 马红梅：《顾客矩阵和生产者矩阵法在竞争情报中的应用》，《情报理论与实践》2001年第2期。

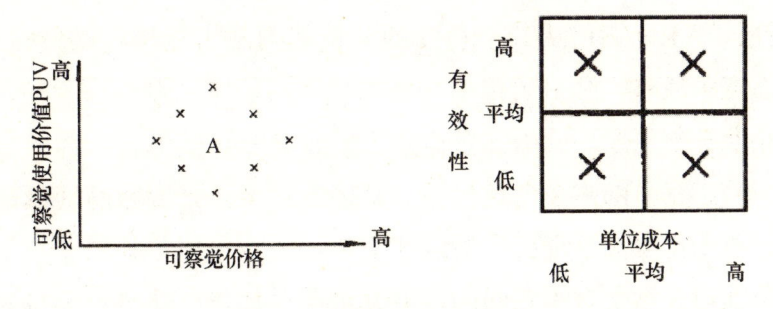

图3　顾客矩阵与生产者矩阵

（四）动态竞争

20世纪90年代以来企业的经营环境发生了深刻的变化，特别是在经济全球化的趋势、竞争的加剧、产业边界的融合与变动、信息技术变革的加速以及文化、制度、市场、顾客需求多样化等因素的影响下，企业竞争环境和竞争规则发生了深刻的变化。企业管理者感到竞争环境越来越复杂，竞争内容的变化越来越快，竞争的对抗性越来越强，企业竞争理论更加关注于竞争的过程，动态竞争成为指导企业竞争的重要理论。

企业战略中的最大挑战莫过于对过去的经验进行不断反思，对未来的行动进行战略性地创新。动态竞争战略就是基于对动态竞争环境的变化，提出对传统战略思想反思的成果。动态竞争战略是一种可以预期竞争对手，并根据竞争者的反应采取行动、根据顾客需求变化和其他商业环境变化而进行调整的战略，它充分考虑了竞争环境的复杂性、动态性，将战略与公司和竞争者、顾客及其他力量的相互作用联系在一起。因此"动态性"的含义在于：其一，视经营环境为变化、不确定的战略环境。其二，将战略与公司同竞争者、顾客及其他力量的相互作用联系在一起，而不仅仅从静态的各种力量的关系出发。在这种含义下又可引出复杂性，即不可能仅从某个角度的分析就判断出战略行动的有效。动态竞争战略实际上还指出，必须从不同角度，综合各种知识研究企业竞争问题，同当前企业竞争的现实更加接近。

动态竞争的主要特点包括：动态竞争是高强度和高速度的竞争，每个竞争对手都在不断地建立自己的竞争优势和削弱对手的竞争优势，竞争对手之间的战略互动明显加快；任何一个抢先战略都有可能被竞争对手的反击行动所击败；任何竞争优势都是暂时的，而不是长期可以保持的；竞争战略的有效性不仅取决于时间领先，更主要的是及时地建立新优势；在静态竞争条件下竞争战略的主要目的是建立、保持和发挥竞争优势，主要对成本与质量、时间和专有技术、建立进入障碍、规模优势等四个领域的竞争有直接贡献，但在动态竞争条件下，上述四个领域所建立起来的优势都是可以被打破的。

如何通过培育企业动态竞争能力取得竞争优势，成为企业关注的焦点。

1. 企业组织创新

组织效率由两方面因素决定：一是组织结构的设计；二是组织内部的领导与权力机制。组织内部存在各种阻力，使组织的革新落后于外在环境的变化，进而使组织变得行动迟缓，适应性减弱，造成巨大的管理效率损失。另外，当环境变得越来越复杂时，组织的结构与权力机制也变得越来越复杂。组织如果不能控制和解决这种危机，组织将停止发展并趋于灭亡。企业应围绕三个方面进行企业组织的"再设计"：一是环境适应性，用系统论和权变观念指导企业的组织设计；二是管理绩效，减少管理层次，拓展管理幅度，促进组织结构"扁平化"；三是持续的创造性学习，增强组织的自我革新能力，培养人力资源的发散性思维，防止局限性思维对创造和学习的障碍。

2. 培育企业家能力

企业家是企业的异质性资源，同时企业面对的是资源稀缺的竞争环境。企业家这种资源所具有的功能恰恰能有效地对资源进行整合，使有限的资源为企业创造最大的价值。企业家能力所表现出来的直接结果通常就是对现有资产、技能和能力的整合。企业家能力在资源生成模式中先于其他因素，具有起因的作用。企业拥有的资产、技能和能力本身并不能给企业带来经济利润，企业家能力将这些因素整合在一起，才能形成从未存在的稀缺性资源。企业应该通过培训、激励机制加速企业家的成长，通过制度革新为企业家成长创造良好的成长环境，充分发挥企业家这种异质性资源对企业发展的作用。

3. 建立适应新经济的速度文化

组织文化和组织价值观，是现代市场经济中的"第三只手"，它最集中充分地反映了企业的战略愿景和经营理念，因而成为企业发展的精神向导。组织文化和组织价值观的意义在于构造企业精神，增强企业凝聚力、优化企业的经营理念、实现组织的和谐，而这种和谐是企业绩效之重要所在。随着组织结构和环境的日益复杂化、发展速度的加快，文化对组织结构和企业战略的变迁有一定的"滞后效应"，而且表现出一定程度的"惰性"，对企业其他方面的创新产生一定的阻碍作用。同时，世界经济一体化、多元化的冲击，组织文化的非理性也体现了出来。在这种情况下，进行文化创新，建立与新经济形势相匹配的文化是非常必要的。

4. 注重发展速度的同时保证财务安全

财务安全保证企业能够充分利用有限的资金资源，保证资金的有效运用，防止出现严重的财务漏洞。在新产品开发过程中，企业面临着巨大的压力，技术进步的加快、产品生命周期的缩短、需求偏好的改变要求企业开发更多的新产品,但是资金短缺、新产品开发的成功率不高又严重限制了企业新产品的开发。早在1980年,美国的《研究与管理》杂志就报道了大多数企业30%—40%的企业销售额和利润来自企业最近5年推出的产品,现在的比率更高。所以,现在的企业热衷于开发新产品,以获取更大的销售额和更多的利润,但是新产品的开发面临费用高、成功率低、风险大、回报率有限的压力。企业的产品开发走得越远,产品开发的费用越高,一旦失败也会给企业财务造成很大的影响。所以,企业在开发新产品时要慎重,选择那些可以为企业带来更多发展空间、成功率较高、开发过程中不会给企业财务带来安全隐患的产品。

5. 鼓励和支持技术创新

由于单一竞争优势壁垒的消失,任何企业所拥有的技术领先优势都只是暂时的。而技术又是支撑一个企业长远发展的命脉所在。据有关资料显示,当前我国大中型工业企业研发经费投入强度仅为0.93%,而美国、日本、德国等具有较强竞争优势的发达国家则普遍在2%以上,其中日本达到了3.57%。[①] 国外的一些在技术领域保持领先的大公司,像微软、通用等的科研费用已经达到销售额的3%—5%,甚至更高。所以,企业要获得竞争优势,就应为技术开发人员提供充裕的资金和良好的创新环境,鼓励和支持技术创新。

6. 竞争战略思维由关注对手向关注顾客转变

早期,竞争战略的目的是通过价值链和价格性能比来形成有别于竞争对手的核心竞争力。但这一理论存在一个重要缺陷即集中于与竞争对手优势的比拼缺乏对内部差异的分析。以顾客价值

[①] 玄兆辉、吕永波:《中国企业研发投入现状与问题研究》,《中国科技论坛》2013年第6期。

创新为中心的战略逻辑摆脱了竞争战略的限制，此逻辑不局限于与竞争对手在同一层面上竞争，而是以为顾客创造最大价值为基点，最大限度地满足顾客的需要，从而成为市场和行业的领先者。在动态竞争状况下，应着重培育企业为顾客创造最大价值为中心的理念，提升竞争层次，才能在动荡的市场竞争中取得持续的竞争优势。

（五）战略评估

战略评估是指以战略的实施过程及其结果为对象，通过对影响并反映战略管理质量的各要素的总结和分析，判断战略是否实现预期目标的管理活动。企业所在的内外部环境的变动性，决定了要保证竞争战略的顺利实现，必须通过战略评估体系对制定并实施的战略效果进行评价，以便采取相应的完善措施。在实际操作中，战略评估一般分为事前评估、事中评估和事后评估三个阶段。[①] 竞争战略的战略评估主要包括：

1. 战略分析评估

战略分析评估指运用 SWOT 分析法。评估企业内外环境状况，以发现最佳机遇。此种评估也可称作现状分析评估，它一方面要检查企业现行战略是否能为企业带来经济效益，如果不能增效就要重新考虑这种战略的可行性。另一方面通过考察外部环境，判定在现行环境下企业是否有新的机遇。最后结合两方面的结果，企业或继续执行原战略或采取适应环境要求的新战略。战略分析评估主要包括以下几个方面的内容：企业的现行战略和绩效的分析；不同战略方案的评估；对企业相关利益备选方案的评

---

① 王天：《企业战略评估之我见》，《内蒙古科技与经济》2007 年第 16 期。

估；竞争力的评估，即产品、市场、技术、人才、制度竞争力的评估。

2. 战略选择评估

战略选择评估指战略执行前对战略是否具有可行性的分析。此处涉及到很多的评估模型。如 SAM 模型、定量战略规划模型（QSPM）、Eletre 方法（E 方法）、战略规划评估模型（SPE）。它们都是首先对环境因素进行分析，通过数学的方法计算机会与威胁的权重，然后制订判断标准，并以所得风险与收益的结果选择最优的战略方案。

3. 战略绩效评估

战略绩效评估是在战略执行的过程中对战略实施的结果从财务指标、非财务指标进行全面的衡量。它本质上是一种战略控制手段，即通过战略实施成果与战略目标的对比分析，找出偏差并采取措施加以纠正。

绩效评估指标设置的合理性对评估结果的科学性至关重要，应遵循如下基本原则：

一是系统优化原则。对企业的综合绩效进行评价，必须用若干个指标进行衡量才能评价其全貌。这些若干个指标必须互相联系，互相制约。同时每个指标应尽可能边界分明，避免互相包含以减少对同一内容的重复评价。为实现系统优化原则，设计评价指标体系的方法应采用系统方法，例如，系统分解和层次分析法，由总指标（总目标）分解成为次级指标，由次级指标再分解成第三级指标，并组成树状结构的指标体系，使体系的各个要素（单个指标）及其结构（横向结构、层次结构）能满足系统优化要求。

二是通用可比原则。就评价而言，它不仅是对同一个企业这个时期与另一个时期相比较，更重要的是与不同单位的比较。因此，评价指标体系必须在两个方面具有通用性和可比性。一是同一个企业这个时期与另一个时期作比较（即纵向比较）时，评价指标体系有通用性、可比性。这一点比较容易做到，其条件是指标体系和各项指标、各种参数的内涵与外延保持稳定。用以计算各指标相对值的各个参照值（标准值）不变。二是各个企业使用同一评价指标体系进行评价比较（横向比较）时，评价指标体系要有通用性可比性。如何使这些不同企业使用通用的评价指标体系，并且使评价结果具有可比性，其主要办法是找出它们的共同点，按照共同点设计评价指标体系。

三是实用性原则。设计评价指标体系是为了实际使用。不仅设计者要使用，更重要的是要使有关的使用部门使用。因此，设计评价指标体系要做到以下几点。第一，评价指标体系要繁简适当，计算评价方法简便易行。在能基本保证评价结果的客观性、全面性的条件下，指标体系尽可能简化，减少或去掉一些对评价结果影响较小的指标。第二，评价指标所需的数据易于采集，要尽量与计划口径、统计口径、会计核算口径相一致。第三，各项评价指标及其相应的计算方法，各项数据都要标准化、规范化。计算方法与表述方法要简便、明确，易于操作。第四，要能够实行评价过程中的质量控制。评价过程中的质量控制主要依靠评价数据的准确性、可靠性，以及计算评价方法的正确实施。

三、企业竞争对国家战略竞争的几点启示

企业竞争与国家竞争差异明显：一是竞争环境不同。在经济全球化背景下，企业为追求高额利益，需要在全球范围内的庞大市场之中与同类企业展开竞争，受到市场所在国相关法律、法规的严格规范，位于不同国家权威之下，竞争处于"有政府"状态。在现代国际政治体系中，国家作为主体，其之上没有更高的

权威，且现有国际法对国家仍缺乏有效约束力，国家具有较高自由度，使国家竞争处于"无政府"环境中；二是竞争规则不同。市场经济下相互竞争的企业间遵循共同的规则，规则对各方具有同等效力。处于"无政府"状态下的国际社会，国家间竞争虽也遵循一定的规则，但这些规则不仅适用范围和约束力有限，且对不同类型国家往往不具有同等效力。竞争双方对规则的理解和执行能够出现较大差别乃至截然对立；三是竞争层次不同。企业竞争是经济行为体为争夺市场份额和利润在经济领域展开的竞争，竞争领域、竞争目标和竞争手段基本限定在经济层面，较为单一、有限。国家竞争是国家行为体间展开的综合竞争，是包括经济、军事、政治、文化、科技等领域在内的全方位、多层次的竞争，目标多元、手段繁杂。

但从另外一个视角看，二者在原理上又有许多相通相似之处，如竞争环境的分析、目标的确立、策略和方法及手段的运用等。研究和分析企业竞争，可给国家竞争以诸多启示。

（一）准确把握国家与国际体系的关系

企业竞争是作为个体的企业在市场这一结构中进行的较量，企业竞争理论三大流派或强调结构作用，或强调个体能力，或强调结构与个体的结合，但均把对市场和企业自身的准确认识作为企业竞争战略制定的前提条件。与之相类似，国家竞争是作为个体的国家在国际体系中进行的较量，对国际体系、国家自身及两者相互关系的准确认识是国家竞争战略成功制定的基本前提。正确的国家竞争战略应建立在对国际体系特别是国际战略格局客观评估、对自身实力清醒认识、对自身在体系中处的位置及与体系间的互动关系准确判定的基础之上。

（二）国家竞争应牢固树立成本控制理念

对成本控制的重视贯穿于企业竞争战略理论的始终，例如，波特提出的三种竞争战略中，排名首位的就是成本领先战略，即企业通过降低自身生产、经营成本来获得竞争优势。国家不同于企业，竞争中不仅要算经济账、更要算政治账，但成本意识依旧不可或缺。国家经济发展要为实现国家政治目标服务，同时，国家政治筹划要为实现国家经济发展创造更好的环境和条件，二者相互促进，相得益彰，获取最大综合效益。应尝试在经济成本和政治成本之间建立统一的、可量化的成本核算体系，经济账、政治账一起算，厘清成本投入与实际产出收益，着力降低国家竞争成本，提升竞争的效率、持续力。

（三）国家竞争应充分体现差异性效能

在商业竞争中，产品、服务、形象等与竞争对手的明显差异，是企业赢得竞争优势的重要来源之一。国家竞争战略也应注重差异性效能，要结合本国自身特点、着眼自身优势发挥，不能盲目照抄所谓先进国家经验。同时，还应针对主要竞争对手的竞争优势和战略策略，在战略上做出有针对性的应对，力图做到以已之长攻其所短。只有充分体现自身特点、具有差异性的竞争战略，才能更好地指导新兴国家发挥优势，实现对先进国家的弯道超车。

（四）打造国家赢得竞争的核心竞争力

企业竞争理论强调，企业内部行为和过程所体现的特有能力即核心能力是企业赢得竞争的关键。同样，国家赢得竞争也必须依靠自身核心竞争力。核心竞争力不同于一般竞争力，应符合三个基本标准：一是必须具有其他国家难以模仿的特性；二是必须能够为国家在国际体系中的竞争提供强劲、稳定、可持续的动力支撑；三是必须是多种因素的混合体，是科技、经济、机制等的有机结合。国家应着力培育、发展核心竞争力，对相关重点领域给予资金倾斜、政策支持，同时也要认识到核心竞争力的生成有其客观规律，生成基础在于相关领域的持续积累发展，要保持投入的稳定性、连续性，尊重规律、尊重现实，绝不能搞运动式拔苗助长。

（五）以创新保持和提升国家核心竞争力

企业竞争理论认为企业处于动态竞争的环境中，应根据竞争者反应采取行动，根据顾客需求变化和其他商业环境变化进行战略调整。国家实际上也处于动态的竞争之中，国际国内环境不断变幻，必须充分考虑竞争环境的复杂性、动态性，将国家竞争战略与国家自身、竞争者以及其他力量的相互作用联系在一起。必须认识到，国家间的竞争是高强度和高速度的竞争，每个竞争者都在不断尝试建立自身的竞争优势和削弱对手的优势；任何一个竞争优势都是暂时的，难以长期保持；竞争战略的有效性不仅是要取得时间上的先机，更重要的是要不断地及时建立新的优势。这种动态的竞争要求国家必须保持创新能力，根据竞争需要，不断改革，以改革促创新，打破组织长期运行后普遍出现的僵化保守倾向，持续保持和提升竞争能力。

（六）拥有引领竞争的一流领导层

企业家是企业整合有限资源创造最大价值的关键，在企业竞争中担任着"导航者"和"操盘手"的关键角色,有时是一位能力超强的优秀企业家,有时则是一个优秀的高层决策团队,其整体领导决策和谋划水平对企业竞争的成功至为关键。国家领导层作为国家竞争战略的最高决策者和执行者,在国家战略竞争中发挥战略牵引作用,其战略思维能力和决策水平的高低在很大程度上决定着国家资源整合的程度,加速或延宕着国家竞争力的提升。这就要求国家领导层必须具有一流战略定力和战略眼光,能够准确把握世界发展大势,制定符合时代潮流和本国实际的国家竞争战略,并坚定不移地贯彻执行,确保既定目标的实现。

（七）建立科学完善的竞争战略评估机制

企业竞争理论强调,为准确判断预期战略目标是否已经实现,应对战略的实施进行事前、事中和事后三个阶段的科学评估,并根据评估结果对既定战略进行必要调整。国家要保证竞争战略目标顺利实现,也必须通过科学的战略评估体系对战略效果进行评价,以便采取相应的完善措施。战略评估主要包括以下内容：对国际竞争环境和自身实力地位进行评估,确定战略制定的先决条件；制定评判标准,依据对风险与收益的预估,对竞争战略的可行性进行分析；通过战略实施成果与战略目标的对比分析,找出偏差并采取措施进行纠正。

第二章

当前国家竞争战略基本理论和实践

在以主权国家为主体的现代国际体系中,国家竞争居于各类竞争的最高端,国家间竞争尤其是大国间竞争的结果将直接推动国际格局的演变。与企业竞争不同,国家竞争的系统效应更为突出,集政治、经济、军事、外交、文化、科技、人才、宗教等各领域竞争于一体,围绕实现国家总体战略目标实施和展开。进入21世纪,国家竞争的内涵与方向发生了变化,由以往以军事、武力为主的传统竞争向以经济为基础、科技为先导、文化为感召、人才为核心、军事为后盾的综合国力竞争转变。面对新形势新挑战,为争取战略主动,各国加快实施国家发展与安全战略调整,强化国家竞争战略指导。本章旨在梳理当前关于国家竞争的相关理论,尝试建立国家竞争战略的理论框架,为更好地指导国家战略竞争提供理论参考。

一、国家竞争与国家竞争战略

(一) 国家竞争

经济领域中的竞争是指有着不同经济利益的两个以上经营

者，为了争取利益最大化，以其他利害人为对手，采用能够争取交易机会的商业策略、争取市场的行为。① 从国际政治角度讲，竞争是一个重要现象，是国际政治行为体（国家和非国家行为体）为实现特定的利益需求和战略目标而进行的博弈和争夺。自古以来，它们经常为领土、人口和实力范围互相攻伐。它们不仅争夺经济利益，也在政治、安全等领域展开竞争，对规则制定权、影响力、地区领导权展开争夺。竞争具有两面性，既能推动人类和社会进步（科技发明的驱动力之一就是市场竞争），也会引发对抗和冲突，如军备竞赛、战争等。② 本书中所涉国家竞争，侧重指国家在安全领域的竞争，即两个或两个以上的国际社会主体，为确保国家安全目标的实现，以现实或潜在的威胁方为竞争对手，以国家实力为支撑，获取竞争优势的国家行为。国家间竞争的核心是实力竞争。在国际社会中，国家仍然是主角，但由于缺乏超国家的权力机构，每一个参与竞争的运动员也是裁判员，没有可强制执行的国际标准和行为准则，需竞争方达成双边或多边的相关规则予以判别。

（二）国家竞争战略

"竞争战略"是美国前国防部长温伯格于1986年2月5日提出的战略观念，其基本内容包括：一是从美国的经济实力地位出发，更加注重美国的军事战略和防务政策的针对性，强调各项防务发展计划都要以苏联为竞争对手，在一切可能的地方削弱苏联在世界各地的影响；二是以发展尖端科技为突破口，通过高效使

---

① 杨紫烜：《经济法》，北京大学出版社，2005年版，第171页。
② 崔磊：《中美竞争的现状、前景及管控》，《国际关系研究》2015年第2期。

用各种资源,全面增强美国的防务和竞争能力;三是以美国的持久性之长击苏联的持久性之短,与苏联进行军事、经济、科技等综合性的实力较量,达到军事上遏制苏联、科技上压倒苏联、经济上拖垮苏联的目的,从而增强美国的竞争能力,使苏联军事力量随着时间的推移不断削弱,最终夺取对苏联军事战略的优势。

国家竞争战略,主要指主权国家在国际竞争关系中较长时期、全局性的谋略,是主权国家主动运用国家实力,调控国家间竞争关系,通过可控的良性竞争,影响甚至制定游戏规则,以最大限度谋求竞争优势,维护国家利益的筹划和指导。克劳塞维茨将战争定义为"使敌人屈服于我们意志的暴力行为",竞争战略聚焦于和平时期潜在的军力运用,包括开发、采购、部署和使用军事力量,以对己方目标有利的方式塑造竞争者的选择。尤其要明确和设定重点目标,对自身的长期优势和劣势进行客观评估,并制定和实施运用己方优势应对各种竞争对手的战略。竞争战略主要适用于竞争性环境。不同于非竞争性环境,在竞争性环境里,战略偏外向性特征,聚焦于直接打败对手或敌人。但如安德鲁·马歇尔所讲,竞争战略既是外向又是内向的,"它们以自身的持续优势为基础,同时寻求利用对手持续的弱点或薄弱环节"。

国家竞争战略作为一个战略实体,需具备相对稳定的结构体系。其结构应包括:对国家竞争环境的评估;国际竞争目标的选择;国家竞争战略的战略指导。

竞争环境是指竞争者所处的国际环境即国际关系中具有长期性和全局性的发展趋势,判断国际环境需重点分析影响战略格局的重大问题、重要力量、关键事件以及发展趋势;国内环境即竞争者内部一定时期所面临的政治、经济、军事等诸方面的情势,重点指社会内部稳定程度、政治机制运行程度以及经济发展程度;竞争领域的环境即竞争者在经济或国家安全等某一特定领域的情势和发展趋势。

第二章　当前国家竞争战略基本理论和实践

竞争目标选择是国家在一定时期内通过竞争实现国家利益所要达到的根本目的，以及为实现根本目标而设定的阶段计划和目的，具有相对稳定性，竞争目标的选择是国家间竞争战略的核心内容。

战略指导即对竞争战略的实施，是实现战略目标的途径、手段和方法，在复杂的竞争关系中，必须制定和实施运用战略力量和战略手段的战略原则、方针来指导竞争实践。

以网络领域的国际竞争为例。美国未来学家阿尔文·托夫勒曾言："未来谁掌握了信息，控制了网络，谁就能拥有整个世界。"[1] 在全球化信息化的国际环境下，网络空间成为国际安全中日益重要的因素。网络时代的到来意味着"制网权"成为非传统安全的突出领域。国际网络安全领域的竞争环境特点突出，重点表现为：一是当前网络空间方兴未艾，相关国际法律和行为准则存在很多空白，也是制度的重要形成期，因此，国际社会对于网络空间的国际规则制定权成为国家间竞争的焦点之一；二是美国在竞争中占据主导地位，新兴国际体影响力逐渐加深。各国在网络空间的竞争纷繁复杂，竞争主体大致可划分为信息发达国家、信息发展中国家和信息不发达国家三类。[2] 竞争目标或焦点主要集中在信息发达与发展中国家争夺网络权归属、网络资源分配；非政府行为体与政府行为之间就互联网关键资源控制、网络安全与自由等问题博弈；美国则联合境内私营部门等与其他竞争对手在互联网关键资源归属问题上展开竞争。在网络治理权的竞争中，大国竞争的核心的是网络空间秩序、权力与财富的主权和分配的竞争。2011年中国与俄罗斯等向第

---

[1] 阿尔文·托夫勒：《第三次浪潮》，新华出版社，1996年版。
[2] 杨剑：《数字边疆的权力与财富》，上海人民出版社，2012年版，第158页。

66届联大提交了"信息安全国际行为准则",主张联合国在网络空间治理中发挥主导作用。同年,美英等国政府主导的全球网络空间治理大会(又称"伦敦进程")正式召开。各国在以网络技术为核心竞争力的"第五战略空间"的竞争悄然上演。"棱镜门事件"促使各国加强网络安全领域的竞争实施和保障措施。如我国加快了网络空间的法制化进程,先后出台了《国家安全法》《网络安全法》等设计网络安全的法律规范。美国政府联合私营部门与竞争对手在互联网关键资源归属问题上展开争夺,包括IP地址分配、协议参数注册、通用顶级域名系统管理等等。国家间在网络空间治理方面的竞争战略将逐步上升为国家战略的重要部分。

冷战时期,美国戴维·安德鲁等系统总结了竞争战略,形成了《新竞争战略:工具与方法》报告,对竞争战略的内涵进行了概括:

竞争战略的目的就是对美国的军事竞争方式进行系统、长期、战略性规划,从而使得美国在与苏联竞争的过程中效率更高,更能有效提升美国的威慑能力,也更有助于巩固美国及其盟友的国防安全。从根本上说,其目的是以军事手段遏制威胁,同时推动态势朝于美国有利的方向发展。竞争战略需要辨明美国的长期性优势和苏联的长期性劣势,并据此调整美国的政策。这需要美国采取一种"走一步,想三步"(至少需要三步)的战略思维方法,最终帮助美国在若干高杠杆领域提高能力或形成新的能力,从而在战略博弈中占据和保持主动,塑造军事竞争的走向,达成特定的竞争目标。在进行相关规划时,应该考虑到未来15—20年甚至更长的时间。这里所说的"长期性"优势和劣势,指的是竞争双方的结构性本质属性,至少中短期内是难以改变的。因此,战略规划需

第二章 当前国家竞争战略基本理论和实践

要考虑15—20年甚至更久。① 归根到底，竞争战略的本质在于及时准确把握有利于己方游戏规则的行动。

竞争战略的思维模式可简单概括为：让竞争对手依据对我方有利的规则行事，引导对手犯不切实际的错误，使对手陷入超出其实力范围或偏离其战略方向的错误行为。为达此目的，需要精心运筹，根据竞争对手的特点和劣势进行有效的战略布局，让对手将有限的资源投入到对我方威胁较小的领域，使其丧失优势，最终实现不战而屈人之兵。

第一，竞争战略与传统战略思维模式存在本质性差异。首先传统的战略思维模式将竞争双方假定为理性行为体，基于其所拥有的全部资源，选择最佳行动路线和对己方最有利的方式来制定战略决策。竞争战略的思维模式将竞争双方假定为非完全理性。国家作为一个行为体，有自己的偏好和行为习惯。竞争战略认为，就像个体存在不同的性格和禀赋一样，国家也有不同的特点和行为模式，国家的这些特性决定了其战略决策的偏好，竞争方可利用这些特点，引诱对手对外部刺激做出反应，引导对手按照对我有利的方式与我展开竞争。因此，与传统战略相比，竞争战略更强调竞争中的非理性选择。其次，竞争战略思维模式承认竞争双方在信息获取和决策中的片面性，存在选择性接受信息的现象，决策者总是偏重某些信息，而忽视了另一些信息。② 国家作为行为体其决策的制定和执行有一套固有的组织机构和体系制度，对外部信息的搜集有固定的标准和方式，同样对于不同的外

---

① Davis J. Andre, New Competitive Strategies, Tools and Methodologies. Volume 1: Review of the Department of Defense Competitive Strategies Initiative, 1986 – 1990 [R], DoD, 1990, p. 27.

② Miahael Spence. Symposium, The Economics of Information: Informational Aspects of Market Structure: An Introduction [J]. The Quarterly Journal of Economics, 1976, 90 (4): pp. 591 – 97.

部刺激也有相应的反应模式，并非总是经过全面衡量和科学评估。程序化的组织只获取了其固有模式所涵盖的信息，而忽略了其他没有涵盖的信息，因此，不能及时对环境的变化做出敏锐的判断，更难以在固有模式之外做出富有时效的反应，这些因素都加剧了决策的盲目性。

第二，竞争战略强调个体决策因素，即人的决策行为受到自身认知能力的限制。人类并不能充分吸取经验，人对事物的理解受到自身认知能力的限制。比如，不同的人可能在同样的经历中获取完全不同的信息，我们从经验中学到的往往是事先就认为应该关注或熟知的内容，即所谓的先验信息，抑或是能刺激到人某些情感的感性经验。这些从经验中获取的观念、信息、知识、教训等内容经常是片面的、感性的，这些先验持续形成记忆，塑造和影响人们对后续事物的判断、理解。个人在决策过程中通常会受过去成功经验的影响，但这些经验不一定是对现实情况最科学、有效的方法途径，组织机构同样可能会陷入范式的决策程序，致使决策因未及时反映变化中的环境而失败。此外，竞争战略还利用恐惧心理对决策带来的影响。所谓恐惧心理就是当面临压力时，人的认知能力会下降，难以应对复杂问题、处理多面信息，难以客观理性，容易轻率决策。因此在制定竞争战略时首先要问"敌人最怕什么？"，然后从敌人最恐惧的环节着手，从竞争对手在对刺激做出反应时可能出错的问题着手制定战略，引导对手迫于恐惧和压力，依照过往经验或程式做出非理性决策。这种竞争战略的制定方式强调竞争双方组织机构或决策者认知的不对称性，即敌我双方都存在盲点，但有所差异。在战略互动过程中，竞争一方要比对手更早发现这些差异，最终目的是利用认知上和资源上的不对称性，把握竞争战略的关键点，提高胜出概率。

第三，国家竞争战略通常表现为四个基本特征。一是假设竞争对手。竞争战略是一个战略性行为，拥有特定的战略目标、原则、途径和手段，重点关乎竞争一方如何使用现有和潜在的资源及手段来影响特定竞争对手的行为，以达到自身的战略目标。因此竞争一方需首先假设一个明确的、具备一定实力的竞争对手。二是利用制约因素。国家在制定竞争战略的过程中受到多种因素的制约，包括国际形势、国际舆论等外部因素，还包括国内政治体制、经济资源、能源、技术、人才、战略文化等内部因素。竞争战略就是致力于发现和利用那些影响对手决策和战略实施的制约因素，达到限制对手，实现自身竞争目标的战略目的。三是长期性战略竞争。事实上，时间是竞争战略中的一个关键变量，某一项竞争战略的最终成效，可能需要数年甚至几十年的时间来评估。国家间竞争不仅需要关注近期的经济和武器装备等的发展，随着时间的推移，更多需要长期经营，如科技研发、力量部署等。同时还要了解对手制定和实施长期竞争战略的方向以及能力。不仅要了解对手现在做什么、未来将要做什么，还要深入了解对手为什么这么做，以及决策的过程、原则。四是互动式竞争战略。竞争战略的逻辑起点是假设竞争者之间存在互动，至少一方会在一定程度或部分领域根据对方的行为做出战略性选择，即一方的竞争战略行为受对手竞争行为的影响。例如美苏在冷战期间的军备竞赛就是典型的行动—反行动的互动式竞争模式。美国在竞争战略实践中总结出了拒止战略—成本强加战略—打击敌方战略—打击敌方政治体系的竞争互动模式。拒止战略主要是不战而屈人之兵，让对手在竞争开始时就意识到无法取胜，以此来慑止未来的进攻。成本强加战略就是有意提升对手实现战略目标的代价，致使对手为实现目标，被迫接受超出其能力范围的投入，最终导致自我毁灭。打击敌方战略就是引导对手落入陷阱，阻塞其他有效选择，并进一步利用和放大敌方因遭突然袭击所导致的困难，使其无法摆脱困境或扭转态势，最终导致崩溃。和平时期，表现为将对手的竞争领域、资源以及行动路线等引向对己方危害最小，对敌方不利的方向。战略竞争归根到底是两个政治体系之间的竞争，战略家们关注的核心是打击敌方的政治体系，破坏其战略路线，削弱敌方对内的政治领导力和对外的执政执行力。竞争战略强调理性互动，克劳塞维茨曾说："既然战争不是毫无意义的激情所带来的行动，而是受政治目的的控制，那么政治目的的价值就必须决定需要为此付出牺牲的规模以及持续的时间。"随着竞争的持续，双方的互动可能冲击理性，导致过激反应，滑向冲突甚至引发战争，最终导致偏离原本的竞争目的。

二、国家竞争战略的影响要素

任何国家之间都存在竞争关系，没有竞争关系的国际关系根本不存在。如果用数字指标来描述竞争的烈度，没有竞争的关系为0，激烈的竞争关系为1，那么国际关系总是在0和1之间浮动，最小只能无限趋于0，因为只要利益存在冲突就会有竞争，最大也只能无限趋于1，越是友好的关系，比如战略合作伙伴关系，数值越低，越趋于0，越是敌对关系，如战争，数值越高，趋于1。0和1之间存在一个阈值，低于这个阈值的竞争就是良性竞争，超出这个阈值的竞争就是恶性竞争。良性竞争促进双方关系的发展，恶性竞争会牵制双方大量资源而导致一方利益受损甚至两败俱伤。竞争离不开斗争与妥协，竞争战略是操控得失的艺术。一个国家的竞争战略受到诸多因素的影响和制约，这些因素影响着竞争战略的决策、制定和实施。

（一）综合国力

竞争战略是一个国家实力发展到一定阶段的必然选择，在国

第二章　当前国家竞争战略基本理论和实践

际竞争中，实力弱小的国家只能被动地参与竞争，在竞争中遵守既定的由实力强大的竞争者制定或控制的游戏规则，受制于实力强大的竞争者。

国家实力是制定和实施竞争战略的一个基本要素，竞争目标的选择必须量力而为，竞争战略的实施更需以实力为后盾，实力最终决定竞争者在竞争关系中的地位。国家实力，是指国家所拥有的生存、发展和对外影响的力量，它是物质和精神力量的统一。[①] 国际竞争中的对手是国家实力的作用对象，国家实力只有在作用于具体对象时才能显示出自己的能力，由潜在实力转变为现实实力，由观念上的实力转变为具体的实力。国家实力主要表现为单项实力和综合实力。单项实力是国家实力各要素所具有的实力。如地理、人口、能源、技术、人才、经济、政治、军事、文化（或精神）、外交（非狭义外交概念）等。综合实力是各单项实力综合作用的结果。当今世界的竞争是一个国家综合国力竞争战略对抗和较量的过程。随着全球化的加深，各国生存和发展的自主性受到进一步削弱，在经济、政治、文化等多方面的联系和依存度加强，要在国际博弈中占据优势必然要展开综合国力的竞争，当今国际竞争中，各国都在争夺综合国力的竞争优势，国家安全领域的竞争尤为明显。虽然冷战后军事斗争有所缓和，但在解决国际争端的实践中，军事实力仍然是基础。而经济实力是实现竞争优势的源动力，各国纷纷把发展经济、增强经济实力作为中心任务。科技创新更成为国家间竞争的重要指标之一，各竞争体均想在科技领域占据领先优势，获得绝对竞争力。

金融危机后欧盟为提高自身竞争力于2010年制定了《欧洲2020战略》，以研究和创新为三大重点战略之一；2006年德国推出了科研与创新为核心的"国家高科技发展战略"，2004年法国

[①] 高金钿：《国际战略学概论》，国防大学出版社，2001年版，第74页。

就已经开始实施"竞争力极点"战略。除硬实力外,软实力竞争也愈来愈受各国关注,美国等发达国家借助经济实力和先进的传播手段,大力进行以核心价值观为主的文化扩张和政治渗透,对别国传统文化和社会制度造成不同程度的威胁,各国在文化领域的合作与竞争、融合与冲突中展示着各自的竞争实力。软实力是硬实力的潜在部分和补充,竞争者可通过建立被各方广为接受的制度规则,使软实力转化为硬实力,在很多情况下,使用硬实力难以取得良好的效果时可单独或配合使用软实力来达成预期目的,如瑞典和荷兰在硬实力上与其他欧洲国家相比没有明显竞争优势,但影响力却更强,原因就在于软实力更强。因此,软实力竞争也是国际竞争中不可忽视的领域。

(二) 战略环境

战略环境是影响竞争的外部因素,科学合理的竞争战略应基于对国内外战略环境的准确判断。在"战争与革命"为主题的时代,各国普遍采取高强度的竞争战略,以暴力手段争夺生存权,争取民族独立。在以"和平与发展"为主题的时代,各国在国家安全领域表现为相对低烈度的竞争战略,抑或采取竞争与合作的战略,争夺资源和地缘优势,争夺发展机遇和规则制定权。"知彼知己,战乃不殆,知天知地,胜乃不全",任何竞争战略的决策都是某种环境中的产物,环境对竞争决策具有重要影响作用,即战略必须适应其所面对的环境。

战略环境是指在一定历史时期内,主权国家所面临的政治、经济、军事等诸多方面的国内外情势。[1] 战略环境是一个复杂的动态的系统,涉及特定时期的时代特征、国际格局、国际秩

---

[1] 杨毅:《国家安全战略理论》,时事出版社,2008年版,第39页。

第二章 当前国家竞争战略基本理论和实践

序和机制、地缘环境等。时代是依据某种特征为标准划分的社会事务发展的历史阶段,凡是被称之为时代的阶段,必须以重大的事件为主要标志,具有特定的内容,能产生时间较长和氛围较广的深远影响。时代属于世界发展进程和基本方向的最高概括。[①] 时代特征具有整体性、阶段性、综合性等特点。竞争就是要在分析时代主题、时代潮流、时代发展动力等因素的基础上制定整体战略,顺应时代发展潮流,在竞争中争夺先机。国际格局是主要国家或国家集团的实力之间相互作用、相互影响而构成的具有全局性和相对稳定性的一种结构或一种实力对比态势。

竞争者要根据竞争双方在多极中的地位、力量平衡以及与竞争对手的盟友及敌手之间的关系来制定相应的竞争战略。国际秩序是国际体系中各主体之间相互关系的行为规则和相应的保障机制,没有机制的约束,竞争很难有序实施,同时,在国际竞争中,竞争双方越来越重视对相关规则的制定权和话语权。

地缘环境是以地理位置、综合国力等要素为基础产生的地缘政治、经济和军事关系,主要表现为国家间的相互作用。[②] 地缘不仅影响一个国家对威胁的评估,而且是构成其竞争战略的思想基础。历史上,某些国家采取"海主陆从"的战略路线,有些国家则采用"陆主海从"的战略思想等,这些差异都受地理条件制约。在竞争中,竞争者需客观评估本国的地缘环境,分析对手的地缘优势,以己之长击其之短。例如,以色列强邻环绕,国土狭小,缺乏纵深,自然会形成高度戒备、速战速决的战略思维;相反俄罗斯地缘辽阔,其战略传统为持久防御,以空间换时间。

---

① 梁守德等:《国际政治理论》,北京大学出版社,2000年版,第288页。
② 程广中:《地缘战略论》,国防大学出版社,1999年版,第13页。

除国际战略环境外，竞争领域的环境直接影响着竞争战略的制定和实施。如美国海军战争学院国家安全决策系负责人约翰逊·弗雷斯博士2003年就中国太空项目曾发表过专门评论，认为1960年由美苏竞赛而开始的一系列太空活动催化了中国自己的载人太空飞行计划，如果中国的太空项目获得成功，将永远改变中国同世界，特别是同美国之间的关系。美国认为，中国希望通过太空项目，中国希望能够缩短与美国之间的技术差距，从而强化中国政府在国内、亚洲地区和全球的地位。美国政府担心中国的太空项目可能被用于军事目的，这些太空活动将不仅挑战美国对太空的主导权，还可能导致美国更具攻击性地将太空活动军事化，如此一来，双方在太空领域的竞争将进入一个循环，中国太空能力的提升将刺激美国进一步发展其本已强大的太空实力，而美国的太空军事化将鼓励中国继续强化太空项目。

（三）战略文化

在竞争关系中，经济、科技与军事构成一国的物质实力，称为权力基础，文化力量及其所显示的政治、外交影响被称为势力基础，"权"与"势"结合构成一国的实力基础。正如摩根索在《国家间政治——权力斗争与和平》中指出，优越文化和更富有吸引力的政治哲学的说服力，显然要比诉诸军事、经济手段更有效，因为，它的目的不是征服领土和控制经济生活，而是征服和控制人们的心灵，以此作为改变国家之间权力关系的手段。①

每个国家的战略文化都源自其古老的传统文明，是具有民族

---

① ［美］汉斯·摩根索：《国家间政治——权力斗争与和平》，北京大学出版社，2006年版，第98页。

第二章　当前国家竞争战略基本理论和实践

特性和历史传承性的意识观念。慑之以兵威，和之以婚姻，阻之以城塞，施之以禄位，通之以货利，怀之以教化等等都反映了中国独特的战略文化①。我国的战略文化精髓为求和平、谋统一、重防御。

西方国家的经济、政治、科技、军事构筑起强大的物质实力基础与国际舆论优势，决定了国际博弈的强国话语权与主导性，增加了强国行动的道德筹码。而表现为意识形态与价值观念、国家形象、外交影响的文化力量不仅显示出强大的国家意志，而且以"软性同化式权力"主导世界，塑造全球规则并决定国际议题的权威导向，体现出文化的政治价值。自由、民主、人权等价值观念是西方文化体系最辉煌的旗帜，反映于政治制度、发展模式、生活方式等领域，这正是约瑟夫·奈笔下的软实力。尽管文化就其本身而言是平等的，但毕竟各国实力差异导致文化有强弱之别，坚实的物质实力无疑是一国文化与价值观的最好诠释。

强大的军事力量、金融地位和政治经济优势赋予了美国国际权威，但美国的文化软实力对保持其世界领导地位至关重要。媒体外交在全球广泛传播美国文化、价值观、意识形态，对提升美国地位和国际影响力功不可没，"在世界新闻每天的发稿量中，西方四大主流媒体（美联社、合众国际、路透社、法新社）发稿量为整个世界新闻稿件的80%，传播于世界的新闻中90%以上被美国等国家垄断，西方50家媒体跨国公司占据世界95%的传媒市场。在伊拉克战争、阿富汗战争中，美国的相关新闻几乎完全占领了战争的话语权"。② 在软实力竞争中，美国充分利用了现代化信息技术手段，借助Twitter、Facebook、Google、Youtube等经

---

① 李际钧：《论战略》，解放军出版社，2002年版，第37页。
② 刘铁：《政治意图、文化软实力与文化产业》，《江汉论坛》，2009年第5期，第107页。

营"网络自由"概念。英国路透社曾分析,"谷歌成了一个被政治化的品牌,美国政府与 Google、Twitter、Facebook 等达成联盟,宣称上述公司提供的服务对于实现美国更远大的民主自由梦想起到关键作用。美国政府和谷歌的合作催生了信息帝国主义。""今天的文化即明天的政治,当一种文化被普遍接受的时候,代表这种文化的利益的实现过程也将变得更加顺畅……这也正是这场激烈的全球文化竞争背后的原因"。[①] 在过去的几十年美国未动一兵一卒、未用经济制裁,但通过公共外交、非政府组织、舆论媒体、访问交流、对外援助等手段,将美国的文化宣传艺术化、隐蔽化,在多国进行颜色革命,与其竞争对手开展意识形态领域的争夺。二战后,以实力为后盾的攻心战略的竞争价值在世界政治舞台充分彰显,文化竞争的抑制对手、获得竞争优势和国际关系主导权的重要手段。

三、竞争战略决策

竞争战略决策,就是在特定的竞争环境中,国家最高决策者针对竞争对手给国家带来的威胁,以运用国家实力争取竞争优势为目标,按照科学的程序和方法,对有关国际竞争的重大问题所做出的决定。决策的主要任务是,根据竞争环境的特点、国家利益需求,规定竞争战略目标、任务和方针,确定国家实力运用的方式和途径。竞争战略决策是规划和实施竞争战略的基本依据,直接关系到国家在国际竞争中的成败。

---

① 赵诣:《软实力:大国争雄的角力场》,《中国社会导刊》,2005 年第 6 期,第 55 页。

（一）主要特点

1. 先进性

竞争战略决策需要着眼未来，通过国家之间在某一领域的竞争，显现它所拥有的竞争优势抑或绝对优势，掌握战略主动。这就要求战略指导者善于运用预见性思维，着眼事物发展的规律和方向，对未来国际竞争的可能发展趋势进行正确的预测和判断，准确把握竞争制高点，先发制人，以先进的技术和方法，提高关键领域的竞争能力，争取竞争优势，并在不断创新中保持优势。欲保持先进性，需要决策者依据国际环境、国家实力等主客观条件，创造性开拓思维，针对不同的竞争领域、不同的竞争对手，做出灵活恰当的战略选择。

2. 对抗性

竞争战略的决策过程表现为竞争双方依靠和运用各自的综合实力而展开的智慧对抗，是双方战略指导者在特定的竞争环境中互相争夺竞争优势和战略主动权的对抗，具有鲜明的对抗性。它既是双方意志和实力的竞争，也是在竞争中谋略和艺术的博弈，这就要求战略决策者必须在实力的基础上充分发挥主观能动性。决策者需根据竞争对手的多寡、强弱、亲疏以及竞争的领域不同而采取不同的战略决策。

3. 动态性

全球化趋势打破并重塑了许多领域的竞争规则，使得竞争环境变得越来越复杂，竞争者必须以动态的竞争意识应对不断变化的竞争环境。全球化与信息化程度越高，竞争优势就越难以长久保持，越容易被竞争对手的反击行动所超越。此外，竞争战略的有效性不仅取决于先于对手获得竞争优势，更主要的是预测竞争对手可能的应对策略和改变竞争规则的能力。因此，在竞争战略决策过程中，决策者须尽可能选择使自身在某个时空范围内获得竞争优势，并在未来一个较长时期的动态竞争中能保持持续优势的竞争战略。动态性是对预见性的一种补充，即依照竞争形态的不断变化加以修正或改变原有的决策，并不断在竞争实践中加以验证。核心就是要适应快速变化的内外部环境和对手的策略变化等，提高动态条件下的应变能力。如1917—1945年苏联和日本在远东的军事对峙中，双方的战略互动演变达7次之多。

4. 风险性

在竞争战略决策过程中，由于国家利益错综复杂，竞争关系及态势不断发展变化，不确定因素很多，尤其在某些高技术竞争领域，可能存在过度投入的风险。如冷战期间苏联以高昂的代价形成了与美国"确保相互摧毁"的局面，最终却被这场竞争拖垮。此外，在国际竞争关系中，如何处理与竞争对手、竞争对手的盟友等之间的关系也是竞争中的必要环节，处理不当，可能会将自身置于不利之地。因此，决策者在战略决策过程中应均衡各种利益、各方关系，考虑风险规避和应急处理机制，将风险减到最小。当前，中美军事实力差距较大，但随着军事现代化步伐加快，中国在海洋、网络、太空等领域的进展对美国的优势构成一定挑战，尤其在中国近海，双方安全竞争有加剧的风险。美国指责中国设立东海防空识别区，中国海军驱赶美国侦察机，中美围绕"反介入和区域拒止"发展能力，限制对方海上行动自由等，双方竞争有升级为冲突的风险。海上竞争的加剧，会产生溢出效应，促使双方在网络、太空等其他领域展开军备竞赛，以提高自身竞争能力和战略威慑力。

5. 长期性

国家间竞争非一朝一夕之势，制定竞争战略需要对竞争双方长期发展态势进行研判和比较，重点通过对竞争对手的历史行为模式和演进的分析，归纳其中隐含的行为特征及与未来行为之间的关系，预测对手未来十到二十年的行为轨迹和战略态势，制定有效的竞争战略。其次，通过长期对竞争对手在某一领域的资源投入进行分析，评估其优势及核心竞争领域，研究制定具有针对性的竞争策略，加大相应领域资源投入或发展反制措施，以平衡对手优势增长。

（二）主要内容

竞争战略决策的内容主要包括明确目标、细化任务、制定方针及执行措施。

1. 明确竞争战略目标

制定竞争战略的首要环节就是科学确定战略目标，目标可分为总目标和分目标竞争战略。总目标是国家从战略全局上，综合考虑国家实力，对总体竞争的战略要求，从属于国家的总目标和总政策，集中反映国家的根本利益竞争战略。分目标是在某一领域、某一时期或某一阶段的竞争所要达成的结果。

确定竞争战略目标，必须从客观实际出发，依据国家总体发展战略、国家安全战略等基本战略和方针，综合考虑政治、经济、军事、外交等方面的情况来确定。确定战略目标时还应将可选择的各种手段，包括太空、信息、网络等军事手段与政治、经济、外交、科技、文化等非军事手段结合起来考虑。同时要根据自身实力和竞争对手的能力制定适度的目标，目标过大超过实力承受范围可能会适得其反，目标过小可能达不到争夺优势的竞争目的。因此在制定战略目标时需做到需求与可能的一致、力量与手段的一致。中国作为崛起中的大国，实行独立自主的和平外交政策，国家竞争战略的目标具有防御性和维护国家安全与世界和平的基本特征。新形势下，我国的根本利益集中表现为发展经济、强国富民，实现两个一百年的奋斗目标。因此，竞争战略的目标应着眼于提升综合竞争能力，争取关键领域的竞争优势，努力营造有利的国内外安全环境，抵御未来可能遭致的威胁，确保国家的和平发展。

2. 细化竞争战略任务

竞争战略的目标确立后，为实现目标，应将其细化为战略任务，即战略指导者应根据战略目标的要求，针对一定时期内可能出现的竞争威胁或安全威胁的性质、程度、领域和竞争对手的动向、目标，以及己方力量的实际状况，明确运用国家实力、提高竞争能力、抵御威胁的战略任务。战略任务可分为总任务和具体任务。总任务是为了实现战略总目标需要解决的重大战略问题，也是实现总目标的客观要求。具体任务是对总任务的进一步细化，可分为各个领域、各个阶段或各个时期的任务。规定战略任务时应责任明确、区分合理、范围适度、符合全局需要又切实可行。规定战略任务时要充分考虑时代特征、国际战略形势变化以及竞争双方国内的环境，既要关注现实的安全威胁和对手的竞争态势，又要关注潜在的竞争对手和威胁。

3. 制定竞争战略方针

战略决策的核心内容是依据战略目标的要求制定相应的战略方针，战略方针的正确与否对竞争战略的实施发挥着关键性作用。制定竞争战略的方针首先要明确竞争对手，包括现实的竞争对手和潜在竞争对手。战略指导者应在战略判断结论的基础上，把对国家安全构成全面而重大威胁的对象确定为主要竞争对手；把未来可能构成威胁的对象作为潜在竞争对手。在同一时期内或者在同一领域内面临数个威胁或数个竞争对手时，必须确定一个

第二章　当前国家竞争战略基本理论和实践

主要竞争对手,以便集中力量重点应对。其次要明确主要竞争领域。主要竞争领域是竞争双方较量的焦点和力量运用的重心,是影响大局的决定性方向。主要竞争领域通常根据主要竞争对手确定,一般选择主要竞争对手对我威胁最重、危害最大或最能对我进行进攻的主要领域;或者根据竞争双方的战略企图、发展态势、战略环境等条件,选择最有利于己方发挥优势,以已之长击敌之短的领域。在同一时期内,竞争领域可能有多个,但要有主次之分并可能在一定条件下相互转换。再次要明确指导思想与原则。指导思想是指导国家竞争全局的基本观点,是指导规律的科学总结和理论概括,是竞争意图的集中体现。指导思想是战略方针的核心,对国家开展与对手之间的竞争具有宏观定向和牵引指导作用。确定竞争战略的指导思想应根据时代特征,基本竞争思想和理论,总的战略意图,竞争各方的政治、经济、军事、科技地缘等条件决定。重点分析竞争战略目标、对手竞争能力、竞争领域的状态及发展趋势,以发挥最优的实力效能,争取最大的竞争优势。战略指导原则是为贯彻执行指导思想而对运用实力开展竞争提出的宏观要求。

冷战后期,美国提出了竞争战略,核心竞争对手是苏联,竞争目标是彻底遏制苏联。主要从美国的经济实力地位出发,注重美国军事和防务政策的针对性,强调各项防务发展计划要以苏联为竞争对手,在一切可能的地方削弱苏联在世界各地的影响。同时,明确以发展尖端技术为突破口,通过高效益地使用各种资源,全面增强美国的防务和竞争能力。以美国的持久性长项攻击苏联的持久性短项,与苏联进行军事、经济、科技等综合性的实力较量,达到军事上遏制、科技上压倒、经济上拖垮苏联的目的,从而增强美国的竞争能力,使苏联的竞争能力随着时间的推移而不断削弱,最终夺取对苏联的绝对优势。

4. 确定竞争战略措施

战略措施是为达成战略目标、贯彻既定的战略方针和达成竞争目标而提出的具有全局意义、切实可行的举措和办法，通常包括政治、经济、军事、文化等综合实力运用的方式和具体方法、步骤等。提出竞争战略的措施，必须在战略方针的指导下，综合考虑竞争领域与其他领域的平衡以及实力的可行性等因素，确保战略措施切实可行。

进入21世纪以来国际社会的竞争焦点之一集中在北极，北极事务日益被纳入全球视野。目前北极地区竞争环境错综复杂，首先竞争主体从传统域内国家拓展为包括域内国家、域外国家及国际社会多元体等利益攸关方的共同参与；其次竞争领域扩大，随着冰融期的延长及科技的发展，各国在北极能源、航道、渔业、旅游、军事等多领域的竞争。北极不存在类似《南极条约》的统领性国际条约，治理环境表现为松散、多层级、非强制性等特点。我国在该地区的竞争目标是积极参与、深度介入，提升规则制定权和话语权，抢占先机，维护国家在北极的利益（包括经济和安全利益）。纵观全球，美国、俄罗斯、加拿大、日本、韩国等已纷纷制定相应的北极战略，竞争态势日趋激烈。根据当前北极地区的竞争环境、竞争对手发展情况以及未来趋势，我国也在《国家安全法》中第一次以法规明确将北极地区安全纳入国家安全范畴。下一步应继续加强参与北极事务能力建设、智力建设，经济与军事协调并进，提升竞争能力，积极参与竞争，为维护我国在北极地区国家利益提供战略支撑。

四、竞争战略规划

战略的主旨在于行动，竞争战略规划就是把战略决策的内容具体化为战略行动的统筹安排，是连接竞争战略决策与实施的纽带，是竞争战略发展到一定阶段的产物，其形式和内容随着竞争实践不断丰富和发展。

（一）意义作用

竞争战略规划是为达成一定的竞争目标，对国家现有实力和潜在实力运用所进行的宏观计划和资源分配。首先，竞争战略规划是决策的具体化，是理论与实践的桥梁，是把思想变成行动的中间环节。要把竞争战略决策规定的战略目标、战略方针、战略指导思想和原则落实到行动中，必须将相应的规划细化为具体的、可操作的目标、方案、途径、步骤和措施等。其次，竞争战略规划的核心是分配和调控战略资源，合理发挥实力的效能。通过合理规划、科学分配和调控资源，实现人力、物力、财力等资源的优化配置，提高实力运用效率，提升竞争能力。尤其在全球化和信息化日益发展的时代，资源配置过程复杂、领域繁多、内容多样、更需要在战略层面加强调控，降低竞争风险、节约资源，提高效益。其三，竞争战略规划是一种全局性的中长期设计。战略规划主要考虑和研究今后一段时间甚至更长时间内国家综合实力的建设和运用的重大问题，通过全局性、综合性、长期性的综合设计，明确未来一段时间重大竞争领域和竞争活动的总体思路和构想。最后，竞争战略规划通常是由国家或军队最高权力机关和职能部门制定的，具有统领指导的高度权威性。竞争战略规划既指明综合实力与建设运用的基本方向，也规定着竞争领域的重点发展措施和时限等，从而直接约束着实力运用和竞争行为，确保有利于按计划、有步骤地达成竞争目标。

竞争战略规划作为竞争领域的宏观设计，在实践中发挥着特殊重要的作用。一是统筹作用。制定竞争战略规划，实质是通过对国家综合实力或竞争力建设与运用相关的国内外战略环境、某领域或某竞争对手的发展态势、竞争方式、核心科技发展等因素的判断和预测，从总体上规定科技发展与竞争能力建设与提升的走向和目标，统筹各项力量建设与运用的全局，防止竞争行为偏离战略预定的竞争目标和正确轨道。二是规范作用。竞争战略规划是各级职能部门履行顶层设计、宏观调控、管理职责的重要依据，在一定范围和领域内，具有规范和约束各职能部门的特殊功能。集中表现在：规范国家综合国力和竞争能力建设的基本方向；规范竞争战略的重点领域和重要竞争对手；规范竞争行为的实力运用与建设时限。因此，制定竞争战略规划不仅需要设计一个未来竞争的宏伟蓝图，还要明确基本的任务；不仅要提出指导思想和原则，明确为什么的问题，还要设计重点任务和基本措施，明确干什么的问题。三是协调作用。战略规划不管是短期的还是中长期的，都是一个连续不断执行的过程。在这一过程中，只有各级职能部门明确竞争目标，明确为实现目标所要执行的任务时，才能协调一致采取行动。当前，高精尖科技的研发以及国防工程及装备的研发生产周期都较长，只有跨军种、跨部门、跨领域、跨专业的沟通协调，全域联动，同一行动，综合作用，才能确保重大竞争项目的成功实施。

（二）主要内容

在竞争战略决策确定之后，就要将其进一步细化为详实的战略规划。竞争战略规划是一个过程，又是一个指导行动的文本，主要包括形势和任务，原则，目标和思路，重点和措施，以及实施的步骤、方法和要求等。

1. 环境分析

主要是在竞争战略方针指导下，在既定战略判断和战略决策基础上，进一步具体明确限定的时间范围内战略规划涉及的竞争领域、面临的国际形势、周边环境、国内环境、竞争对手的国内环境等等。在具体制定竞争战略规划中，需有针对性地对国家外部环境做客观有效地评估，内容涵盖政治、经济、军事、社会、科技、文化、心理等层面，分别从机会和威胁两个角度进行分析，判断出促进或抑制国家战略目标达成的因素。着重分析规划限定的时间内相关领域的主要矛盾、需要解决的突出问题，以及发展的机遇和主要障碍，今后可能存在的竞争威胁。国家内部环境分析旨在了解国家分别在硬实力和软实力两个层面的优势与劣势，探索国家竞争优势的来源，与竞争对手进行相应对比、评估和分析，避敌之锋，补己之短。在大数据时代，环境分析包含了对数据情报的获取、分析、归类等，先于对手掌握信息情报，就可能先于对手采取有力的竞争行动，进而掌握竞争主动。情报搜集与分析中应注意，情报包括过去、现在、未来的信息，静态、动态、潜在的信息，表面与意图的信息，客观与预判的信息；分析时应注意技术手段与主观意图分析相结合。

2. 对手分析

竞争对手分析是对竞争者的行为能力所实施的分析，旨在了解竞争者当前和未来之战略态势，是站在竞争者的角度所进行的一种反评估。竞争对手分析包括对现实竞争对手和潜在竞争对手的特征和性格分析，对竞争对手应对不同情况可能制定的战略进行分析，对竞争对手针对某种竞争战略可能做出的反应进行分析。根据经济领域中的 SWOT 分析法，重点对竞争对手的优势、劣势、机遇、威胁四个方面进行逐项分析，并与自身进行对比，进而分析竞争双方在哪些竞争领域存在集中的冲突，需要作为重点竞争领域；竞争双方在某一竞争领域的竞争力差距以及存在的机遇和未来可能出现的风险。优势分析，就是要明确竞争对手在哪些领域拥有竞争优势，以及我方进行竞争的可行性及成本分析，包括资金成本、人力成本和时间成本，重点是时间成本，需确保竞争能力建设的时效性，缩小与竞争对手在技术上的代差；同时还要分析我方的竞争优势，明确可能产生竞争优势的重点领域，并集中开展能力建设。劣势分析，就是分析竞争对手的短板，以及未来的发展趋势，可利于竞争方利用自身的竞争优势或长项对抗对手的竞争劣势或弱项，达到掌握战略主动之目的。机遇分析，包括两类，一类是在已经展开竞争的领域对竞争双方发展态势进行细致分析，挖掘己方在竞争领域的突破口，达到对抗对手、削弱威胁的目的；一类是在潜在的竞争领域寻求己方的优势力量，先发制人创造发展机会和竞争优势，同样达到有利的竞争目的。风险分析，就是在竞争战略制定和实施过程中，要客观评估和预测现实或潜在的风险，做好规避风险的预制措施，制定相应的危机管控机制，争取将风险或风险危害降到最低。

3. 竞争力分析

所谓竞争力是一个动态的概念，主要体现在三个方面。一是体现在成本上，一国能够以较低的投入或成本实现某一领域的竞争优势，达成竞争目的，意味着它拥有较强的竞争力；二是在微观领域，竞争一方在某一领域内具有超过其他竞争对手或垄断的技术优势、地理优势、资源优势、人才优势等可被视为具有一定的竞争力；三是竞争力还表现为与竞争相关的国家政策、制度、运行机制等，这些都影响着竞争者实现有效竞争力。从横向角度分析，竞争力分析包含五大部分即自我竞争力分析、现实对手的竞争力分析、潜在对手的竞争力分析、持续竞争力分析和自我修复能力分析。自我竞争力即竞争者己方的综合实力、竞争机制、国内战略环境、周边及国际态势等综合因素的分析，并依据客观实际对自身在国际环境中的竞争力进行评估，明确所处的地位和发展潜力。对手竞争力，重点包括对竞争对手的强项、弱项或优势、劣势进行客观评价和评估，并将其置于国际环境中横向对比，同时要对竞争对手针对不同情况不同对象可能采取的竞争手段、对手的同盟体系、对手应对竞争战略可能出现的反应以及对手的国家特征和民族特性进行分析。潜在对手竞争力分析，即对可能进入某领域或未来可能对己方形成威胁的竞争对手进行分析，主要围绕潜在对手的竞争力发展态势、威胁程度和可能构成现实威胁的时间等，为应对未来威胁制定相应战略举措。持续竞争力或称动态能力，即竞争方拥有的资源或竞争力并非固态不变的，也并非随意改变或更新，而是依据路径而演变的。因此面对持续和快速变化的环境，竞争者应调整、集成或重构内部及外部的能力、资源以顺应环境变化的要求。自我修复能力，指竞争者日趋发展的国际环境中，必须持续进行自我更新，在动态评估中自我修复，不断弥补竞争中的弱项，不断提升自身竞争能力，在螺旋式上升中逐渐弥补差距和扩大优势。

4. 原则

制定竞争战略规划应遵循以下原则：

竞争优势原则。竞争优势不同于比较优势，竞争优势是一个动态概念，强调竞争者应在不断变化的竞争环境中时刻保持动态的绝对优势，竞争者在不断的优势—平衡—新的优势这一动态的循环中争取持续的优势状态。竞争优势包含某领域的整体竞争优势、单项核心技术的竞争优势、国家相关体制机制的竞争优势等。

差异化原则。根据经济学中差异化竞争原理，国家竞争也应遵守差异化原则，核心是竞争者在参与国际竞争实践中，为保持一定的竞争优势，争取战略主动，需要在创新竞争领域、关键领域的竞争实力、核心科技等方面具备足以超越竞争对手的特殊性，以便与其他竞争对手相区别，并以差异化减少可替代性（这就意味着该竞争者在某一特定领域或环节占据垄断的因素加强，被竞争对手平衡的几率下降），进而以此来增加竞争者在其他领域的竞争筹码，保持一定的竞争优势。

柔性原则。从竞争战略的长远来看，竞争者必须保持持续的自我更新，增强外部柔性和内部柔性。所谓外部柔性，一是指增强进攻柔性，主动为未来的竞争突破做好准备，如竞争者可对某些关键领域的核心科技进行技术和人才储备，加快核心技术的研发速度和转化效率，以便在未来超越竞争对手的努力；二是指增强防御柔性，即当竞争者在竞争过程中发生重大失误后应立刻改正错误或采取有效措施减少可能的风险与其他不确定因素，从而将未知的不利影响降为最低。内部柔性则是指当竞争者的国内环境发生意外事件时，竞争者组织实施缓冲的能力抑或危机的管控能力。在激烈的国际竞争中，竞争者应充分发挥柔性战略的功能，以增强竞争力的可持续性。

五、竞争战略实施

竞争战略的实施，是为实现竞争战略目标，依据战略方针和战略规划的指导及要求以及竞争环境的发展变化而开展竞争的实践活动，主要包括竞争能力准备和竞争实施两大部分。

（一）竞争能力准备

竞争能力准备主要包括：一是战略情报准备，指竞争环境情势及发展趋势，竞争对手的情况，相关竞争领域的国际机构和国际规则等。情报准备的成功与否直接关系到战略的成败，要求决策者必须高度重视各相关情报信息的搜集、整理、归类和分析等。平时要注重战略情报体系的完善，提高各战略情报体系的运转效率，实现信息互通和交互补充，提高情报使用效率。二是竞争战略的预案准备，即对竞争各要素做客观详尽分析和情势预判，明确目的和任务，根据竞争力的实际情况，进行合理分配组织，实现实力最大效用。进行预案准备要从实际出发制定确实可行的行动方案，把握全局，准备制定多种预案，做到局部竞争与整体竞争的有机结合，提高科学性。三是实力准备，包括增强单项竞争力，加强各部门各领域的综合竞争力，加强动员能力建设，加强文化竞争力的作用。单项竞争力指核心竞争力、边缘竞争力和动态竞争力。

（二）竞争实施

科学的战略决策和战略规划最终通过竞争实施来实现，国家间竞争是通过一系列全局性的组织活动，正确使用国家竞争力，综合使用多种手段，实现竞争目标，维护国家利益的过程。任何竞争行为都是在一定时间、空间条件下协调一致的行动。各种力量和手段只有在各种复杂、动态的情况下始终保持密切协同，协调一致，才能形成和发挥综合效力，获得竞争优势和战略主动。从宏观角度分析，需要协调的力量包括政治、经济、军事、外交、文化等各种力量和手段；同时要协调各个竞争领域、各个阶段、各种竞争任务之间的关系，使所需的力量和手段有机结合，形成整体力量，实现竞争力最大化。其次，竞争战略是为国家利益服务的，因此在竞争实施过程中要随着国家利益的实现程度而加以调控，始终把握正确的方向。竞争战略在实施过程中，由于客观情况的变化和主观认识的深化，需要根据实施行为对战略部分内容做适当修正和调整，使得竞争行为更加符合客观实际，始终保持主动。

　　从全球层面看,提高本国的竞争力早已成为各国政府的关键议题。不仅西方发达国家,很多发展中国家也投入巨大人力和物力支持竞争领域的能力研究,有些国家还成立了专门的国家竞争力研究和促进机构,制定了符合本国国情和发展趋势的国家战略。如2004年美国竞争力委员会发表的《创新美国》研究报告开启了美国国家竞争战略的重要行动议程。2006年以后,美国全面实施布什《国情咨文》中提出的以"创新引领世界"为口号的"美国竞争力计划"[①],具体包括:一是大幅度增加物力科学工程等基础研究资助;二是研究和实验税收减免永久化,减少研发成本提高创新效率;三是强化教学与科学教育;四是改革劳动力培训体系;五是增强美国对高端人才的吸引力。

　　日本产业竞争力委员会于21世纪初提出《振兴日本经济六大战略》,战略措施包括:一是通过研发税收优惠、保护知识产权等促进技术创新,重点支持生物科技、材料科技、环境、能源等技术研发;二是加快企业重组和资本重组步伐;三是促进劳动力流动并创造就业机会;四是吸引外国直接投资和海外人才;五是建立"东亚自由商务区"。

　　韩国的国家竞争力总统委员会在《国家竞争力报告2009:通过国家竞争力塑造未来》中认为,提高竞争力的战略应包括:一是完善内部法律法规;二是改善市场环境;三是积极扶持企业成长;四是增强吸引外资能力;五是增加人力资本存量。六是提高文化、农产品等的竞争力。

　　德国2006年8月首次推出了将科研与创新连为一体的"国家高科技发展战略",该战略的目的是使德国在今后最重要的市场

[①] 赵中建:《创新引领世界——美国创新和竞争力战略》,华东师范大学出版社,2007年版,第56页。

上重新居于领先地位，确保德国未来在世界的竞争力，所谓重要市场是指德国全力打造的生命医学、能源工艺、太空技术、材料技术等17个专业领域。

法国于2004年9月开始实施"竞争力极点"战略计划，就是在特定的地理范围内，一些企业、培训中心或私营研究机构以合作伙伴的形式联合起来，相互协同，共同开发以创新为特点的项目。该战略的目的是以科技创新创造强大的工业竞争力，使法国成为整个欧洲工业创新和科技发展的样板。法国政府除提供财政支持和税收优惠外，对一些能够迅速产生效益的项目进行重点扶持。

俄罗斯于2003年5月批准了《俄罗斯2020年前能源战略》，能源在俄罗斯国民经济中占据举足轻重的作用，是保证国家经济安全的基础部门。俄罗斯的能源战略主要有两个目标：一是在有效生产和使用能源资源，发挥其科技和经济潜力的基础上，满足国家对能源资源的需求，实现国民经济的增长；二是保证国家能源安全，降低外部风险因素的影响，防止能源安全受到威胁，提高俄罗斯的国际竞争力。主要措施是从高能耗经济向有效使用能源的经济发展模式过渡，大力发展油气资源储备基地；开发国内能源市场；增加能源领域的投资并改进投资结构；通过双边和多边合作增强能源实力。

英国2009年7月正式发布《英国低碳过渡计划》的国家战略文件以及《英国低碳工业战略》《可再生能源战略》和《低碳交通计划》三个配套文件，根本目的是以低碳经济作为英国经济复苏的重要突破口，抢占21世纪增长领域的制高点，打造英国的国家核心竞争力。巴西提出了2030年国家能源发展计划，在国际石油价格波动、新能源发展等多种因素的作用下，全球生物柴油和燃料酒精需求迅速上升，巴西凭借广阔的国土面积和生物能源经验及技术，抓住了全球生物能源需求的历史机遇，加紧生物能源技术研发、加强国际合作、加强配套设施建设，争取在未来成为世界生物能源的出口大国，提升国家整体竞争力。

从世界各国的国家竞争战略来看，无论是发达国家还是新兴国家都注重从以下几方面提升本国竞争力：一是改善竞争环境，充分发挥竞争主体的能动作用；二是加大教育投入，增加人力资本存量，并重视科技产业发展，将科技创新作为国家竞争的关键所在；三是强调优化国内环境，强调稳定和协调发展，绿色、低碳、人文等因素成为各国国家竞争战略的新关注点；四是充分意识到国际合作的重要性，通过实现有效密切的国际分工和合作来体现自身的国家竞争力；五是配备相应的制度设计，增强参与竞争者对自身行为的可预期性，旨在为国家发展创造良好的竞争环境。

六、竞争战略评估

竞争战略评估是一种理论研究手段，指运用科学的方法，对影响竞争全局的各种因素及其相互关系进分行全面、系统分析，对竞争行为过程和结果进行定性定量的综合评价，并形成相应评估结论的过程。评估贯穿于竞争战略制定和实施的全过程。从阶段上看一般包括预先评估、阶段评估和效能评估等。

从内容看，竞争战略评估主要包括：一是竞争力评估。主要涉及核心技术、竞争理论、战略指导等方面，对能体现竞争力的诸要素如实力、潜力、战略、防御等能力进行综合评估，给出定量或定性判断。二是风险评估。竞争中风险无处不在，风险与效能往往成正比，竞争目标越大风险可能越大。当利益损失可能超过一定限度危害全局时，应重新选择竞争战略。对竞争战略进行风险评估的目的在于避免竞争决策陷入绝对风险，对风险大小进行评估并据此合理选择战略，同时在准备判断风险的基础上做好应对风险的准备和措施。三是效能评估。它是对真实或虚拟的竞争结果进行的分析和评价，是判断竞争目的是否达成、竞争战略是否调整、竞争优势能否持续的重要依据。进行科学的竞争战略评估，必须选择若干指标，构成一个指标体系，并遵循一定的原则，即评估的指标体系应具备完备性、客观性、可测量性、动态性等原则。所谓完备性是指任何一项指标下的子指标，必须能够充分全面表达该指标的特性；客观性是要求指标必须客观反映对象的状况，即通过综合运用这些指标及其关系，能够合理描述评价对象内外部的特征和运动规律；可测量性是指指标必须可以测量，即由评估对象直接获取或者通过统计方式直接获取，且评估过程要具体化、时效化、量化，增加评估的科学性；动态性则是指要把评估对象放到发展变化的整个过程中进行评估，指标必须反映环境及能力的变化。

美军的净评估方法是一种在军事领域进行战略评估的有效工具，是美国国防部采用的一种战略分析辅助手段，源自冷战期间对美苏军力对比的研究。它通过对美国和对手在军事领域的短期和长期竞争形势进行对比分析，为决策者制定战略决策提供全面、客观的参考依据。净评估弥补了系统分析只重视可量化指标的不足，将一些影响竞争的难以量化的因素纳入科学分析范畴。起初，主要着眼分析和解决安全问题，帮助决策者识别当前战略关系、安全竞争走向，以及决定未来军事力量对比的因素，是跨学科的战略性评估过程。在实际运作上，净评估可分为面向国家战略问题与面向联合问题两类净评估活动。前者为本国及其盟国与潜在敌对国家安全机制间互动关系的比较分析，重心是战略环境评估、国力评估、未来趋势分析、不对称分析及政策风险分析等。[①]

[①] 易本胜、李万顺：《美军战略净评估方法分析》，载《军事运筹与系统工程》，2012年9月。

美国学者认为，净评估是美国国防部用来分析敌对国家竞争力的一项工具，是一种诊断性和描述性的分析方式，目的是辅助决策者对影响国家军事整体成败的问题进行分析，并关注美国与潜在对手的实力对比的长期形势，提出改善未来形势的可行性措施。[1] 台湾学者潘东豫认为，净评估是国与国之间的竞争优势分析，所以评估者必须同时掌握对方与自身能力等双向信息，否则即无法形成对比。[2] 实质上，净评估就是服务于国家战略竞争的一种重要分析方法和手段。其核心指导原则是对竞争双方的互动进行动态分析，要求同时分析双方实力，发现战略非对称点和相对优势，还需统筹考虑双方可能采取的行动、战法和战略等诸多非量化因素，对互动结果做出全面客观的分析。净评估尤其注重长期趋势的分析，通过对比相对优势和弱点来发现战略竞争中可以利用的机会，进而提出可行性对策建议。由于冷战期间的成功，净评估方法的影响不断扩大，既成为世界主要智库的重要研究方法，也为世界许多大国采纳为重要的战略决策分析工具。印度、台湾等许多国家和地区也都在2000年之后相继建立类似"净评估办公室"的政府机构，以分析对手，辅助决策。常用的分析手段是场景分析方法、假想敌机制和模型模拟工具。净评估的分析框架较为灵活，主要包括长期趋势分析、作战构想分析、识别战略非对称点和假定分析。

---

[1] George E Peckett, James G. Roche and Barry D Watts, "Net Assessment A Historical Review", Andrew W. Marshall J J on National Security Strategy in Honor of Albert & Boberta Wohlstetter, Boulder West Veiew Press 1991, p. 177.

[2] 潘东豫：《净评估——全面掌握国家与企业优势》，台北：经典传讯文化股份有限公司，2003年版，第24页。

第三章

历史上大国战略竞争实践及其启示

国际关系史本身就是一部国家竞争史，其中的大国兴衰不胜枚举。作为历史研究的一部分，回顾历史上大国战略竞争的实践，既可以全面探究不同时代背景下，各大国为谋求国家发展与安全，谋取优势，争取战略主动，在国家战略层面上筹划和实施竞争的基本思路和重大举措，分析其特点和规律，又可以结合历史上大国竞争成功与失败的案例，从大国战略竞争的丰富实践中获取诸多启示与教益，为研究和解决当前大国战略竞争现实问题提供有益借鉴。

一、出发点：认清战略环境与方位

任何竞争都是在一定历史、地理、社会条件下展开的，只有以环境分析为基础依据，国家战略竞争行为才能成为有根之木、有源之水；一旦悖逆时代条件许可，所有竞争战略行为都将失去力量源泉，最终导致竞争失利。在这个意义上，任何国家想在激烈的国家间竞争中抢得先机、占得主动、赢得优势，首要条件就是认清自身所处的时代正朝着什么方向发展变化，认清自身的战略对手及双方的总体力量对比，认清哪个领域、哪种方式才是自身夺取竞争优势的关键，并按照这一认识规划和运筹相应战略力量与资源。从逻辑顺序看，这种认识包含三个主要层次：

（一）把握时代大势

在不同历史时期，国际社会存在不同的时代主题和发展潮流。对于世界局势和时代主题的认识，是最高层次的战略判断，也是一个国家制定和调整国家战略的重要依据。回顾历史，尽管人类社会大多时候与战争为伴，但战争并非每一阶段的时代主题。为此，国家决策高层必须站在历史高度，激荡哲学思维，准确把握所处时代的基本特点和总体趋势，特别要从力量对比、人心所向、核心决定因素等方面入手，准确判断自身所处时代究竟是以和平还是以战争为主题，特别是在和平与战争转换的关键关口，更要准确把握时代发展脉搏，进而选择相应战略策略，确保国家发展能够适应时代发展要求，稳步走在时代前列。在这方面，中国实施改革开放和苏联迷恋军事扩张是典型的正反案例。

案例1　中国由备战应战转向改革发展

新中国成立后，面临的外部环境十分恶劣，先是遭到美国的"岛链封锁"，经历多次台海危机，并被迫进行抗美援朝和抗美援越战争，后又蒙受苏联的军事威胁，发生珍宝岛、铁克列提等武装冲突，还曾与印度爆发短暂边界战争。在这种情况下，中国领导人判断所处时代是一个"全世界资本主义和帝国主义走向灭亡，全世界社会主义和人民民主主义走向胜利的历史时代"[1]，认为"当前世界的主要的倾向是革命"[2]，世界大战不可避免，并在此基础上先后采取了"一边倒""反帝反修""一条线"的战略方针，甚至一度立足于"早打、大打、打核战争"，提倡全国全

---

[1]《毛泽东选集》（第四卷），人民出版社，1991年版，第1260页
[2]《毛泽东外交文选》，中央文献出版社、世界知识出版社，1994年版，第584页。

民"备战、备荒"。受此影响,虽然党和政府多次谋求和平发展,如毛泽东曾经明确提出"我们要谈判解决,不要武力解决"①,但由于美苏依然对中国抱持敌意,导致我国主要精力不得不长期用于备战应战,经济建设发展退居次要地位。直到1978年,中国国民生产总值(GDP)只有2683亿美元,排名世界第15位,仅占世界GDP总量的5%。从1952年至1978的26年间,GDP实际平均增长率仅为4.7%,人均GDP只有224.9美元,排名世界倒数第二。此外,其他多数发展和生活指标也排在世界国家和地区的170位以外,如进出口总额只有206亿美元。

20世纪70年代初至80年代中期,随着越战结束、美苏关系走向缓和,国际条件开始发生明显变化。邓小平敏锐地观察到这种重大变化,并基于国家能力、战争意愿、战略布势、经济支撑等因素进行科学分析判断,加紧进行战略调整。1977年9月10日,他在会见日本代表团时,改变了1975年1月关于世界大战"十分迫近"的看法,预见性地指出"搞得好战争可以推迟"。同年12月28日,他在中央军委全体会议上再次表示:"国际形势也是好的。我们有可能争取多一点时间不打仗……可以争取延缓战争的爆发。"② 1983年3月2日,他进一步提出"大战打不起来……我看至少十年打不起来"③。1985年6月4日,他在军委扩大会议上明确表示:"在较长时间内不发生大规模的世界战争是有可能的,维护世界和平是有希望的"④。基于这一判断,他判断和平与发展已成为世界关系全局的突出问题。1987年,中国共产党第十三次全国代表大会将这一理论概括为"当代世界的主题"。

---

① 《毛泽东外交文选》,中央文献出版社、世界知识出版社,1994年版,第450页。
② 《邓小平文选》(第2卷),人民出版社,1994年版,第77页。
③ 《邓小平文选》(第3卷),人民出版社,1993年版,第25页。
④ 《邓小平文选》(第3卷),人民出版社,1993年版,第128页。

据此,党和政府果断把工作中心转移到经济建设上来,全面实施改革开放政策,国家实力发展进入快车道。2016 年,中国 GDP 总量达到 74.41 万亿元人民币(约 11.2 万亿美元),排名跃居世界第二,人均 GDP 增至 8026 美元,年度进出口总额达 36849.25 亿美元。世界普遍认为,中国已初步实现国家崛起,在国际战略竞争中已居于比较有利的位置。

案例二 苏联穷兵黩武

二战结束后,美苏两国很快展开冷战。竞争初期,苏联虽然奋起直追,甚至一度给美国制造了"导弹差距"假象,但因技术等资源欠缺,除陆军力量等个别项目占优外[1],总体处于全面落后态势。到 1962 年美苏爆发古巴导弹危机时,两国的经济和军事实力差距依然悬殊。在最关键的核领域,美国拥有各类核武器 27387 件,苏联只有 3322 件。就战略核武器运载工具的数量而言,美国拥有洲际导弹 294 枚、潜射弹道导弹 144 枚、远程轰炸机 630 架,而苏联仅有洲际导弹 56 枚、潜射弹道导弹 24 枚、远程轰炸机 159 架,此外双方的战略核弹头数量分别是 5000 枚和 300 枚,美国享有 17∶1 的绝对优势。[2] 面对美国强大军力威慑,苏联被迫从古巴撤离已经部署的导弹,随后苏联领导人赫鲁晓夫黯然下台。

此后,苏联勃列日涅夫政府在对美实施短期"缓和"政策之后,误认为美国已深陷越南战争泥潭,转而实施进攻性军事战略。1966 年 6 月,他在对莫斯科选民讲话时,强调"我们将把苏维埃国家武装力量保持在现代军事技术装备的最

---

[1] 如 1953 年艾森豪威尔就任美国总统时,面临的形势是苏联在东欧部署有多达 175 个师。

[2] "Nuclear Notebook: Global Nuclear Stockpiles, 1945 – 2006", *Bulletin of the Atomic Scientists*, Vol. 62, No. 4, July/August 2006, p. 66.

高水平上，并且今后一直保持我国军队的优势。"① 为此，他在上任后的第一个五年计划中加大重工业投资力度，大力发展军事装备。1968 年，苏联新一代核动力弹道导弹潜艇服役。1969 年，苏联陆基洲际弹道导弹由 270 枚增长为 1050 枚，净增 800 余枚，同期美国仅增加 700 枚。1970 年，苏联又增加了 250 枚，而美国未增加。② 据美国专家估计，到 20 世纪 60 年代末，苏联的洲际弹道导弹数量已与美国形成均势，库存核弹总数量则超过万枚。到 1972 年中期，苏联的陆基洲际弹道导弹进一步增长到 1618 枚，超过美国 50% 以上。到 1975 年，苏联战略导弹达 2402 枚，美国为 1710 枚。③ 到 70 年代末，苏联核武库的某些实力指标（如核弹头数、运载工具数、投掷重量、威力等）已领先于美国。④ 为进一步扩大优势，在 1972 至 1981 年的 10 年间，苏联军费开支连年超过美国，而其当时的经济实力大致只相当于美国的 2/3；⑤ 而且直接军费占到国民生产总值的 15% 左右，1/3 的工业生产、1/2 的机器制造业和金属加工工业都直接为军事服务。当时美国军方曾正确估算，苏联军事活动开支可能占到了苏联经济产出的 10%—20%。通过这种拼军事努力，到 80 年代初，苏联在核武器方面又具有了分导式多弹头技术等新优势。到 1986 年，

---

① 夏义善编：《苏联外交六十五年纪事（勃列日涅夫时期 1964—1982）》，世界知识出版社，1987 年版，第 66 页。
② 郭春生：《勃列日涅夫 18 年》，人民出版社，2009 年版，第 259 页。
③ 同上，第 267 页。
④ 张沱生主编：《核战略比较研究》，社会科学文献出版社，2014 年版，第 97 页。
⑤ 顾关福主编：《战后国际关系（1945—2010）》，天津人民出版社，2010 年版，第 169—170 页。期间，美国中情局曾估计苏联国民生产总值是美国的 50%—60%，国防部净评估办公室重新核算后认为苏联经济总量不会超过美国的 25%。另有资料显示，1970 年苏联的 GNP 约为美国的 65%。

苏联库存核弹头数量达到4万多枚，远远超过美国的2.3万枚。①

同期，苏联不顾国际形势开始缓和的实际，将军队数量一度扩充至440万人②，并于1968年入侵捷克斯洛伐克，1979年入侵阿富汗，并在一些地方利用雇佣军打代理人战争。尤其在阿富汗，苏联前后用兵约150万，死亡1.5万人，伤3.6万人，损失各式飞机（含直升机）600架，坦克及装甲车近千辆，各型军车5000余辆，耗资450亿卢布。③战争时间更是长达十年，远非最初预计的"这只需一个月，我们很快就会完成一切并迅速离开"。④此外，1970至1979年间，苏联还为第三世界国家提供了474亿美元军援和116亿美元经济援助。⑤

过度投资军事领域的结果是严重影响国计民生。后任苏共中央总书记戈尔巴乔夫在回忆这段历史时指出："在过去的几个五年计划中，国防开支的增长速度比国民收入的增长速度快1.5倍至2倍。这个可怕的摩洛神已经吞噬了辛勤劳动的成果，无情剥夺了我们的生产能力。而我们的生产已经落后，急需现代化，特别是在机械制造和矿产冶炼部门。"⑥格·阿·阿尔巴托夫也指出，苏联"以史无前例的速度实施许多军事计划，在这些年内我们全力以赴地狂热地卷入军备竞赛的漩涡，很少考虑这样做会导

---

① Hans M. Kristensen and Robert S. Norris, "Global Nuclear Weapons Inventories, 1945–2013", *Bulletin of the Atomic Scientists*, Vol. 69, p. 75.
② 赫鲁晓夫在位时将苏军数量从570万削减至360万，并曾计划在此基础上再削减1/3。
③ 郭春生：《勃列日涅夫18年》，人民出版社，2009年版，第283页。
④ 时任苏联外长葛罗米柯语。参见［俄］列姆列欣：《历届外交部长的命运》，徐葵等译，新华出版社，2005年版，第527页。
⑤ 郭春生：《勃列日涅夫18年》，人民出版社，2009年版，第268页。
⑥ ［俄］米哈伊尔·谢尔盖耶维奇·戈尔巴乔夫：《孤独相伴：戈尔巴乔夫回忆录》，潘兴明译，译林出版社，2015年版，第213页。

致什么样的经济后果和政治后果"①。事实是，早在1963年，苏联国内就曾出现过连面包供应都发生严重困难，不得不动用860吨黄金从加拿大和美国进口粮食，另外动用国家国防储备粮的事件。② 在所谓最繁荣的勃列日涅夫时期，苏联人口寿命反较以前减少了两岁，而同期西方工业化国家人口寿命增加了3—4岁。③ 到1985年戈尔巴乔夫当政时，曾号称在1971年建成"发达社会主义"的苏联已陷入停滞期，经济不再发展，资源接近枯竭，各种危机积聚和迸发，为苏联体制解体埋下了祸根。

（二）找准主要对手

对大国而言，无论任何时期都不可能只面对一个竞争对手，因而其战略决策从来都是基于对多对手的综合分析判断而产生的。但依据战略集中原则，一个特定时期只适合确定一个主要竞争对手，从而防止因对手过多而无法集中精力应对。这就需要国家决策层能够区分当前主要矛盾和次要矛盾，能够从众多竞争对手中选准主要对手。确定的标准大致包括：双边矛盾是否关乎自身核心利益、双边对抗是否最为现实激烈、对方是否存在先发制人意图等。历史上，既有一战前的英国、二战后的美国那样及时准确地判断出主要对手，从而适时调整竞争策略，有效延续帝国生命的成功案例，也有战国时期的齐国、金灭辽时的北宋、蒙古灭金时的南宋那样区分不清主要对手，甚至误与对手进行战略合

---

① [俄]格·阿·阿尔巴托夫：《苏联政治内幕：知情者的见证》，徐葵等译，新华出版社，1998年版，第279页。
② 陆南泉：《走近衰亡——苏联勃列日涅夫时期研究》，社会科学文献出版社，2011年版，第22页。
③ 陆南泉、姜长斌主编：《苏联剧变深层次原因研究》，中国社会科学出版社，1999年版，第274页。

作的反面教训。显然,在主要对手上的判断失误很可能使国家陷于危境,甚至自取灭亡。

案例一 英国《克劳备忘录》

19世纪末,在美国、德国、日本等新兴大国群体性崛起的同时,当时国际体系霸权国英国的国力开始由盛转衰,如何确定主要竞争对手成为英国政府的最重要任务。此时,英德矛盾并未上升为英国面对的主要矛盾,英国当时面对的主要对手是法国和俄国。早在1898年7—11月,英法矛盾就因"法绍达危机"达到顶点。19世纪与20世纪之交时,鉴于法国和俄国加强海军舰队建设,特别是俄国在远东大举扩张,迫使英国将斗争矛头直指法俄。此时,"英国舰队的建设只是针对法国和俄国的,并且认为能够获得德国、日本和美国的友谊。"[1] 为建构力量优势,英国还一度规划与德国结为同盟,英国时任自由党领袖、殖民大臣张伯伦在1899年公开表示:"天然的同盟关系存在于我们和德意志帝国之间。"[2]

从1898年3月开始,英国与德国就结盟问题进行接触。此后,又于1900年、1901年就此问题向德国提出倡议,但德国均未做出积极回应。相反,在此期间,德国自1897年推行"世界政策",宣布"德国的未来在海上"、"定叫海神手中的三叉戟掌握在我们手中"后,又于1898年、1900年通过了两期《海军法案》,计划建造26艘新军舰。由于海权优势向来被英国奉为其世界权力、本土安全和财富的根本保障,德国不断扩建海军被英国视作对自己形成了最直接、最致命的挑战。1901年11月16日,

---

[1] [英]莫则尔:《孤立的结果》,伦敦,1976年版,第23页,转引自邱建群:《试论1898年至1914年英国对海上霸权的争夺》,载《辽宁大学学报》,1996年第3期,第74页。

[2] William L. Langer, *The Diplomacy of Imperialism* 1890—1902, New York & London: Alfred A. Knopf, 1935, Vol. 2, p. 659.

第三章 历史上大国战略竞争实践及其启示

英国海军大臣赛尔邦在致内阁的备忘录中指出:"德国皇帝似乎决心将德国的海上力量用于在全球推进德国的商业、殖民地和利益上。"1902年5月,德皇威廉二世让其弟海因里希亲王率领8艘战列舰出访英国,更让英国切实感受到了来自德国的海上压力。

三个月后,即1902年8月,英国海军部明确:"新的德国海军是以和我们进行战争为目标而建造的。"[①] 1904年4月8日,英国与法国签署《英法协约》,解决双边殖民纷争,把主要精力转用于对付德国。同年6月,英王爱德华七世访问德国,威廉二世将所有可用的军舰集中呈现在贵宾面前以显示德国的强大。此时,德国海军的主力舰数量开始逼近英国海军。面对德国军力的快速增长,1904年夏天,英国海军制定了第一个针对德国的作战计划,并从翌年开始建造"无畏级"战列舰。但即使在这种情况下,英国还是认为首要威胁是俄国而不是德国,考虑与德国达成某种海军协定,最终却毫无成果。德国先是拒绝与英国订立任何海军军备协定,并拒绝英方提出的关于对德海军"有限"造舰规模进行实地验证的要求,后又以德国与欧洲大陆国家发生战事时保持中立作为谈判条件。

在此情况下,英国政府逐渐形成两大信念:(1)德国权势膨胀不仅严重威胁英国的世界地位,而且势将危及英国本土安全,因而必须遏阻;(2)为此需要尽可能集中英国本身的力量,同时与德国的其他对手合作。[②] 1907年1月1日,英国外交部分析专家埃尔·克劳写作了一份长达24页的题为《英国对法德关系现状》的备忘录,提出"我们必须假定,德国正在有意地采取一种

[①] George Monger, *The End of Isolation: British Foreign Policy* 1900–1907, London: Thomas Nelson and Sons. Ltd., 1963, p. 63.

[②] 时殷弘:《现当代国际关系史》,中国人民大学出版社,2006年版,第175页。

本质上与英国的核心利益相对立的政策，英德两国的武装冲突从长远看无法避免，除非英国牺牲自己的核心利益，但这么做的结果是英国将丧失自己独立强国的地位，或者是英国让自己强大到让德国根本没有在战争中取胜的机会。"[①] 从此，英国对德遏制政策逐步走向系统化、明确化和长期化。

同年，英国与俄国签署和解协议，从而为英法俄三国重返欧洲创造了必要条件，并在事实上形成了三国协约。1908 年 8 月，英王爱德华七世访问德国，会见德皇威廉二世，明确表示对德海军军备发展极其担忧，要求德国停止或延缓造舰。威廉二世对此百般辩解，最终表示在这类"涉及国家尊严的问题"上决不让步。此次谈判失败后，德国又通过了第三期《海军法案》，引发英国国内"无畏舰恐慌"，决心进一步加快海军扩建步伐。1909 年，英财政部批准建造 4 艘"无畏舰"，英国内阁却决定一气建造 8 艘，展示出一幅"不惜花掉最后一个便士"的强硬姿态。1914 年，第一次世界大战爆发，英德之间很快宣战。

事实证明，英国不惜以对法、俄、日等国让步，选准德国作为主要竞争对手，颇有先见之明。

案例 2 "东帝"齐国的失败

战国前期，齐国在齐威王改革基础上逐渐强盛，并于公元前 334 年取代魏国成为关东最强大国家。同一时期，秦国经过商鞅变法也开始变得国富民强，与齐国形成对峙，并称为东西"二帝"，并由此上演了合纵连横的一幕幕大戏。但相比秦国"事一强以攻众弱"的"连横"进攻策略，齐国推行的是"合众弱以攻一强"的"合纵"防御策略。此后，秦昭王接受范雎"远交近攻"策略，一方面武力进攻近邻魏韩等国，一方面极力拉拢远方

---

① 吴征宇编译：《〈克劳备忘录〉与英德对抗》，广西师范大学出版社，2014 年版，第 66—67 页。

的齐国，使得齐国一段时间内毫无安全之忧。再加上"合纵"策略连续受挫，齐国进取心开始下降，对秦国的防范有所减弱。

公元前264年，齐襄王死，年幼的齐王建即位，其母君王后听政，奉行"事秦谨，与诸侯信"的对外政策，自守其国，不参与其他国家战事。如公元前260年，秦军猛攻赵国长平，赵军向齐国请求粮草援助，但遭到齐国拒绝；公元前247年，秦军又攻魏，魏国信陵君向各国求援，齐国作壁上观；公元前241年，赵将庞煖组织各国联合攻秦，齐国拒绝参与。在40余年的孤立政策作用下，齐国听任秦国灭亡关东其他五国。公元前221年，秦军最终进攻齐国，轻而易举地攻入临淄，齐王建投降，百万大军不战自溃，齐国从此灭亡。后来，齐人总结亡国教训，称齐国始终既未认清主要竞争对手，也无参与竞争较量的决心，"不助五国攻秦，秦以故得灭五国。五国已亡，秦兵卒入临淄，民莫敢格者……故齐人怨王建不早与诸侯合从攻秦，听奸臣宾客以亡其国"①。这一点也正如鲍彪所说："自秦人行远交近攻之术，善齐而不加兵，君王后谨事秦，王建不修战备、不助五国，其堕秦计中久矣。长平之战，当王建五年。灭韩，当三十五年。三十余年间，士之为齐谋者，其智非不及此，而卒不用，宜其及于亡也。"②

（三）确定关键领域

在认清时代发展大势和认清主要对手之后，国家还必须进一步从时代潮流出发，认清自身与主要对手可能展开竞争的主要领域，并由此选择占据时代发展前沿、自身优势明显的领域实施大

---

① 司马迁：《史记》（第六卷），中华书局，2013年版，第2293页。
② 吴师道：《战国策校注》，中华书局，1991年版，第162页。

规模投入，以求长期可持续地提升自身国力，并据此赢取竞争主动。对竞争关键领域的选择，既体现为对政治、经济、军事、文化等宏观领域有侧重的选择，也体现为在某一具体领域对核心竞争力的动态把握。历史上，一些国家把握住了宝贵的战略发展机遇，实现了从"丑小鸭"到"天鹅"的质变。如英国借助18世纪中期至19世纪初期的第一次工业革命，一跃成为世界霸主。同样，美国、德国和日本抓住第二次工业革命机遇，先后实现了不同程度的国家崛起。而一些国家则因在核心领域被赶超甚至被边缘化，逐步或迅速失去领先地位。如英国在一战前后的衰落，归根结底还是输在经济、科技而不是规则方面。而西班牙帝国的衰落，则最全面地诠释了国家财富与竞争体制的逻辑关联。

案例1 罗马的海上崛起

学者莫德尔斯基和汤普森曾将世界体系中的大国兴衰看作是"海权国"与"陆权国"之间的博弈，指出"要想拥有全球性的强国地位，海军虽然不是充分条件，但却是必要条件。"[①]

公元前3世纪早期，罗马统一意大利半岛，成为地中海强国。此时，迦太基是腓尼基人的殖民地，倚仗活动范围广阔的舰队和雇佣军，几乎垄断地中海西部的运输贸易，并控制着非洲西北部、西班牙南部、撒丁、科西嘉和西西里岛西部。两国最初一个是陆上强国，另一个是海上强国，并没有发生直接冲突。但随着罗马征服意大利南部，开始将扩张矛头转向西地中海，逐渐在该海域与迦太基形成敌对。

罗马人看到，"迦太基人不仅将非洲，而且将很大部分的西班牙纳入统治，并且他们是撒丁海以及提蓝尼亚海所有岛屿的主人。假若迦太基人进而掌控西西里岛，必将成为最麻烦以及最危

[①] 曹云华、李昌新：《美国崛起中的海权因素初探》，《当代亚太》，2006年第5期，第24页。

险的邻居，因为他们将会从每个方向来包围意大利，威胁这个国家的每个地区，而这正是罗马人所畏惧的发展"①，而且当时迦太基已征服西西里岛大部区域。为消除这一威胁，公元前264年双方围绕西西里岛的争夺爆发第一次布匿战争。这是罗马人第一次跨海作战，虽然在陆上取得较大胜势，但在海上一直处于败势。为赢取这场战争的胜利，在希腊人的帮助下，罗马平息内部争议，以一艘搁浅的迦太基战舰为样板，着手建立庞大海军，并同样采取了桨式战船工艺，制造了一种搭有尖钩的活动吊桥。战时，罗马军队可以将活动吊桥钩在迦太基战舰的甲板上，这样不习水战的罗马士兵能够沿长板冲向敌军，发挥己方人数众多的优势，将海上作战转变为某种程度的陆地作战。

公元前241年3月，使用这一全新战术的罗马海军在伊干特群岛大败迦太基海军，迫其求和，不仅获得赔款3200塔兰特，获得西西里及其他一些岛屿，还掌握了地中海西部的制海权。迦太基不甘失败，于公元前221年发起第二次布匿战争，罗马一度岌岌可危，但随着西庇阿率军渡海直接攻击北非迦太基本土，迦太基前期优势迅速化为乌有，最终在扎玛战败，被迫于公元前201年以屈辱条件再次求和。从此，迦太基海上霸主地位彻底破产，仅保留一小块本国领土、城墙和10艘舰只，罗马成为无可争议的西地中海霸主。公元前149年，为彻底扼杀开始复苏的迦太基，罗马发动第三次布匿战争，派600艘战舰从西西里渡海登陆，于公元前146年将迦太基彻底毁灭，迦太基8.5万人战死，其余5万人悉数沦为奴隶。

此后，罗马继续向地中海东部扩张。可以说，海上崛起打开了罗马称霸世界的大门。后来，美国学者马汉曾指出：古罗马帝

---

① ［古希腊］波利比阿：《罗马帝国的崛起》，翁嘉声译，社会科学文献出版社，2013年版，第139页。

国在布匿战争中转型、全力发展海上力量的做法,为美国海军战略指明了方向。

案例2 一战后美英海军竞争

第一次世界大战结束后,英国虽然还保持着世界第一大国的地位,但已明显呈现外强中干态势。美国则在战争中大发横财,到1917年3月,它向英国等协约国销售的武器价值超过了22亿美元;到1918年,对英国等国的商品出口增长了23亿美元。时任美国总统威尔逊曾得意地表示,到战争结束,"别的不说,他们单在财政上就要依仗我们",并宣称"谁以资本供给全世界,谁就应该……管理世界。"果然,战争结束后,美国一跃成为全球最大债权国,英国从原来拥有美国30亿美元债权,变成了倒欠美国47亿美元债务。

根据这种财力态势,1918年秋,美国一方面提出自己的海军建设必须把英国作为假想敌①,企图将造舰规模提升至1916年的两倍;另一方面,美国以建立新规则为武器,敦促各国以威尔逊提出的"十四点计划"为基础进行停战谈判,其中废除经济壁垒、公平处理殖民地、限制军备、创立国联等建议,对英国的霸权提出了明显挑战,特别是第二条"无论平时或战时,必须保持公海航行的绝对自由",更是想要制约英国海上力量,为建立美国经济霸权创造条件。对美国的提议,德国很快答复同意,但英国担心"航海自由原则"将使得帝国"无法生存",要求美国取消相关条款。英国首相劳合·乔治还表示,将不惜"花掉最后一个金币,使海军对美国或任何其他国家保持优势"②,英国议会还为此通过了建造8艘大型军舰的计划。

---

① Christopher Hall, *Britain, America and Arms Control*, New York: St. Martin Press, 1987, p. 12.
② 李庆余:《美国外交:从孤立主义到全球主义》,南京大学出版社,1990年版,第102页。

第三章　历史上大国战略竞争实践及其启示

对于英国的不买账，助手建议威尔逊总统停止向英国派遣军队并削减对英贷款。威尔逊随后宣布美国的目的是"消灭任何地方的军国主义"，没有这条原则，美国就不参加和会，甚至将单独与德国媾和。英国没办法，只能同意非正式地讨论这个问题。巴黎和会召开后，英国坚决不肯削减海军，扬言"大不列颠将以它全部心血保持一支优于美国或任何其他国家的海军"，助手警告威尔逊"美英两国的关系开始具有英国和德国在战前关系的性质"。最后，由于英法联手打压，美国只实现有限目标。

但美国并没有放弃诉求，继续把建立新规则扛作大旗。到1921年底，随着英日关系开始紧张，法国努力争取美国支持，以及英国因为经济困难提出"一强标准"，美国又发起新一轮进攻，提出限制海军竞赛的建议。面对美国的主动出击，英国限于自身困难，只能被动应对。3个月后，美国通过签署《四国条约》和《五国海军条约》，成功拆散英日同盟，获得与英国建造同等吨位战列舰的资格，迫使英国放弃追求海上绝对优势地位，从而达成了在巴黎未能实现的部分目标。

此后，美英海军竞争仍未完全平息，双方都在利用《华盛顿条约》漏洞。如美国打着"试验舰"旗号，制造了第一艘航空母舰"兰利"号。鉴于这种情况，1927年，美英日三国在日内瓦举行裁军会议讨论军备限制问题。会上，美英两国发生激烈冲突，双方均想利用规则来限制对手，英国主张限制大型巡洋舰，美国则主张限制总吨位。会后，两国关系进一步恶化，甚至有人开始谈论开战的问题。不过，此时的英国毕竟已经明显过气，权衡再三之后，还是向美国低下了高贵的头颅。1930年，在伦敦海军会议上，美英两国达成协议，美国可多装备大型巡洋舰3艘，英国可在中小型巡洋舰吨位上保持对美优势，双方在驱逐舰和潜艇等船只上保持平等，从而

· 89 ·

形成了共享海上权力的崭新格局。

案例3 西班牙帝国的衰落

1492年哥伦布发现新大陆以后，欧洲伊比利亚半岛国家西班牙凭借海外殖民扩张和获得丰富白银迅速崛起。到腓力二世统治时期（1556—1598年），西班牙国力进入鼎盛时期。特别是在1580年依靠武力强行合并葡萄牙，消灭这个百年竞争对手之后，西班牙一度集欧陆霸权和世界海上霸权于一身，国土横跨世界所有24个时区，成为前所未有的全球帝国。此时，西班牙拥有兵力15万，同期法国有5万，英国只有2万，而且西班牙步兵团还是欧洲战场上战斗力最强的作战队伍。但是，西班牙过于迷信武力，习于军事征服，他们试图不仅在海上，也在陆上扮演主要角色，结果"就像浪费财富一样浪费自己的鲜血……1500—1659年间，他们参与了他们能发现的每一场王朝战争，他们与法国打了50年，与荷兰打了80年，其中只有短暂间歇，他们与土耳其的战争似乎无休无止，与英国达成的和平协议也是不得已而为之"①，这导致其国力日渐衰落。

到17世纪中叶，它已从世界头等强国跌落下来，沦落为一般国家。② 分析西班牙衰落原因，表面上看是"没有认识到保存一个强大的军事机器的经济支柱的重要性，一次又一次地采取了错误的决策"③，实则是因为它过于依赖对外武力征讨和从新大陆掠夺财富，不能有效利用自己新赢得的殖民帝国所提供的经济良机，依然长期依赖于西北欧，忽视发展资本主义，蓄意排斥本国

---

① W. Woodruff, *The Struggle For World Power*, 1500-1980, Macmillan, 1981, p.43. 转引自彭澎主编：《和平崛起论：中国重塑大国之路》，广东人民出版社，2005年版，第40—41页。

② 王觉非：《欧洲五百年史》，高等教育出版社，2000年版，第72页。

③ ［美］保罗·肯尼迪：《大国的兴衰：1500—2000年的经济变迁与军事冲突》，王保存等译，求实出版社，1988年版，第66页。

商人，从而在经济上从未真正发展起来，"没有建立（也许因为它不能建立）能使西班牙统治阶级从欧洲世界经济体的创立中获利的那种国家机器，尽管16世纪西班牙在这个世界经济体中居于中心的地理经济位置"，但它财政长期失衡，无力偿还债务。所以，海外殖民提供的暂时财富难以阻挡基本制度的衰落，"一旦在1588年无敌舰队战败，它的这种国际地位就循着国际政治的内在逻辑结论走下去。"① 到16世纪上半叶，西班牙在促进西北欧资本主义经济迅速发展的同时，却导致了自身繁荣无可挽回的衰退，重新沦为一个中等的单一民族国家。当时一位西班牙人曾如此抱怨："西班牙人在经过漫长而危险的长期航行之后从西印度群岛运来的一切，他们以鲜血和努力获得的一切，外国人轻易、舒适地夺走了，运回自己的祖国。"

二、支撑点：确立正确思想与理论

竞争战略理论认为，战略的首要条件就是其独特的价值取向。如果一个企业拥有独特价值链，那么它就能够借此制定较高价格，进而能够获取竞争优势。这一理论同样适用于国家竞争。历史上，相关国家成功推行竞争战略的关键，就在于如何让自己显得与众不同，并能够凭借这种与众不同，占据国际道义或国际价值的思想高地，从而能够在较短时间内，赢得包括潜在竞争对手在内的国际社会较大范围的认同与追随。如荷兰开启了新的更加开放和广泛的全球联系；英国推动了现代宪政制度、国家财政制度、自由贸易体系等的创建；美国拓展了自由贸易体系，提出了以人类自由为主体的价值观阐述。相反，德国和日本则因沉溺

---

① ［美］伊曼纽尔·沃勒斯坦：《现代世界体系》（第一卷），尤来寅等译，高等教育出版社，1998年版，第215、232页。

于古老丛林规则、片面追求自我生存空间，无法得到广泛认同，导致其战略竞争难以持久稳定可靠。

（一）构建独特价值

与商业领域不同，国家不是选择为客户创造价值，而是选择为自身创造独特的价值体系，并凭借这种独特价值体系在国际社会中获得较高的辨识度与认同度，乃至成为新一代国际制度规范的开创者和引领者。要想达成这种效果，这种价值体系应具备如下基本条件：第一，它是此前国际社会不曾产生或极度匮乏的东西；第二，创立国家必须对其进行系统的构建；第三，这种独特价值体系经过一段时间的实践检验证明确有实效；第四，这一价值体系要能够吸引其他国家的积极关注进而收获高度认同。还必须看到，这种条件通常基于现实而生，往往是对历史不合理性的一种批判与修正。正因如此，先行国家确立这一独特价值体系，既有可能引领风骚、开创潮流，但也可能引来争议、面对风险。历史上，敢于尝试独特价值体系的国家并不多见，更多国家选择的是渐进构建、逐步呈现的策略。相较而言，近代以来的荷兰、英国、法国、美国和苏联更敢于确立自身独特价值体系，并在一定程度上引领了国际社会的"共同进化"。其中，美国探索的"有限度的和平崛起"和苏联探索的"一国建成社会主义"最具典型意义。

案例1 美国的"有限度的和平崛起"

美国哈佛大学贝尔弗科学与国际事务中心主任格雷厄姆·艾利森曾设立"修昔底德陷阱项目"（The Thucydides Trap Project），专门考察历史上历次因权力转移引发的重大战争，并得出结论在16次大国权力转移过程中，只有4次没有诉诸战争，其中就包括美国相对英国的崛起。应该说，美国崛起的过程中不乏战争，比如它发动了美西战争，先后参加过两次世界大战，也曾参与八国联军侵华，但它与当时的霸权国英国未曾开战却是不争事实。事实是，当时美国的快速发展给英国带来强烈冲击。在37年时间里，两国至少6次爆发直接危机，至少一次走到战争边缘。但当时的美国很清楚，在自己还没有实现全面崛起、两国综合实力悬殊的情况下，必须努力控制双边矛盾。为此，美国一直对英国采取一种"忍让"加"制约"的崛起战略。尽管它在6次美英危机中有4次准备或者实际运用了军事力量，却能很好地把握分寸，并未导致双方关系走向失控局面。美国还看到，当时自己的陆海军相比列强十分弱小，而且早在1878年欧洲列强的殖民地面积已占到世界总面积的67%，到1914年更是高达84%，这时去参与抢夺殖民地意味着"切别人的蛋糕"，而美国自称"山巅之城"、具有理想主义情怀，实施海外扩张始终面临巨大国内政治压力。

一个例证是，1898年美西战争结束后，在"反帝国主义者联盟"等国内反对势力的宣传下，以及对菲殖民暴行传到国内后，美国人开始意识到殖民扩张的代价，朝野上下开始改变看法，[①]主张兼并的麦金莱、老罗斯福总统很快被迫承诺不再抢占海外领土。到1902年古巴独立，1916年菲律宾也实现部分自治。更重要的是，美国还看到，自己崛起的时代环境已与英国崛起的时代环境大不相同，不仅战争不再是推动国家发展的主要动力，就连海外殖民和商品输出模式也开始消退颜色。在此基础上，美国抓住了第二次工业革命的机遇，选择针对包括英国在内的所有国家，开展综合实力保护下的自由贸易扩张，主要策略是自由贸易、海上力量和文化渗透并用，其中又以资本输出为主，最终目标是建立一个开放性、制度性的新商业帝国，创建一种新型的和

---

① 徐弃郁：《帝国定型：美国的1890—1900》，广西师范大学出版社，2014年版，第138—141页。

无形的殖民体系。

发动美西战争的麦金莱总统对此做过解释："控制了世界市场就是控制了世界"。他还对参加美西谈判的美国代表明确指出："与其说是有赖于大规模的领土占有，毋宁说是有赖于一个适当的商业基础和一些广泛而平等的权利"。后来的塔夫脱总统也表示"这是以美元代替枪弹的政策"。在这个新模式中，军事只是一种辅助手段，主要内容是通过适时发展远洋海军，择机夺占主要战略方向海上要点，有选择地对中小国家使用武力，目的是为贸易扩张打开通道、提供保障。事实证明，这一方案很有竞争力。到1910年，美国成为工业产品净出口国。到1929年，其经济已强大到足以影响世界稳定。直到近百年后，英国学者巴里·布赞还如此称赞："回顾历史，能够声称自己是'和平崛起'的现代大国可能只有美国。"[①]

（二）修定完善理论

随着时间推移和环境变化，一些曾经被认为可有力指导国家竞争的理论也将变得不再独特，国家必须认清形势变化，将自身传统与时代大势有机结合起来，选准时间节点和适用范围，运用结构创新、流程创新、渠道创新、集成创新、合作创新等手段，与时俱进地完善竞争战略相关理论，使其保持先进性和强大生命力，从而在指导国家竞争中赢得先机。在这方面，美国对"心脏地带"和"边缘地带"两大地缘政治理论的借重与运用就极为经典。

案例1　美国从"心脏地带"到"边缘地带"

1904年，英国学者麦金德首次提出"心脏地带理论"，后于

[①] ［英］巴里·布赞、迈克尔·考克斯：《中美两国"和平崛起"之比较》，载《国际政治科学》，2014年第3期，第116页。

第三章　历史上大国战略竞争实践及其启示

1919年和1943年两次对这一理论进行修正。该理论认为世界上最有权力潜质的地方就是欧亚大陆，而对欧亚大陆中心地带内陆区域即"心脏地带"的控制，则是统治欧亚大陆的关键。① 这一理论先后受到英国和美国的重视。作为主导性海洋国家，两国均难以容忍欧亚大陆被任何一个单一的强权所控制，难以承受由此可能导致的安全、经济和制度威胁。二战结束后，美国取代英国成为世界霸主，但崛起的苏联却已有能力与之抗衡。美国历届政府依据"心脏地带"理论，将苏联看成是海洋国家的头号敌人并加以围堵，以防苏联通过扩张控制欧亚大陆。1948年，美国国家安全委员会在其第一份战略报告中指出，"在位于美国和苏联之间的欧洲和亚洲，存在许多拥有巨大权力潜质的地区，如果这些地区被增加到苏联世界现有的力量上，将使后者在人力、资源和领土上变得非常强大，美国作为一个自由国家的生存机会也将因此变得极为渺茫"。②

早在此前的1947年3月12日，美国政府就出台杜鲁门主义，宣布将援助希腊和土耳其"不受共产主义扩张之害"，开始以保障欧亚大陆均势方式对苏联进行遏制。此时，美国对苏联主要实施的是"要点防御"，集中力量防卫重点地区。但随着杜鲁门第二任期开始，原来的"非对称遏制"思想遭到摒弃，美国更加重视使用军事遏制的手段。1988年，里根政府发布的《国家安全战略报告》对此表达得很清楚："如果某个敌对的国家或国家集团统治了欧亚大陆，即通常被称为世界'心脏地带'的地区，那么美国最基本的安全利益将处于危险中。我们为防止这一点，曾打过两次世界大战。而且自1945年以来，我们一直在竭力防止苏联

---

① Halford J. Mackinder, *Democratic Ideals and Reality*, New York: W. W. Norton & Company, 1962, pp. 51 – 80.

② NSC/7, March 30, 1948, *FRUS*, 1948, Vol. 1, p. 546.

利用其地理战略上的优势来统治其西欧、亚洲和中东的邻国,因为这种情况将会使全球均势朝着对我们不利的方向发生根本改变"。①

与此同时,美国还开始重视旨在对"心脏地带"理论进行修正的"边缘地带"理论。该理论由美国学者尼古拉斯·斯皮克曼创立。他认为,世界上最具权力潜质的不是欧亚大陆的"心脏地带"而是"边缘地带",历史上反复出现的权势对抗模式只有两种:一种是海权与陆权的对抗;另一种是海洋国家与"心脏地带"国家联手同"边缘地带"某个强国对抗,最终采用哪种模式主要取决于某一时期"边缘地带"内的权力分布状况。② 按照这一新理论,对美国可能形成战略包围的最大威胁并非来自"心脏地带"国家而是来自"边缘地带"国家,如二战期间美国就曾面临德日同盟的战略包围。在美国政府看来,防止这一威胁,需要联合欧洲和亚洲相关国家,重新恢复欧亚大陆力量均势。1949年,美国推动成立北约。1950年,美国不仅宣布在亚太地区建立基于第一岛链的"环线防御圈",美国国家安全委员会还出台NSC—68号文件,将对苏联的"要点防御"进一步转向"周线防御"。1954—1955年,美国先后建立美日同盟、东南亚集体防务条约组织和巴格达条约组织,在保持对欧亚大陆沿海控制的同时,形成对苏联(及中国)的"新月形"包围圈。

(三) 防止因循守旧

国际潮流不断变化,一个时代的独特价值体系和思想观念在

---

① 梅孜编译:《美国国家安全战略报告汇编》,时事出版社,1996年版,第71页。
② Nicholas J. Spykman, *The Geography of Peace*, New York: Harcourt Brace & Co., 1944, pp. 45 – 51.

另一个时代难免会过时。国家要想永远挺立时代潮头,就必须敏锐地把握时代大势,必要时勇于吸纳有益于竞争的新观念新思想,从而在战略竞争理论上推陈出新,切忌墨守成规,犯教条主义错误,在价值体系和思想观念方面落后于对手。通常,奉行实用主义政策的国家更容易实现这种价值转变,而遵从理想主义的国家多在遭受重挫后才会被迫改弦更张。像日本这样的现实主义国家,历史上曾多次以对手为师,甚至完全借鉴和采纳对手的价值体系,并因此实现了自己的历史转型。

案例1　日本战后复兴

二战战败后,日本国家实力严重削弱,人员损失达300余万,相当于每25人中就有1人死于战争,工矿业生产分别降至1935年水平的38%和59%,98个城市遭到破坏,平均烧毁率达40%,失业和半失业人口达600多万,每年粮食缺口200多万吨,此外物价飞涨、进出口暴跌,经济社会情况十分严峻。[①] 即使到1952年,日本的生产也仅仅恢复到战前水平,国民生产总值只有英国或法国的1/3。

面对这一严峻形势,日本政府一改战前"以军事为中心"的政策,采取了"以经济为中心"的"吉田主义",在政治上去军国主义化,惩办战犯,采用美国制定的民主宪法;在经济上实施农地改革,鼓励发展和运用科技,以政策推动规模化的现代生产经营;在军事上重组军队,实施联美自卫政策,限制军队规模和军费投入。国家政策的根本转变,再加上朝鲜战争、越南战争带来的"特需"商机,使日本焕发出新活力。

经过二十多年平均10%以上的经济增长,到20世纪70年代后半期,日本国力迅速增强,国民生产总值达到美国的一半,相

[①] 顾关福主编:《战后国际关系(1945—2010)》,天津人民出版社,2010年版,第392—394页。

当于英、法两国的总和，① 在工业品产值、出口贸易、黄金外汇储备等方面都名列前茅，被称为战后东亚的奇迹。1987年，日本的国民生产总值超过苏联，成为世界第二大经济体。1994年，日本经济占世界经济总量的比重更是达到17.67%的高峰。② 鉴于日本取得的成就，早在1979年，美国学者傅高义就出版专著《日本第一》，认为日本的社会模式在许多方面都十分成功，值得当时的超级大国美国学习。

案例2 宋襄公"仁义"致死

公元7世纪中期，地处中原腹地的宋国，在其国君宋襄公的带领下，开始参与霸权争夺。众所周知，此时的春秋已进入礼崩乐坏、传统秩序逐渐解体的历史阶段，现实主义成为主导性的思想潮流，各诸侯国更重视利益、强调实力。这与早前的主流规范形成鲜明对比。钱穆曾这样评价："当时的国际间，虽则不断以兵戎相见，而大体上一般趋势，则均重和平，守信义。外交上的文雅风流，更足表现出当时一般贵族文化上之修养与了解。即在战争中，尤能不失他们重人道、讲礼貌、守信让之素养，而有时则成为一种当时独有的幽默。"宋襄公无视形势变化，仍然坚持传统"贵族精神"，奉"礼"崇"德"。他在国内曾主动让贤，将继承权交给庶兄目夷，尽管未能如愿，还是封目夷为掌握军政大权的国相。在对外关系中，他继续倡导运用古代的会议外交来解决诸侯争端，坚定履行对齐桓公的承诺，两次出兵齐国帮助稳定局势。此类"仁义"为他带来了声誉，但也使其进一步养成行为惯性，在战场上也无视"兵者诡道"的重大变化，依然严

---

① [美]傅高义：《日本第一》，谷英、张柯、丹柳译，上海译文出版社，2016年版，第9页。
② 王帆：《大国外交》，北京联合出版公司，2016年版，第286页。

格遵守"战争礼",并最终酿成恶果。

公元前638年初冬,宋襄公领兵攻打支持楚国的郑国,楚军大举前来救援,与兵力较少的宋军在泓水相遇。楚军随即开始渡河,目夷劝说宋襄公趁机攻击,襄公认为自己是仁义之师不能趁人之危,放弃机会。楚军渡河后开始在岸边布阵,目夷又劝襄公进攻,襄公坚持等待楚军列阵完毕再行交战。结果,两军交战,宋军惨败,襄公本人也被箭伤大腿。宋军均埋怨襄公,襄公却教训他们"君子不重伤,不禽二毛,古之为军也,不以阻碍也,不鼓不成列"。公元前637年夏天,宋襄公伤痛发作,不治而死。对宋襄公不合时宜地坚持作战"仁义"的行为,清代著名学者高士奇曾经评论:"宋襄之愚也!至泓之败,或以其不从司马之言,不扼楚于险,不忍重伤与二毛,而宋襄亦至死无悔,谓其仁义之师,不幸而败。吁!宋襄其谁欺乎?……饰虚名以取实祸,此所谓妇人之仁也。"[1]

三、关节点:以降低竞争成本获取优势

如同商业竞争高度重视竞争成本一样,国家战略竞争也需要重视成本核算,尽可能地降低竞争成本,使自己在国家竞争中占据优势。降低成本包括很多方法,并已形成若干成型的战略。在国家竞争领域,最值得关注的是集中竞争、差异化竞争和总成本领先竞争三种通用竞争战略。它们的目的都是最大化地利用自身当前优势,与对手展开有差别竞争,最终把成本优势转化为竞争优势,压倒对手,获取胜利。

---

[1] [清]高士奇:《左传纪事本末》,中华书局,1979年版,第1、5页。

（一）集中竞争战略

在商业竞争领域，所谓集中竞争战略，就是集中于特定的买方群体、产品类别或者地域市场的战略，是为特定的目标群体而设定，企业的每个职能部门的政策都以此为中心。但在国家竞争领域，这一战略的内涵有所不同，更多是指选择部分区域小战略目标进行经营，防止与多对手进行多点较量，以此控制竞争范围，确保稳定收益。这种集中，既可以反映为前面已经介绍过的选准关键竞争领域，也可以反映为选择关键地域，还可以反映为选准关键竞争时间。它的基本要求是，国家必须在选准求稳的基础上，实施小范围的集中投入，争取通过以点带面的突破，来达成系统反应、全面开花的效果。历史上，那些成功崛起的国家如罗马、英国、美国等，都曾在不同程度上运用集中竞争战略；而那些护持霸权的国家，如英国、美国等，也都曾有意识、分阶段地运用集中竞争战略。相反，忽视这一战略乃至着力开展全面竞争的国家，如德国、日本、苏联等，都曾尝到失败的苦楚。

案例1 英国一战前让与美洲海权

在德意志快速崛起的同时，美国在大西洋西岸开始崛起，日本在太平洋西岸开始崛起，另外法国、俄国更是英国绕不过的劲敌。英国面临着如何选择的难题。在英国看来，法国、俄国毕竟地处欧洲，还在英国大西洋舰队的监视范围，最麻烦的是如何处理与美国和日本的关系。早在19世纪80年代后期，美国和英属加拿大就围绕白令海峡的海豹猎捕权问题产生尖锐分歧，美国有人建议使用武力，最后英国海军出面干涉，说服美国收回了自己

第三章 历史上大国战略竞争实践及其启示

的要求。① 1895 年，两国又围绕委内瑞拉与英属圭亚那的边界纠纷发生对立。当年的 7 月 20 日，美国国务卿理查德·奥尔尼向英国发出照会，强调"美国是本大陆的主人，它的意旨就是它干预所涉及问题的法律"②。但英国海军立即在英属圭亚那作了军事部署，英国政府后来正式复照美国，表示拒绝仲裁。美国不甘失败，克里夫兰总统于 12 月 17 日在致国会的咨文中，建议国会成立一个特别调查委员会对边界问题进行调查，并表示"在调查后，如果认为属于委内瑞拉领土的任何部分，被英国占领或在其上行使管辖，我认为美国的责任就在于把它当作对美国权利和利益的侵犯，给以合力的抵抗。"③

这一咨文在全国煽起了战争狂热，使美国国会和公众心态陷入了"歇斯底里"状态，美国海军还将 2/3 的海军舰只集中到了拉丁美洲。此时在欧洲，英国同德国因"克鲁格电报事件"矛盾深化，英国举国感觉遭受"侮辱"和"挑战"，同时它还与法国和俄国在北非和中东矛盾尖锐。英国海军部向内阁反复指出，它有能力在西半球接受美国的挑战，但是只有把战舰从欧洲海域调过去才能做到。④ 为集中应对欧洲危机，经过慎重考虑，1896 年 1 月 11 日，英国内阁决定做出让步，同意与美国进行有条件的谈判。以此为开端，英国与美国掀开了大和解序幕。1895 年以后，英国又在第二次委内瑞拉危机、巴拿马运河开筑、阿拉斯加边界争端、北大西洋捕鱼权之争等一系列美英纠纷中对美国做出让

---

① [美]孔华润主编：《剑桥美国对外关系史》（上），周桂银、石斌等译，新华出版社，2004 年版，第 332 页。
② 转引自丁则民：《美国内战与镀金时代》，人民出版社，2002 年版，第 367 页。
③ 同上，第 367—368 页。
④ 孙力舟：《"韬光养晦"成就美国崛起》，载《领导文萃》，2009 年第 12 期，第 53 页。

步,并在美西战争和"门户开放"政策等领域明确支持美国。1905年,为集中主力舰队应对德国海军对北海的威胁,英国西印度群岛分舰队永久撤出牙买加,将加勒比海霸权拱手让与美国,①使英美"特殊关系"进入一个新阶段。1913年,英国内阁明确宣布,皇家海军的首要任务是保卫本土水域,这意味它不仅在实质而且在名义上永远放弃了在美洲的海洋经略。

案例2 美苏全面军备竞赛

美苏冷战是二战后的头号大事。早在1947年,乔治·凯南就曾将美苏关系比喻为一种"长期的剑术比赛"。果然,这 竞争持续了40余年。冷战初期,苏联由于二战损失惨重、总体实力落后,不得不主要聚焦东欧等地域和核武器等领域与美国开展竞争,赫鲁晓夫时期甚至曾经大力改革国防力量结构,大幅削减常规力量,提倡发展战略核武器。到20世纪60年代,美国深陷越南战争,元气大伤,工业总产值在资本主义世界的比重由1948年的54.6%下降到1970年的37.8%,并失去了"金元帝国"地位。与此同时,苏联国力开始走强,苏联政府开始改变竞争策略,与美国开展全面竞赛。反映在军事方面,勃列日涅夫政府投入巨资,不仅重新恢复常规力量元气,而且各兵种得到全面加强,其武器生产既重视数量也重视质量,装备类型比较齐全。苏联国防部长公开表示,苏联"能够在最短时间内制造出和敌人下赌注的任何一种武器","需要花多少钱就花多少钱"。这一气势给美国极大震撼。1974年4月,美国第186号国家安全研究备忘录启动的美苏地面力量对比报告,居然认为"苏联没有任何弱点"。到70年代末,苏联在常规力量数量上更是明显强于美国,其火炮是美国的4倍,装甲运输车是美国的2.5倍。

1981年9月,美国国防部情报局为国会联合经济委员会起草

---

① 王连元编著:《美国海军争霸史》,甘肃文化出版社,1996年版,第54页。

第三章　历史上大国战略竞争实践及其启示

的一份报告称：在过去5年中，苏联在大多数型号的战略和战术武器的产量方面以高达3∶1的优势超过了美国。它每年生产3000辆坦克、5500辆其他类型装甲车、1300架战斗机和400枚短程弹道导弹。而美国1980年生产的坦克只有苏联生产的1/4，装甲车只有苏联的1/3，战斗机和导弹只有苏联的一半。这一优势随着时间迅速扩展。另有资料显示，到80年代初，苏联不仅核武器数量超过美国，年产坦克的数量也达到美国的5倍，装甲运输车是美国的5倍，大炮是美国的9倍，核动力潜艇吨位是美国的3倍，从事国防工业的员工达到500万至800万。[1] 在原先苏联最为落后的海军方面，到80年代初，按照苏联的造船计划，此时西方建造的所有型号和级别舰艇，在苏联海军都应得到发展。美军评估认为"我们的海军军力水平正在下滑，而苏联的海军实力却在不断壮大，这显然已经导致海上力量对比向对美国不利的方向转变，且仍将持续"[2]。许多专家更是认为，美苏两国的海军实际上已经达到了一种完全的"镜面对等"。[3] 可以说，此时苏联在军备竞赛方面已取得了相对美国的一定优势。然而，这种全面竞争优势是以巨大经济社会付出为代价的，全面投入也意味着全面牺牲。到80年代中期，苏联国力已不堪承受全面竞赛重负。1986年1月，随着戈尔巴乔夫"新思维"理论出笼，苏联才主动放弃与美国的全面竞赛战略。

---

[1] 叶书宗：《勃列日涅夫的十八年》，人民出版社，2013年版，"前言"第16—17页。
[2] Andrew F. Krepinevich, Barry D. Watts, *The Last Warrior: Andrew Marshall and the Shaping of Modern American Defense Strategy*, Basic Books, 2015, p. 123.
[3] ［俄］波罗维金：《海上战争：大国海军使用观点的历史演变》，常拉堂等译，解放军出版社，2006年版，第145页。

（二）差异化竞争战略

在商业领域，差异化竞争战略是指企业提供被全行业认可的独特产品或者服务，以此在行业里取得高于行业平均水平的绩效。这是一种需要放弃低成本优势的竞争方式。在国家竞争领域，它主要指的是利用自身的特有资源和相对实力，要么谋求避开竞争对手的利益重心和战略关键，赢得厚植实力的时间；要么努力形成战略震慑与制约效应，确保自己在衰落后仍可维护基本安全和一定地位。同时，国家层面的差异化竞争尽管成本不算太低，但由于国家实施这一战略针对的是主要竞争对手，同时差异化本身可以创造巨大利润，因而从积累效应看其成本不仅总体偏低，而且时间愈久愈显示出价值优势。事实上，在国家竞争领域，集中竞争战略也可以看作是一种时间维度上的差异化竞争战略。当然，差异化竞争的领域比集中竞争要广阔得多，不仅包含时间维度，也包含空间、结构等维度。历史上，凡是能够实现快速发展的国家，往往都借助了某种差异化竞争手段，但只有那些把握了关键差异化竞争领域并将之灵活适用于国际竞争现实的国家，才能真正实现较长时间的快速发展。在这方面，英国对"英国式战争方式"的运用和苏联对核武器的重视就是很好的例子。

案例1 "英国式战争方式"战略

在英国崛起过程中，面对西班牙、荷兰和法国三国先后构成的战略威胁，英国认识到自身存在诸多实力劣势，尤其是难以在欧洲陆上与传统陆地大国进行军事抗衡。为了充分利用自己位于欧洲大陆侧翼的大西洋岛国优势，英国在实践中逐渐发展出了一种后来被利德尔·哈特爵士称作为"英国式战争方式"的战略手段。这种战略手段的核心就是：一方面，依靠海权对海洋取攻势，长期致力于发展"两强标准"海军，先手夺取重要海域的海上要点，同时使用海上封锁和外围作战等手段。如在 1756—1815 年间，法国陆军人数从 33 万猛增至 60 万，英国陆军人数虽然也从 20 万增至 25 万，但增加比例却明显低得多。与此同时，英国海军的主力舰却从 105 艘猛增至 214 艘，总数超过了其他西欧国家的总和。另一方面，依靠综合国力对大陆取守势，以与欧洲相关国家联盟、向大陆盟国提供财政资助和军事供应，以及必要时使用精干陆军针对敌人脆弱部分进行远征作战等方式，来确保欧洲大陆的力量均势。如 1757 年到 1760 年间，英国平均每年资助腓特烈大帝 675.1 万英镑；拿破仑战争期间，仅 1813 年英国就资助盟国 1100 万英镑，而整个战争期间更是资助了 6500 万英镑。[①]

　　总结起来，就是以"通过海权施加的经济压力为基础"[②]，使用海权优势重点打击对其崛起或霸权威胁最大的敌人，并为此不惜绥靖或威胁相对较小的对手。海权论的鼻祖、美国学者马汉也对此有过相对简略的总结，他指出英国获得海上霸权的关键在于"从未试图依靠在欧洲大陆上进行的军事行动，而是依靠控制海洋，并且通过海洋控制欧洲以外的地区"[③]。这一方式的好处是，它能够在迫使英国的敌人丧失其战争手段的同时，利用和扩大英国自身的战争资源。在这个战略思路的指导下，英国在对付西班牙时，主要采取的战役战术进攻手段是海上骚扰和近岸防御；对付荷兰时，主要采取的是主动出击和近海决战；对付法国时，主要采取的是夺控要点和远海决战。这些战役战术手段并不新鲜，但与大陆联盟、择强遏制等原则相结合，就形成了巨大威力，确保了英国的海上崛起和维持长达两个世纪的霸权。

---

　　① ［英］保罗·肯尼迪：《大国的兴衰》，陈景彪等译，国际文化出版社公司，2006 年版，第 94—97 页。

　　② B. H. Liddell Hart, *When Britain Goes to War*, London: Faber, 1935, p. 41.

　　③ Alfred T. Mahan, The Influence of Sea Power upon the French Revolution and Empire, 1783–1812, Vol. 2., Boston: Little Brown, p. 119.

案例2　苏联的核武努力

苏联刚崛起时，海上作战相对美国为首的北约毫无优势可言，陆上作战虽有一定优势，但面临美国和西欧国家的重点应对，胜利代价十分昂贵。在这种情况下，斯大林决心针对美国的弱点，加速发展原子弹、火箭武器。1945年8月20日，他指示要在尽可能短的时间内制造出原子弹，使苏联"免受巨大的威胁"。1946年，他又表示将对此提供最大限度的支持。同年12月，苏联第一座原子反应堆投入运转。1949年8月29日，苏联首枚原子弹爆炸成功，宣告美国单独垄断原子弹的时代结束。

1952年11月1日，美国成功试验第一个热核装置，并开始在欧洲部署战术核武器。苏联再次产生紧迫感。赫鲁晓夫上台后，继续坚持大力发展核武器。1953年8月，苏联进行了首次热核试验。1955年11月22日，成功爆炸首枚氢弹。1957年8月21日，发射第一枚洲际弹道火箭，在射程和打击精度上全面超过美国。1957年10月，第一颗人造卫星上天，开创人类先河。由于这两项技术均领先于美国，曾经一度引发美国国内产生"导弹差距"恐慌，以为美国正处于历史上"最为严重的危险时期"。赫鲁晓夫也就此声称"世界的力量对比已开始发生根本的变化"，苏联已把美国这个"世界第一强国甩到后面"。

随着苏联进一步扩充核武库，到20世纪50年代后期，苏军开始拥有战略轰炸机，1959年下水第一艘核鱼雷潜艇，并于同年12月组建战略火箭部队，1962年又出版《军事战略》强调"就武器来说，第三次世界大战首先将是火箭核战争"。此际，苏军的战略规划开始构思在战争初期对美国本土实施先发制人打击，这一构想在1962至1963年的军事演习中开始进行验证。[①] 不过，

---

① 张沱生主编：《核战略比较研究》，社会科学文献出版社，2014年版，第84—85页。

第三章 历史上大国战略竞争实践及其启示

由于起步较晚,在1962年发生的古巴导弹危机事件中,美国49架携带核弹头的B-52轰炸机升空进入预定位置,做好了攻击准备,90枚"宇宙神"和46枚"大力神"洲际弹道导弹也提高了警戒级别。苏联终因核实力相对较弱遭受重挫。

即使在这般力量悬殊的情况下,面对苏联有限但可怕的核威胁,美国发现不仅西欧日益成为苏联的"人质",就是美国本土的安全也遭受到极大的威胁。时任美国国防部长麦克纳马拉曾回忆,在危机最关键的那一天,当他看着太阳西下时,不禁问自己能否活着再看一次日落。就在半年前,他曾经公开说过美国的基本原则是像打常规战争一样打核战争,首次公开提出将把军事力量作为核打击的主要目标,成为"实战威慑"战略思想的开始。经过这次失败的较量,苏联开始重整旗鼓,进一步加大了在核力量方面的投入和建设。1968年,苏联新一代弹道导弹核潜艇服役。到20世纪60年代末,美国领导人被迫承认双方战略核力量的大体均势。到1972年,苏联真正实现了陆基洲际弹道导弹与美国基本持平,潜射导弹则实现了反超。1973年,美国国防部长莱尔德在周年报告中提出美国面临美苏已形成核均势的现实。到1986年,苏联库存核弹头数量达到4万多枚,远远超过美国的2.3万枚。[①]

其实,随着苏联核武器不断激增,早在1964年,美国就建议与苏联就限制核武器进行谈判。1972年后,面对苏联的核实力,美国不得不进一步做出让步。随后,美苏两国于1972年、1979年先后签署第一阶段和第二阶段限制战略武器条约,美国还正式承认苏联为超级大国。

[①] Hans M Kristensen and Robert S Norris, "Global Nuclear Weapons Inventories, 1945–2013", *Bulletin of the Atomic Scientists*, Vol. 69., 2013, p. 75.

(三) 总成本领先战略

在商业领域，总成本领先战略指的是主要通过职能部门的一系列政策来实现企业在行业内的成本领先地位，通过降低总成本来获得高于平均水平的回报率。在国家竞争领域，它指的是利用自身总成本领先的优势，通过迫使对手在不利情况下被动投入竞争，给对手制造战略压力，并重新制造和拉大与竞争对手在一些关键领域的实力差距，迫使对手不得不主动退出竞争，或只能提前发动一场自毁式的战争。如美国针对苏联的两次抵消战略就是如此。然而，如果自身总成本并不比对手更有优势，实施这一战略则无异于自杀。如一战前的德国与英国的竞争就是如此。另外值得警惕的是，在这一竞争过程中，总成本领先的国家也面临因过度投入导致国力衰退，进而被其他潜在竞争国家快速超越的危险。像英国在战胜德国后很快衰落，而美国在促使苏联解体后也曾一度面临"衰落"的困扰。

案例1 美国里根政府对苏政策

1981年1月20日，共和党人罗纳德·里根出任美国总统。此时，美国正受到苏联进攻战略、美国国内经济低迷、长期遭受越战综合症困扰、新兴国家群体崛起等因素的影响，在美苏冷战竞争中处于守势和相对劣势。美国前常驻联合国代表珍妮·J.柯克帕特里克曾表示，此时的美国"进入一个有史以来最危险的时代，其前景难以预料"，"美国道德和民族意志将经历前所未有的考验"。[①] 面对困境，向来仇视社会主义、主张对苏强硬的里根看出，貌似强大的苏联绝非无懈可击，相反，苏联社会隐藏着巨大

---

① Jeane J. Kirkpatrick, *The Reagan Phenomenon and Other Speeches on Foreign Policy*, American Enterprise Institute for Public Policy Research, 1983, p. 31.

危机，"是一个困难重重、最脆弱的强权"。基于这种判断，里根政府决意坚持 1980 年提出的"以实力求和平"纲领，一方面在国内进行大刀阔斧的改革，全力提振经济和完善体制，力求稳定社会；另一方面，对外采取现实主义外交政策，从对苏缓和转为对苏进攻，将苏联明确地定位为"敌人"，将美苏冷战视为"思想和经济体制的较量"，力主扩军备战。上任 9 个月后，他发布"第 13 号国家安全决策指令"，不仅加强在太平洋、黎巴嫩等地驻军，恢复了被卡特总统搁置的 B-1 轰炸机研制生产，推动部署陆基洲际弹道导弹，大力发展以电子信息技术和精确打击技术为重点的所谓第二次"抵消"战略颠覆性武器系统，试图借此抵消华约集团拥有的数量优势，还对苏联重点实施"经济战"和"心理战"等"非常规战争"，如利用"美国之音""自由欧洲广播电台"等进行"和平演变"，秘密支持阿富汗反苏游击队，为波兰"团结工会"提供援助等。1982 年 5 月，他又秘密签署"第 32 号国家安全决策指令"，将美国的全球目标确定为遏制并颠覆"苏联在世界范围内的扩张和军事存在"，提高"苏联支持和利用代理人、恐怖分子和政权颠覆力量的成本"，同时伺机限制苏联的军事资源，打击其冒险主义行为，并削弱其盟友。

1983 年 1 月，在总结和反思对苏竞争经验和教训的基础上，里根政府进一步提出绝密的"对苏战略计划"，即代号为 NSDD-75 的国家安全决议指南《美苏关系》，其主要精神是利用苏联内部的弱点来击败苏联，并为此明确了三大目标，分别是通过竞争战略遏制并最终颠覆苏联的扩张、推动苏联发生内部转变和推动苏联参与谈判并达成协议。1986 年，国防部长温伯格在呈送给国会的报告中宣布，竞争战略将成为国防部的主要议题，成为"统领一切国防政策的四大战略支柱之一"，其要义则在于"发挥自身优势，利用对手的弱点，在与苏联的长期军事竞争中增强自身的竞争力"。① 同年，他还在《外交》杂志发表文章，强调要"采取一系列凭借己方优势攻击对方弱点的战略"②，并向国防部高级文职和领导人发送题为《落实竞争战略》的备忘录，重申"未来施政目标就是要在国防部内将竞争战略思维机制化"③。1987年1月，他又颁布一份题为《竞争战略机制化》的备忘录，主张要以"竞争战略"统领一切政策，展开对苏全面竞争。根据这一系列指示，美国国防部随即正式出台题为《在与苏联长期竞争中的竞争战略》的政策文件，即所谓的"竞争战略倡议"。

里根政府对苏竞争战略的一个重要支柱是技术抵消，即"面对占据规模优势的苏联，美国最明显的优势在于以相对更低的成本将高技术运用于军事装备"。④ 对此，布热津斯基的解释是"美国一直以质量上占优势的武器抵消苏联军队数量上的优势……美国的技术优势至少必须足以使苏联数量优势的价值变得模糊。只要克里姆林宫领导人不确定其数量优势能否经得住武器的较量，爆发战争的可能性就比较小。但是，如果我们的优势减弱，致使莫斯科觉得自己有取胜的把握，那么它就会更咄咄逼人地运用其军事实力向美国施加压力或干脆实施侵略"。⑤ 根据这一思路，美国发展"突击破坏者"计划来抵消苏军装甲部队，发展 F-117A 和 B-2A 隐形飞机、AMRAAM 导弹等项目来抵消苏军战机数量，发展全球战略监视与预警能力来抵消苏联的总体数量优势。这种

---

① Harold Brown, *Department of Defense Annual Report*, Department of Defense Annual Report Fiscal Year Executive Summary, 1986.

② Casper W. Weinberger, "U. S. Defense Strategy", *Foreign Affairs*, 1986, No. 4, pp. 675—697.

③ Casper W. Weinberger, *Implementing Competitive Strategies*, 1986, p. 2.

④ Harold Brown, *Thinking about National Security: Defense and Foreign Policy in a Dangerous World*, Westview Press, 1983, p. 3.

⑤ Zbigniew Brzezinsk, "The Cold War and Its Aftermath", *Foreign Affairs*, 1992, Vol. 71, No. 4, pp. 33—34.

第三章 历史上大国战略竞争实践及其启示

抵消也反映在武器装备的操作、维修、保养等细节上。如通过实现"发射后不管"、发展自动测试装备、航行补给能力等，实现了技术的整合运用，抢占了竞争优势。当然，战略竞争不只是技术的竞争，也是思想和战法的竞争，如美国为争取相对苏军的军事优势，还曾提出著名的"空地一体战"思想。

在所有进攻战略中，"星球大战计划"具有重要地位。1983年3月23日，里根总统发表演讲，提出要在太空部署反弹道导弹综合主体防御体系，以对付苏联可能发动的核袭击。这一计划不仅是一项军事计划，也是一项经济、科技和政治因素的综合发展战略。[①] 同年10月，美国国防部根据里根的提议，提出建立"战略防御倡议"，媒体则将其比附流行电影称为"星球大战计划"。1984年1月6日，里根签署第116号国家安全指令，正式批准"战略防御倡议"。1984年4月，美国国防部成立战略防御局，正式开始协调推进各项工作。1984年6月，美国使用陆基导弹成功拦截一枚"民兵"导弹的再入弹。据估计，从1984年至1989年，美国政府为此共投入了近200亿美元（不含能源部分）。1987年，美国参与计划的科学家达到18500人，全美100家大公司中有4/5卷入这一项目。[②] 依据该计划，鉴于苏军要求在冲突中保持极高成功率，美国只需要防御有效性达到15%，就能够对美苏战略核力量对比产生深远影响。到1987年，中情局研究报告认为该计划将使苏联陷入进退两难的境地，要么投入军事巨资拖累工业现代化计划，要么因为经济发展迟缓导致国内局势动荡。时任苏军总参谋长阿克罗梅耶夫元帅后来也指出："1985年后，苏联已不能继续与美国和北约对抗，用于对抗的经济资源事实上

[①] 中国国际关系学会主编：《国际关系史（第11卷）》，世界知识出版社，2004年版，第11页。

[②] 顾关福主编：《战后国际关系（1945—2010）》，天津人民出版社，2010年版，第175页。

已消耗殆尽。"因而，该计划理论上成功地将美苏竞争引领到了美国技术占优势的战略防御领域，扭转了美苏力量对比不利于美的势头，使美国有能力从战略防守势转为战略攻势，把苏联拖进了新的军备竞赛泥潭，并推动美国军事和经济取得极大进步，达到了重整国威的战略目的。事实上，直到苏联解体，应对该计划依然是"苏联外交和秘密行动的最主要目标"[①]。

对苏战略竞争几乎贯穿里根对苏战略全过程，尤其体现在军事领域。1987年1月，温伯格在呈交国会年度报告时，曾指出"美国当前的国防规划项目中，有许多都具有竞争战略的特征"。正因其有效性，直到冷战末期，时任美国国防部长切尼仍提出要"总结竞争战略，超越竞争战略"，足见美国在对苏战略竞争上的长期关注和充分投入。

案例2　美国对苏联的成本强加

所谓成本强加，是指通过给对手制造麻烦和障碍来削弱对手的竞争优势，以增加对手经济成本、军事成本或政治外交成本等方式，来达成自己扬长避短、对手施展不开的效果。应该说，这一策略的实际运用在国际关系史和各国国内史中俯拾皆是，如1898年英国制定的海军现代化计划，成功迫使德国将主要资源浪费于英国更擅长的海上作战领域。冷战期间，美国于20世纪70年代正式使用了"成本强加"这一术语，并在其指导下针对苏联实施过若干军事竞争项目。

其中，列装B-1型轰炸机是一个著名尝试。当时，美国观察到，斯大林一直对美国在德国和日本实施的战略轰炸所造成的重大损失感到担忧，在二战后立即将紧缺资源投入防空，致力于发展世界上覆盖范围最广的防空网络。随着20世纪50年代美国

---

① Robert M. Gates, *From the Shadow: The Ultimate Insider's Story of Five Presidents and How They Won the Cold Wars*, Simon and Schuster, 2011, p. 539.

第三章　历史上大国战略竞争实践及其启示

高空侦察机频繁飞越苏联领空进行侦察导致交火事件后，苏联的危机感更加显著，发展国土防空意志更加坚定。到 60 年代初，苏联对国土防空的投入甚至远超核力量投入。针对这一情况，1977 年，美国国防部净评估办公室向国防部长建议列装 B-1 型轰炸机，推动苏联继续加大国土防空投入乃至将主要资源用于国土防空，从而削弱对其进攻力量的发展，使得美国能够节省相应的防御经费。尽管卡特政府没有批准这一建议，但在净评估办公室主任马歇尔等人的不断劝说下，1981 年 10 月，继任的里根总统签署第 12 号国家安全决策指令，重启 B-1 型轰炸机研发计划，并支持发展先进技术轰炸机即 B-2 隐形轰炸机等，对苏联防空反导系统形成全面压力。1982 年，美国正式签订制造 100 架 B-1S 轰炸机的合同。这在一定程度上影响了苏军建设发展方向，迫使苏军花费数十亿美元发展米格—25 战斗机、新型地空导弹和雷达来对抗威胁。

另一个案例是美国通过监听海底电缆等手段发现，苏联海军尽管大力发展潜艇，但其攻击型潜艇主要部署在巴伦支海和鄂霍次克海等近海，用于保护部署于此"盆地"的本国弹道导弹核潜艇，以此来保证国家的战略核反击能力。同时，美国净评估办公室等单位研究发现，苏联特别重视领导人在核战争中的安全，建造了大量设施，并据此开展军事部署。为了确保苏联将主要资源继续用于这些领域，1980 年 7 月 25 日，卡特总统签署第 59 号总统决策指令"美国核武器打击目标政策"，将苏联领导层列入战略打击清单，并通过媒体泄露等公开方式，刻意强化对苏核威慑，让苏联认识到美国的感知能力和打击决心。面对美国海军的前沿部署、航母进逼、潜艇围剿，苏联海军的应对是实施"堡垒"防御战略，投入大量资源用于保护战略潜艇部队的邻近区域，守有余而攻不足。

第三个案例则是导弹部署。里根同意美国战略部队增加

100枚MX导弹部署,为6艘战略核潜艇各配备96枚新型高精度D-5导弹,及装备3000枚空射巡航导弹,并扬言如果苏联不大幅削减SS-20导弹的话,美国将于1983年底在欧洲部署"潘兴Ⅱ"导弹和"狮鹫"陆基巡航导弹。到1983年底,美国如期部署这两种导弹,不但使得苏联一度拥有的对欧战区核武器优势消失,更使得苏联被迫投入经费对等部署,经济为之拖累。

案例3 德意志帝国的战前困境

在第一次世界大战前夕的英德竞争中,应该说德国当时拥有自身的独特优势,如德国当时已经是欧洲头号工业大国(1903年左右),在多个工业领域中处于世界领先地位,且法律严明,政府廉洁,社会治理有序,社会福利优越,教育制度完善,军事机器出色,甚至连经济排名第一的美国都对其表示赞赏。[①] 但从另一个侧面看,德国的制度架构则存在不少问题,比如,国家政策这一权势政治与文化的独特混合从未得到明确的界定。"世界政策"和"中欧"之类口号含混不清。帝国议会在制定政策方面没有发言权。当汉斯德尔布吕克这样的民间批评家们试图谈论国家战略问题时,军方严厉地回绝他们的意见。对于外部威胁的看法分歧(对陆军来说威胁在于法俄两国的大陆同盟,而对海军来说在于盎格鲁—撒克逊民族的海上联合)一直没有得到政府高层的解决。德国战略的缔造依靠的是一个圈子极窄的规划制定骨干群体。在陆军眼里至多是个"卫星"军种的帝国海军从不参与战略讨论,因而在1914年时不存在任何跨军种的应急计划。[②] 更麻烦的是,德国的"决策体制、社会和大众舆论等诸多国内因素越来

---

① 梅然:《德意志帝国的大战略:德国与大战的来临》,北京大学出版社,2016年版,"导论"第2页。

② [美]威廉·默里、麦格雷戈·诺克斯、阿尔文·伯恩斯坦编:《缔造战略:统治者、国家与战争》,时殷弘等译,世界知识出版社,2004年版,第290页。

第三章 历史上大国战略竞争实践及其启示

越不利于形成一种有效的大战略,甚至连任何全局性的规则和协调也变得不可能。而且,这些国内因素与不断增加的外部压力产生了某种'共振',迫使德国在外交和军事方面只能沿着越来越强硬的路线前进,最终蜕变为外交冒进和军事冒险。"①

在这一情势下,哪怕是德国投入最早、关注最多的海军竞争方面,虽然德国获得了一定地位,但限制因素也日益显现。如到1909年,海军开支已攀升到德国政府全部支出的28%和净国民产值的1.5%。② 然而,德国毕竟主要是一个大陆国家,必须面对俄国、法国等国的陆地威胁,这让它无法像英国一样主要聚焦海军建设。1913年陆军大法案之后,德国海军预算从占陆军预算的55%,迅速跌落到33%。③ 1912—1913年间,德国著名企业克虏伯工厂的钢铁生产中,只有12%是海军订货。这样,在战争的前夜,英国仍牢牢掌握着海上霸权,在主力舰方面大体上以2:1的优势领先于德国,在1914年,英德所拥有的无畏战列舰的数目是21:15,战斗巡洋舰9:5,准无畏舰是40:22,英国的优势十分明显。正因为德国海军远未实现充分发展,获取真正优势,德国海军大臣蒂尔皮茨"一贯反对战争,因为他比谁都清楚,实际上德国舰队还远未做好准备"④。

---

① 徐弃郁:《脆弱的崛起:大战略与德意志帝国的命运》,新华出版社,2011年版,第156页。
② [美]理查德·罗斯克兰斯、阿瑟·斯坦主编:《大战略的国内基础》,刘东国译,北京大学出版社,2005年版,第64页。
③ [美]威廉·默里、麦格雷戈·诺克斯、阿尔文·伯恩斯坦编:《缔造战略:统治者、国家与战争》,时殷弘等译,世界知识出版社,2004年版,第271页。
④ Fischer, *War of Illusions*, 162, 163, 169. 转引自[美]杰克·斯奈德:《帝国的迷思:国内政治与对外扩张》,于铁军译,北京大学出版社,2007年版,第116—117页。

四、助力点：增强和保持战略柔性

竞争战略理论各流派中，有诸多理论围绕企业的应变能力展开，包括边缘竞争战略、动态能力、柔性战略等。实际上，可以通过"柔性"来加以概括。柔性原是相对于刚性而言的一种物体特性，是指物体受力后变形再恢复原来形状的一种物理性质。在管理学中，它的意义发生重大变化，是指快速地响应变化环境的能力，是一种战略性资源。应用于国家竞争，柔性战略是指国家在具体的战略组织和战略运用上，必须具有进行持续自我更新、有效应对内外变化、紧跟时代和环境发展的能力。有效贯彻这一战略需做到以下三点：

（一）恪守理性

不管国家选择什么样的竞争战略，在实施过程中必须始终保持头脑清醒，确保目标与手段相匹配，不能因头脑发热或被对手战略诱骗而放弃既定竞争战略。这种战略理性主要包括：一是必须基于实力比较进行战略取舍，对自身与战略对手及其盟友的实力对比进行全面评估，在力不如人时保持战略克制，防止战略冒进；二是努力维持战略诸要素之间的平衡，依据实力确定合理的战略目标，依据目标选择合适的战略路径，依据路径选择相应的战略手段，并全程保持各要素动态平衡，防止犯致命战略错误；三是学会围绕战略目标迂回前进，运用间接战略，积小胜为大胜，累积性地达成总体效果。历史上，凡是成功实现自身发展的国家无不具有较高战略理性，如日本虽然在甲午战争中战胜清政府，但其当时并没狂妄到想要占据中国全境，同时一旦因"三国干涉还辽"受挫，日本马上隐忍待时，日后在日俄战争和一战中

第三章　历史上大国战略竞争实践及其启示

得以复仇。相反，一些国家虽一度具有某种程度的战略理性，但因事前考虑不够周全或不能在困难环境下长期保持，最终也只能直面失败。在这方面，伯罗奔尼撒战争中雅典失败的教训就极为深刻。

案例1　日本一战前的隐忍

1868年明治维新后，日本开始崛起。继迫使朝鲜向其部分屈服之后，在1895年开始的甲午战争中，日本一举打败清朝政府，迫使清朝政府于1896年4月17日签订《马关条约》，承认朝鲜完全独立，割让辽东半岛、澎湖列岛和台湾岛，向日本开放通商口岸，给予最惠国待遇，并赔款2亿两白银，实现了日清在东亚的角色转变。这一战果"使世界吃惊，同时也向西方列强展示了日本已经迅速掌握现代武器"[①]。世界各国开始重新审视日本，重新确立与日本的关系。到1897年，所有欧美国家都与日本签订了关于双边关系的新条约，完全废除了在日本的治外法权，并从1899年7月以后开始生效。然而，由于此时的中国已成为欧洲列强殖民的共同对象，日本在中国过度扩张必将同列强的根本利益形成直接冲突。出于这一考虑，条约签字6天后，俄国联合德国和法国，以"为东亚和平"为由，"劝告"日本向清政府"退还辽东"。日本原想依靠英国抵抗三国干涉，但英国也声明不支持日本，日本政府不得已于5月4日接受三国"劝告"，在条约批准后将辽东归还中国。不过，作为代价，日本还向清政府收取了三千万两白银。

同年，沙俄势力大举进入中国东北地区，取得中东铁路铺路权和南满铁路铺路权。日本对此耿耿于怀，但又不得不暂避其锋芒，转而采取"北守南进"战略。"当时在国民中流行的口号就

[①] [美] 约翰·惠特尼·霍尔：《日本史》，邓懿、周一良译，商务印书馆，2013年版，第208页。

是'卧薪尝胆'"。在这一口号下，日本政府"非但没有放弃建立'亚洲帝国'的梦想，反而把这次西方的干预当作前进途中的一次小挫折，决心一旦机会到来，就重新夺回这个立足点"①。于是制定了十年扩军计划，"那时的中心国策是扩充军备准备日俄战争，强迫国民过苦日子，省出钱来扩张军备。从日清战争至日俄战争的10年间，陆海军的军备水平迅速提高。经过这一阶段的军备扩张，日军第一次在形式和实质上达到了现代军队的水平"。②1902年1月30日，日本与英国缔结同盟。1904年2月，日本以突然袭击的方式发动日俄战争。经过一年多苦战，日本第一次使一个欧洲大国败于一个亚洲大国，迫使俄国承认日本对朝鲜的殖民权利，割让南库页岛，并将旅顺、大连租借权和南满铁路让予日本。这样，日本在清醒认识自身实力、理性对比敌我力量的基础上，通过暂时让步、积蓄实力、追随强者等策略，最终达成了东北亚战略目标。

案例2　雅典的消耗战略

公元前431年，为争夺希腊世界霸权，雅典与斯巴达爆发第二次伯罗奔尼撒战争。战争开始时，雅典领导人伯里克利认识到，鉴于斯巴达及其盟国强大的陆军优势，在任何一场单独的陆上战役中，"伯罗奔尼撒军队③都足以与希腊其他所有国家的联军匹敌"④，决心采用"扬己之长"、"克敌之短"和"避敌之长"的战略，即非对称的消耗战略，形成雅典海权对斯巴达陆权的长

---

① [美]马里乌斯·B·詹森主编：《剑桥日本史（第5卷）：19世纪》，王翔译，浙江大学出版社，2014年版，第702页。
② [日]藤原彰：《日本军事史》，张冬等译，解放军出版社，2015年版，第72页。
③ 指包括拉栖代梦人（即斯巴达人）在内的伯罗奔尼撒同盟诸城邦的军队。
④ [美]唐纳德·卡根：《伯罗奔尼撒战争》，陆大鹏译，社会科学文献出版社，2016年版，第68页。

第三章　历史上大国战略竞争实践及其启示

时间战略僵局，以此消耗和磨垮斯巴达从事战争的意志。战争爆发后，雅典采取陆上战略守势，闭城退守，坚拒出战。雅典农民经说服而放弃田产和家园，任其由斯巴达及其同盟军队蹂躏，同时全部乡村人口迁至城墙以内坚守。另一方面，雅典舰队不时袭击伯罗奔尼撒半岛沿岸斯巴达的同盟城镇。伯里克利战时大战略的目的不是在战场上，而是在心理上最终战胜敌人。他相信，一旦斯巴达人明白雅典人愿意做出必要牺牲，坚持遵从消耗战略，他们就会认识到无望战胜雅典，这时雅典有可能争取到斯巴达五位监察官中的三位和公民大会接受和平，最终经过双边谈判达成新的均势和平。① 因此，他谆谆告诫雅典人："如果雅典等待时机，并且注意它的海军的话，如果在战争过程中它不再扩张帝国的领土的话，如果它不使雅典城市本身发生危险的话，雅典将来会获得胜利的。"②

然而历史证明，伯里克利对伯罗奔尼撒同盟的战争意志和战争的心理动力估计不足，同时也未给战争中的偶然性留下战略规划余地，"消耗战略"在其活着时就已宣告失败。早在斯巴达军队蹂躏阿卡奈时，雅典城内情绪动荡，群众指责伯里克利怯懦，甚至伯里克利的朋友也敦促他出城应战。尽管伯里克利依靠自身权威继续维持消耗战略。但随着时间推移，在雅典海军多次海上远征后，由于斯巴达人并未主动求和且雅典国库开支巨大，雅典公民的不满日益强烈。特别是第二年瘟疫爆发，夺走雅典三分之一人口，低估敌人的伯里克利也染病身亡。天灾人祸严重削弱了雅典人的意志。在伯里克利去世后，雅典逐步走向战略转折，即

---

① ［美］唐纳德·卡根：《伯罗奔尼撒战争》，陆大鹏译，社会科学文献出版社，2016年版，第74页；惠黎文：《大战略与政治文化——一项侧重于对古希腊与古罗马的研究》，载《国际观察》，2007年第5期，第37页。
② ［古希腊］修昔底德：《伯罗奔尼撒战争史》，谢德风译，商务印书馆，2004年版，第169页。

由大举进攻取代战略防御，从而发动了导致雅典最终战败的灾难性的西西里远征。此后，战局几经波动直至雅典海军被彻底摧毁，雅典永久失去曾有的辉煌。

（二）适时纠偏

没有任何国家能够保证自己长期不犯战略错误，一些国家无视错误，致使自身遭受毁灭性损失。而一些国家能够及时发现错误，深入反思错误，努力改正错误，确保最终目标的达成。在这个过程中，对待错误的态度、纠正错误的机制、防止重犯错误的措施都非常关键。只有在这些方面都做出努力，才有可能避免重蹈覆辙，走上良性发展之路。历史上，能够纠一时之偏的国家枚不胜举，但能够长期自我警醒、不断完善的国家却寥寥无几，那些不能及时纠正关键战略偏差的国家往往很快陷入战略被动甚至失败。

案例 1　美军的越战反思

越南战争历时十余年时间，美军先后投入 260 万人，使用了除核武器之外的所有先进武器，但仍以 5.8 万军人死亡、15.3 万军人受伤、军费开支 1670 亿美元的惨败告终。[①] 更严重的是，战争后期及战后很长一段时间里，美军士气低落、纪律松弛、战斗力大减，整体处于一种低迷状态。如一名海军陆战队士兵在回忆录中忆及："我们曾藐视那帮农民游击队，事实上，我们的敌手意志坚定、不惧死亡，死亡名单每周都在增加，鲜血淋淋令人不敢直视，有了这些发现之后，我们先前的壮志彻底崩塌。八月，曾被视为惊险刺激的远征变成了一场让人心力憔悴、无的放矢的

[①] 军事科学院世界军事研究部：《战后世界局部战争史》（第 1 卷），军事科学出版社，2008 年版，第 638 页。

消耗战，我们不再为了心中崇高的理想而战，只想保住性命。"①为了改变这种状况，战争结束后美军开始反思战争教训，内容既涉及战争的性质和目的，也涉及用兵艺术、兵役制度、战术运用、军队素质等。相关总结普遍认为，战争过程中，美军存在指挥和用兵不当、战争目标模糊、军队训练不足、战术呆板和管理松懈等问题。其中，美国参谋长联席会议承认在战争的规划、组织和作战方式上追求的目标存在缺陷并出现失误，而其中有些失误是由自己一手造成的。②

针对这些问题，美军开始着手进行改革。如在关键的战争目标方面，1984年11月28日，时任美国国防部长温伯格提出所谓"温伯格主义"，即检验对外用兵决策的六项标准，包括：除非美国的切身利益处于危险中，否则不应派军队投入战斗；如果美国决定派兵参战，则必须派出足够数量的军队并有充分的支援以确保获胜；如果决定投入战斗，就必须有明确的政治和军事目的，必要时对派出军队的规模、编成和部署进行重新评估和调整；向国外派出战斗部队之前，政府应得到民众和国会给予支持的某种保证；只有在外交、政治、经济和其他方面的努力失败之后，才能采取派遣军队这种最后手段。③

基于这一教训，1991年海湾战争爆发后，美国积极建立国际反伊联盟，努力争取苏联采取合作态度，在获得联合国安理会的明确授权后才实施武装干涉，并强行要求中东产油国和其他西方

---

① [美] 菲利普·卡普托：《最残酷的夏天：美国人眼中的越南战争》，蒋小虎译，北京联合出版公司，2014年版，第3页。
② [美] 史蒂文·L. 瑞尔登：《谁掌控美国的战争？——美国参谋长联席会议史（1942—1991年）》，许秀芬等译，李晨校，世界知识出版社，2015年版，第328页。
③ 龙朝东、赵小卓：《冷战后美国对外军事干预原则探析》，载《外国军事学术》，2006年第10期。

盟国分担战争费用，自身仅承担20%的战争开支。在大获全胜之后，老布什总统志得意满地断言："越南战争的幽灵已经被永远埋在阿拉伯半岛的沙尘之下了。"[①] 2012年5月28日，美国总统奥巴马在纪念越战升级50周年的讲话中，再次总结越战教训，指出在派出士兵参战时应有明确目标和战略，领导人应对国民坦言战争的风险与进展，同时做好撤出部队的计划。他还表示，"正因为越战的教训，我们现在更加聪明地使用的力量，完善我们的军队。"

案例2 日军的参谋误国

二战期间在日本军队当中有一批毕业于陆军大学的参谋军官在军方形成特殊影响。他们一般最早毕业于陆军士官学校，成绩排在前20%，尔后进入陆军大学学习，毕业后授予参谋证书，被外界视为精英中的精英。自1882年陆军大学建立到1945年二战结束，这批参谋总数不超过3000余人，平均每年只有50人左右。由于1878年日本实施军政军令分离，设立直属天皇的参谋本部，导致部队的参谋长只对上级参谋长负责。随着陆军大学毕业的参谋开始在机关和部队占据要职，他们日益参与和影响日本的军国大策。1928年6月，日本关东军高级参谋河本大作主谋策划了"皇姑屯事件"，炸死中国奉系军阀头子张作霖，但河本并未受到严厉惩罚，仅作退出现役处理，转赴"满铁"任职。

同年底，陆大30期次席身份毕业的石原莞尔中佐赴任关东军作战主任参谋，不久陆大28期毕业的板垣征四郎大佐接任关东军高级参谋。1930年12月，石原等人完成侵占满洲计划。1931年9月18日，关东军在未报告内阁、参谋本部和陆军省的情况下发

---

① George Bush, "Radio Address to United States Armed Forces Stationed in the Persian Gulf Region", March 2, 1991, http://bushliabruary.tamu.edu/papers/1991/91030200.html.

第三章　历史上大国战略竞争实践及其启示

动"九一八"事变，并擅自制定《满蒙问题解决策略》，决意"领有东北四省和蒙古，以宣统帝为处树立支那政要权"，为"日美最终战争"服务。事变后，石原莞尔反而晋升大佐军衔，在陆军省军务局长、统制派领袖永田铁山少将推荐下，升任参谋本部战争指导课课长，随后兼任参谋本部第一部（作战部）作战课长。在这种恶例的影响下，日军参谋后来又先后策划了"诺门罕事件"、"北部法属印度支那进驻事件"等。在东京国际军事法庭审判的28名甲级战犯中，任过参谋的有18名，其中被判处绞刑的7人中，只有广田弘毅未担任过陆军参谋军官。最终的结局表明，尽管日军参谋们的"大胆"冒险行动一度给日本在军事上带来很大利益，但缺乏国家层面上的总体战略支撑，甚至有时直接打乱了日本高层的计划，整个国家被迫跟进，引导日本走向二战的最终失败。所以，后来日本人喜欢把那些飞扬跋扈、欺上瞒下，自以为是而又错招叠出的人称为"大本营参谋"，认为二战就是一场由日军参谋们从阴谋策划到积极扩大，从疯狂推进到最后彻底输光的战争。[①]

（三）视情重塑

在大国竞争过程中，当形势发生大的变化，则需要对原有战略进行重新审视，依据形势变化和内外条件，制订新的战略，或者运用全新的战略手段、途径或资源。回顾历史，鲜有国家敢于对自己动大手术。往往在遭受重大挫折之后，才能真正痛定思痛，寻求变革。就像英国直到伊丽莎白一世时期才选择放弃登陆欧陆、投入海权一样。即使在这种时候，选择是否正确，往往也还取决于国家是否真正把握住了时代大势和竞争关键。像荷兰曾

[①] 俞天任：《有一类战犯叫参谋》，语文出版社，2014年版。

经创造过"航海自由"和金融交易等独特价值理念，但终因没能把握住商业资本向工业资本的转进，最终在大国竞争中落了下风。因而，适时重构不仅需要勇气，更需要眼光和智慧。

案例1　16—18世纪的英国海权构建

直到英法百年战争期间，英国海军基本还是由国王雇佣的私人商船组成，大多属于临时征召。因而，尽管英国海军曾一度受战争刺激而兴起，但也必然随着战争结束而迅速衰弱。到亨利八世时，在遭遇海上惨败后，英国改组成立海军事务委员会，专门负责管理海军事务，并在对法战争中重新压倒了法国舰队。到伊丽莎白一世时，英国开始将精力转向海洋和新世界，成功激发起全民族对海洋事业的热情，推动了"食鱼日"和鼓励武装商船等政策，重建并着力发展远洋海军，于1588年取得对西班牙"无敌舰队"的胜利。在随后的三次英荷战争中，英国尽管凭借封锁战术取得了第一次战争的胜利，但在第二、三次战争中连遭败绩。由于英国善于综合运用经济和外交手段等对海上力量进行组织协调，以及在赢得国内外支持上更胜一筹，最终还是取得了胜利。

在面对下一个敌人法国时，英国的商业进取心以及由此引发的争夺殖民地的强烈意识，成为其海军不断发展壮大的内在动因。1704年，英国海军占领直布罗陀，从而控制了地中海，开始全面统治海洋。但此后不久，英国海洋战略出现重大失误，包括同时应对北美革命和法国及其盟友，导致它虽然取得了对法国的七年战争胜利，却在美国独立战争中失利，1779年法西联合舰队还对英国本土发动了进攻，所有这些因素导致1783年第一帝国瓦解。英国痛定思痛，放弃自伊丽莎白一世时代开始的以重商主义和贸易垄断为主的旧殖民政策，转向以拓展贸易和控制海上交通要道及据点为主要内容的新殖民政策。1805年，英国海军在特拉法尔加海战中获胜，改变了以往的战略防御态势，开启了维持一个多世纪的积极进攻的海军战略。自此之后，以强大的海权为依托的两栖登陆作战，开始成为它干涉欧洲大陆事务的经典模式。到拿破仑战争结束后，英国的全球海洋统治地位已不可动摇，并使得19世纪成为英国"治下的和平"时代。[1]

案例2　荷兰的海权衰落

在英国詹姆士一世期间，荷兰将国家实力基础牢固地建立在贸易、财政和工业领域，并且充分利用能促进商业发展的每一个机会，海上力量迅速崛起。同时凭借自己拥有的欧洲最发达的造船工业，迅猛发展商业和航运业，很快占据了欧洲航海贸易的主导地位，"变成欧洲经济的三重中心：商品生产、运转中心和资本市场"[2]。同时，荷兰在远东和太平洋地区积极开辟贸易据点和殖民地，建立了庞大商业帝国，获得了惊人利润。到17世纪上半期，人口不足200万的荷兰占据全欧商船总吨位的四分之三，是英国的4—5倍，法国的7倍，相当于英、法、葡、西四国的总和。到17世纪中期，荷兰已经拥有一支由1.6万艘商船组成的庞大商船队，占到欧洲各国拥有船只总数的大约75%，超过了英、法、西、葡四国的总和。同时，荷兰积极发展海军为商业运输保驾护航，1644年拥有1000余艘战舰，几乎超过英法两国海军总和的一倍。[3] 1628—1636年，荷兰先后三次击败西班牙舰队。1639年，荷兰海军上将特罗姆普率领的舰队在唐斯海战中彻底击败西班牙舰队，终结了西班牙一百多年的海上霸主地位。同时，在争夺海洋权益的过程中，荷兰提倡以合作代替竞争，以欧洲贸

---

[1] 胡杰：《海洋战略与不列颠帝国的兴衰》，社会科学文献出版社，2012年版；[英]保罗肯尼迪：《英国海上主导权的兴衰》，沈志雄译，人民出版社，2014年版。

[2] [美]伊曼纽尔·沃勒斯坦：《现代世界体系》（第一卷），尤来寅等译，高等教育出版社，1998年版，第243页。

[3] 丁一平等主编：《世界海军史》，海潮出版社，2000年版，第185—187页。

易为主,很少插手其他海上强国的势力范围,赢得了一段宝贵的发展时间。到1700年,仅2万多平方公里领土的荷兰成为当时世界上最富裕的国家,其人均收入几乎比第二位的英国高出一倍。①

然而,"当荷兰的资产阶级抛弃半个世纪的韬光养晦时,它的大陆和海洋企图就与它的国力和地缘政治出现了背离。17世纪中后期的三次英荷战争耗尽了这个民族和国家的元气,以致到最后连庞大繁荣的商业和海运体系也因战争和失败而一蹶不振。"②荷兰不仅在海上败于英国,在陆地战争中也被法国击败,整体实力大大削弱。最根本的是,荷兰没有看到此时单纯的海上运输业已不足以支撑国家发展,过于依赖传统商业,过于强调商业立国,没有及时跟随第一次工业革命潮流转而发展制造业,甚至其海军都只能雇佣日耳曼人、挪威人甚至英国人为船员,从结局看,"荷兰作为一个占统治地位的商业国家走向衰落的历史,就是一部商业资本从属于工业资本的历史"③。

总结历史上大国战略竞争的漫长丰富实践,我们可以得出如下几条基本启示:

第一,没有一个大国注定会竞争成功或失败,成败并非取决于命运而是取决于战略选择,即大国决策层能否在复杂激烈的国际战略竞争中,找到一条适合自身实际、符合时代要求并能在一定程度上满足国际社会总体需求的正确发展道路。历史上,荷兰、英国、美国等大国之所以相继成功崛起,西班牙、德国、日本、英国等大国之所以最终走向衰落,固然受到资源、地缘等固有条件和机遇变化的影响,最根本的却是其总体战略选择是否合理,是否适应时代

---

① 封永平:《大国崛起困境的超越:认同建构与变迁》,中国社会科学出版社,2009年版,第28页。
② 同上,第28页。
③ [德]马克思:《资本论》(第3卷),中共中央马克思恩格斯列宁斯大林著作编译局编译,人民出版社,1975年版,第372页。

的基本发展和世界的共同需求。历史上,西班牙和葡萄牙在大航海时代曾经一度占尽区位优势,引领时代潮流,甚至在1494年和1529年两次通过签订条约来瓜分世界,却在享受百余年殖民优势的过程中,逐渐迷信武力和征服,陷入单向度依赖,导致战略决策最终走入绝境。先是葡萄牙被西班牙武力合并,接下来西班牙因为国力日渐不济,先后败于英国和荷兰之手,真可谓"成也萧何、败也萧何"。而英国之所以能够占据世界主导地位二百余年,铸就前所未有的"日不落帝国",既与其奉行"英国式战争方式"、有限有度用兵有关,更与其勇执第一次工业革命之牛耳、大力发展工业经济有关。这告诉后来的大国,国家间的战略竞争绝非只是国与国之间的较量,还应包括自身对时代发展大势的反复求索,以及对政策不断检视的奋力鞭策,也就是既要高度重视对手和敌手的存在,更要注意不断超越自我与当下,始终走在时代潮头,否则竞争条件再好也会白白浪费。

第二,大国的发展过程始终不可能脱离激烈的国际竞争,因而其政策选择的一个基本考虑就是政策的竞争性和针对性,也就是必须始终拥有生存危机感和敌(对)手意识。国际政治"权力转移"理论认为,主导国(即霸权国)为了护持世界或区域霸权,可能会采取先发制人的手段对崛起国进行预先打击。"统计显示,10个历史时期发生的13次主要战争或危机,几乎都是由某个担心'失去往日辉煌'的国家所引发的。"[①] 如在英国明确将德国确认为对手后的1904年11月,英国《陆海军报》发表文章,论证用突然袭击消灭德国舰队的可能性。同年开始担任英国第一海务大臣的费希尔,还就此问题向国王乔治五世提出建议。在时机上,主导国对崛起国大打出手的时机往往选择在崛起国综

---

① (美)戴尔·科普兰:《大战的起源》,黄福武译,北京大学出版社,2008年版,第2页。

合国力达到主导国相当程度之后，尤其是"在崛起国的实力达到主导国实力的80%—120%这个区间时，战争最容易爆发"[1]。如19世纪80年代中后期，美国经济实力已达到英国的80%以上，这时美国与英属加拿大围绕白令海峡猎捕权问题产生争议。英国随即威胁将使用武力，美国因为自身海军排名在世界第20名左右，没有一艘在役战列舰，只能选择妥协。过后，美国充分认识到自己面临的崛起困境，开始灵活运用经济、军事、外交、文化等手段，对英国进行捆绑和制衡，十余年后双方在共同对付德国的基础上实现了和解。而在此前，荷兰经过80年战争、英国经过200余年战争才最终实现崛起。这说明，大国尽管可以在某种情况下创造历史，但这种创造必须基于竞争环境。任何国家要想脱颖而出，务必充分认清竞争的复杂性、残酷性和长期性，盯准首要对手，用力关键领域，否则就会像战国的齐国那样迷于无敌、败于偏安。

第三，历史上众多国家之所以在激烈的国际竞争中不幸落败，其原因是多种多样的，但相当多情况下，威胁表现于外而根源内生于己。也就是说，即使外部威胁相对单一和弱化，但如果大国不能与时俱进地开发独特价值，不能一以贯之地坚持正确方针，不能灵活机动地运用战略策略，那么它即使曾经认清残酷竞争环境，选择了合理发展道路，拥有了相当程度软硬实力，也会陷入既得不到来自内部的鼎力支撑、也得不到来自外部的广泛认同的困顿处境，很难在国际竞争中取得成功。历史上，迦太基、威廉德国、纳粹德国、日本帝国之所以先后崛起失败，根本原因

---

[1] Ronald L. Tammen, et al., eds., *Power Transitions: Strategies for the 21st Century*, New York and London: Chatham House Publishers of Seven Bridges Press, 2000, p. 21. 相比之下，中国学者给出的起始门槛要低一些，多在崛起国实力达到霸权国实力的60%—70%左右。参见熊志勇：《美国的崛起和问鼎之路：美国应对挑战的分析》，时事出版社，2013年版，第399页。

不是地缘不好或国力不强，而是战略追求存在严重偏差，或者战略目标选择极度失当。其中最明显的是德国，两次崛起均遭惨败，国家几乎不复存在，一个重大原因就是没有认清世易时移，纯粹战争式崛起手段已经完全不可取，统治世界、奴役他国的价值理念更是公然与各国为敌，此外偏好使用武力、追求过高目标、多面树立强敌等具体策略也一再被证明属于误入歧途。一战前，德国曾几次获得控制战争危机的难得机会。1900年，英国寻求与德国签订协议，被德国新首相比洛拒绝。1906年，英国寻求与德国达成海军协定，德国先后以拖延、拒绝、要价作答。1908年，英王爱德华七世要求德国停止或者延缓造舰，德皇威廉二世表示在这类问题上决不让步。1912年，英国陆军大臣霍尔丹访问德国进行最后一轮海军谈判，德国提出必须首先达成双方互不攻击等政治协议。1913年，英国海军大臣丘吉尔向德国提出停止造军舰一年，德国不肯正面答应。此外，20世纪70年代的苏联一度让美国忧心忡忡，最终却于1991年出乎意料地解体，根本原因也不在于美国强加的外部竞争压力，而在于苏联内部体制的僵化和活力的丧失。所以，大国竞争既要密切关注外部威胁的构成与发展，还要长期强调"内因重于外因"，始终把主要精力放在完善、充实和更新自身上面，充分发挥主动能动性，长期保持团结奋进精神，在统一执行、不断评估、及时调整的基础上，实现与现实的对接、与外部的融合。

第四，在战略价值追求相对稳定的情况下，控制竞争成本是大国参与国际竞争的关键，包括增强战略柔性也是间接服务于这一目标。如美国崛起期间，对英国主要采取了军事威慑、经济捆绑、文化联络、外交妥协的总方针，迫使英国高层不得不表示"我们因为遥远而力量薄弱，对争论的问题漠不关心，同时商业利益又迫使我们和美国保持良好的关系，这一切让我们深深地受制于人"。但要看到，美国不但对英国在不同事件、不同时间、不同地域采取了不同手段，更在对待其他国家时运用了完全不同的策略。比如对西班牙，美国虽然从 1805 年就开始垂涎古巴，但一直忍到 1894 年才动手。当年，美国废除与古巴的互惠贸易条款，使得古巴经济迅速崩溃，并开始制订针对西班牙的战争计划。第二年，古巴发生武装革命，西班牙进行残酷镇压。1897 年底，美国海军部开始军事调动。1898 年初，在古巴发生美国海军"缅因号"军舰爆炸沉没事件。尽管西班牙基本答应了美国提出的所有要求，但"小而辉煌"的美西战争依然如期上演，美国一举获得对古巴、菲律宾、关岛、波多黎各的控制权。美国之所以敢于把危机升级为战争，一个重要原因就是它进行了精细利益计算，发现战争将使自己在国际国内政治中获得"多赢"。首先，美西综合实力完全不在一个档次；其次，西班牙在两个作战区域都毫无军事优势可言；再次，美国国内舆论普遍支持战争；最后，当时英国和南非布尔人的矛盾趋于白热化，通过条件交换，英国积极支持和配合了美军行动。显然，美国不仅关照到了崛起策略的柔性，还争取到了区域崛起成本的最小化。相比之下，苏联虽然一度在军事领域采取正确竞争战略，如依靠快速核武装实现对美均势，终因整体竞争战略失败导致国家败北，军事上的辉煌很快成为昨日黄花。所以，大国战略竞争必须因时因地因对象因情况制宜，动态选择不同竞争策略，按照以高统低、以大制小、以快制慢、以合制单、以统制分、以新制旧、以省制废等原则，在努力利用自身可持续发展资源，致力提高差异化竞争能力的同时，努力降低全局或关键局部的竞争成本，确保在长期竞争中能够一直居于主动态势，始终占据优势位置。

第四章

国家安全竞争战略的理论构建

当今时代,随着经济全球化、社会信息化和政治多极化的加速发展,国家间相互依存加深,国家间斗争形势正从你死我活的生死对决转变为获取战略主动的相对优势竞争。从冷战后国际上发生的几场局部战争看,国家间对抗虽然没有放弃消灭一国国民或军队、占领对方领土的目标,但通过软硬实力的较量来压倒对方,让对方屈服于己方意志,把对方纳入己方主导的国际政治经济秩序和规则当中来则更为普遍。新形势下,获取战略竞争优势,成为维系国家生存与发展和增强战略主动权的关键。

一、构建国家安全竞争战略的基本问题

当前,国际形势正处在新的转折点上,各种战略力量加快分化组合,国际体系进入了加速演变和深刻调整的时期。[1] 在这一

---

[1] 习近平:《准确把握世界军事发展新趋势 与时俱进大力推进军事创新》(习近平同志在十八届中央政治局第十七次集体学习时的讲话要点,2014年8月29日),《习近平国防和军队建设重要论述选编(二)》,中国人民解放军总政治部编印,2015年4月版,第69页。

背景下，国家安全环境面临各种复杂严峻的风险与挑战，其核心是新兴大国与传统大国的战略竞争。众所周知，国家能够用来制定和实施战略的资源是有限的。历史表明，即使像美国这样的国家，也无法单靠向问题领域投入更多的资金来降低风险。① 鉴此，一国需要精心筹划和制定长期竞争战略，明确国家安全战略的重点目标，评估自身及对手的优势和劣势，制定和实施运用自身竞争优势攻击各种竞争对手劣势的战略，唯此才可能达成它的战略目标。

（一）国家安全竞争战略的核心要义

美国学者认为，"竞争"一词意味着，国家之间的交往在本质上是互相竞争的，而不是相互合作的。② 但是与战争不同，竞争并不意味着你死我活，而是强调以优势力量来慑止或压倒对方，迫使对方屈服于己方的意志，从而确保自身利益最大化。相对于企业获取竞争优势的目标是增强赢利能力，国家获取竞争优势的目标是增强赢得权力能力，从而获取战略主动，保证国家政权、主权、安全与发展利益无威胁之虞。

从本质上看，赢得国家间斗争的根本和关键在于获取竞争优势。传统现实主义认为，国际体系的性质是无政府状态，国际政治像一切政治一样，其本质是为了追求权力，遵循弱肉强食、适者生存的社会进化论法则。国家利益作为国家追求的目标，主要是以权力来界定的，因此保持权力、增加权力和显示权力是国家间利益斗争的根本。其中，"作为威胁或潜在威胁的武装力量，

---

① ［美］托马斯·曼克：《21世纪的竞争战略：理论、历史与实践》，斯坦福大学出版社，2012年版，第2页。
② ［美］托马斯·M.司盖普：《"净评估"：美国国防部衡量军事均势的方法》，载美国《军事与战略》杂志第12卷第2期。

第四章 国家安全竞争战略的理论构建

是一国获取政治权力最重要的物质因素。"① 因此，在"核恐怖平衡"出现前，国家往往最终通过战争竞争来取得优势，占领对方领土或逼迫对方打开国门后占领对方市场和资源。可以说，传统上的国家竞争，大多是"零和博弈"性质的，即一方所得是另一方所失，获取竞争优势主要靠军事力量和手段。

冷战后，在全球化发展的强力推动下，国家间经济相互依赖水平不断提高，但是在传统安全领域，国家间政治仍然没有摆脱现实主义竞争的状态，国家间斗争的本质属性仍然是以竞争优势增加权力，获取重要利益。只不过，由于"核恐怖平衡"存在、国家间经济相互依赖加深，以及联合国、国际法等国际制度日益发挥重要作用，大国战争的门槛已显著提高，国家间的斗争逐步从终极的战争竞争的最高形式，转向以政治、经济、外交、文化、舆论、制度竞争为主的和平竞争上。虽然方式变得越来越和平、缓和，但是斗争的严峻程度丝毫没有减弱，甚至更加激烈。冷战后期，美国正是依靠综合竞争优势将苏联压垮的。虽然冷战后，美国对付阿富汗和伊拉克这样的小国弱国，仍不会放弃其战争的一手，但对于中国、俄罗斯这种大国强国，则只能立足于获取全方位竞争优势，以小战或不战而屈人之兵的方式作为最佳选择。

（二）国家安全竞争战略的根本目的

战略的原义是指"作战的谋略"。毛泽东在1936年写下的《中国革命战争的战略问题》中认为，"战略问题是研究战争全局

---

① ［美］汉斯·J. 摩根索著，徐昕等译：《国家间政治——寻求权力与和平的斗争》，北京：中国人民公安大学出版社，1992年版，第38页。

的规律的东西";"研究带全局性的战争指导规律,是战略学的任务"。① 2011 年版《中国人民解放军军语》认为,战略是筹划和指导战争全局的方针和策略,也泛指关于全局性、高层次、长远的重大问题的方针和策略。② 由此推论,国家安全竞争战略可被视为筹划和指导国家间安全竞争全局的方针和策略。相对于企业管理中的竞争战略,国家安全竞争战略是国家总体战略的一部分。相对于企业获得赢利的优势,其目标是赢得国家获取竞争主动的优势。即以优势压倒、压垮、压服对方,而非消灭对方。它具有全局性、长期性、谋略性、对抗性等特征。

  国家的生存与发展本质上在于竞争。制定国家安全竞争战略的意义在于,只有针对国家间竞争进行顶层设计、整体筹划和组织协调,才能充分调动各种资源和整合各方力量,通过精心谋划的方法策略有计划、有步骤、有节奏地获取维护国家安全的竞争优势。新形势下国家安全竞争内涵极大拓展,从生存竞争发展到包括政治竞争优势、军事竞争优势、经济竞争优势、文化竞争优势、制度竞争优势、舆论法理竞争优势、心理竞争优势等主要内容的综合优势竞争。事实上,美国 20 世纪 50 年代初的"新面貌"战略、70 年代中期的"抵消战略",以及此前各种"吓阻战略",本质上都是国家竞争战略。作为美军的核心智囊机构,正是美国国防部净评估办公室把这种国家竞争推到了战略顶峰。1972 年,美国国防部净评估办公室的安德鲁·马歇尔撰写的《对苏长期竞争战略:一种全新的分析框架》,后来成为美国冷战战略的分水岭;1976 年,马歇尔又与詹姆斯·罗奇合作完成《与苏联持续的政治—军事竞争中的军事战略》,为美国国防部长拉姆

---

  ① 毛泽东:《毛泽东选集》(第一卷),人民出版社,1991 年版,第 175 页。
  ② 军事科学院:《中国人民解放军军语》,北京:军事科学出版社,2011 年版,第 50 页。

斯菲尔德和其继任者布朗解决美苏争霸更长期、更广泛的问题，起到了重要作用；2000年，马歇尔及其净评估办公室尝试将系列"抵消战略"作为工作重心，并于2014年提出了"第三次抵消战略"。

竞争战略始终是以瞄准主要战略对手而展开的。从功能上看，竞争战略在国家安全和军事战略中发挥着"牛鼻子"的作用，对于指导国家安全工作和军事斗争准备具有牵引意义，也可以说是二者的灵魂主线。只有以抓竞争优势为统领，才能使国家安全工作和军事斗争准备纲举目张。同时，竞争战略的制定还有助于明晰国家安全和军事战略的核心要素，如战略目标、重点领域、重点方面和突破口等。

（三）国家安全竞争战略制定的程序和方法

国家安全竞争战略实施，必须以竞争战略的制定为前提。综合分析，制定竞争战略的前提在于了解竞争战略发挥作用的机理，把握好三个方面的分析，即时代大势、国际格局和竞争对手，之后通过SWOT分析法来分析自身的强项、弱项、机遇、威胁，从而选定国家安全竞争战略。

首先，要了解竞争战略的作用机理。众所周知，所有组织和个人都存在认识盲区和思维惯性。当环境发生变化时，机构和个人无视新信息的大量出现就无法采取适当的改变。人们往往只注意事先就认为应该注意的东西。这种认知启示我们，要着眼敌人在对刺激行为做出反应时可能出错或变得迟缓的问题制定战略。这一战略制定方式并不假定我们聪明而敌人愚蠢，而是承认对我双方都存在盲点，且这些盲点不一样。我们能看到的事情，可能并不那么容易被敌人看到，反之亦然。总之，制定竞争战略首先要懂得寻找敌我双方组织机构或认知上的不对称性，要利用这种认知、组织机构以及物质资源上的不对称性，来设计竞争战略，让对方被动进入我所熟悉和擅长的"游戏"，以自身优势持续对抗对方劣势，或引诱敌人陷入自我毁灭式的反应，即落入某种陷阱或不利境地，最终实现不战而屈人之兵。历史上，最典型和最成功的国家安全竞争战略是冷战期间美国对苏联实施的遏制战略，其本质是在不打仗的长期竞争中对付苏联的拒止战略。[①]

其次，要善于分析把握环境及对手。一是洞悉时代大势。洞悉时代大势，是制定竞争战略的时代基础。只有认清、把握和顺应时代大势，才能制定正确的竞争战略。二战后，美苏在全球很快掀起了争夺世界霸权的冷战，民族独立解放运动风起云涌，共产主义意识形态席卷全球。这一时期，时代的主题是战争与革命，维护政权、主权与安全是各民族解放国家面临的最紧迫任务。冷战中后期，美苏进入局部战争攻防、总体和平竞赛的"战略缓和"阶段，以经济实力、文化渗透为主的软竞争日益凸显，和平与发展取代战争与革命成为时代的新主题。这一时期，抓经济、促发展成为争取国家竞争优势的重点。冷战后，随着经济全球化、社会信息化迅猛发展，国家间相互依赖日益加深，信息网络、太空、生物、新能源、新材料等高新技术层出不穷，国家竞争优势更多依赖制度和技术创新。二是把握国际格局。国际格局是国际力量在体系内的结构化分布，是制约国际体系成员行为的重要因素。伟大的战略家制定竞争战略时必然善于把握国际力量对比。比如，毛泽东领导中国革命和建设取得胜利，在国际战略全局上恰恰是利用了全球范围美苏两大力量的对峙。1949年初，毛泽东在西

---

① [美] 托马斯·曼克：《21 世纪的竞争战略：理论、历史与实践》，斯坦福大学出版社，2012 年版，第 39 页。

第四章 国家安全竞争战略的理论构建

柏坡总结：现在世界形势是两个老虎对峙，一个红老虎，一个白老虎，我们正好利用这个间隙夺取中国革命的胜利。新中国成立之初，鉴于两极格局业已形成，中国作为一个共产主义国家，要想在一穷二白的基础上有效谋求发展和维护国家安全，就没办法像印度那样走中间路线。因此，毛泽东从把握国际格局出发毅然决然选择了"一边倒"战略，从而获得了苏联在外交支持和经济、军事上的大规模援助，奠定了新中国现代化事业的基础。三是分析竞争对手。要想制定成功的竞争战略，必须要进行对手分析。孙子曰，知彼知己，百战不殆。"竞争战略之父"迈克尔·波特曾提出："制定竞争战略的核心是对竞争对手进行分析。"[①] 综合来看，分析竞争对手，主要包括两个方面：一是分清哪些力量是我们的对手。毛泽东在1925年的《中国社会各阶级的分析》中开篇就提出："谁是我们的敌人，谁是我们的朋友，这个问题是革命的首要问题。"二是要重点分析竞争对手的战略特性。1946年2月22日，时任美国驻苏使馆代办的乔治·凯南给美国国务院发送了一份"长电报"，对苏联的战略特性进行了深入剖析，从而奠定了美国对苏遏制战略。他指出，苏联这种国家对于理智的逻辑无动于衷，但对力量（force）的逻辑高度敏感。"由于这个缘故，当它在任何一点上遇到强大的阻力时，可以轻易地退却，而且经常这样做。因此，如果对手拥有足够的力量并表明准备使用它，几乎用不着这样做，如果正确地处理形势，就不必进行有损声望的谈判"。[②] 迈克尔·波特认为，竞争对手分析的过程包含四大分析要素：未来目标、当前战略、假设和能力。从内涵上看，这四大分析要素重点是分析对手

---

① ［美］迈克尔·波特著，陈丽芳译：《竞争战略》，北京：中信出版社，2014年版，第42页。
② 转引自张小明：《美国遏制战略思想的缘起》，载王缉思、牛军主编：《缔造霸权：冷战时期的美国战略与决策》，上海人民出版社，2013年版。

的能力、意图和利益趋向。

最后，运用SWOT分析法制定国家安全竞争战略。SWOT分析法是用系统分析的思想，将与组织密切相关的内在优势和劣势以及外在机会和威胁等各种要素列举出来，然后把这些要素相互匹配起来加以分析，从中得出一系列相应的结论，从而制定组织的最优竞争战略。这一分析法关注研究对象、竞争对手与环境因素三者之间的相互关系或相互作用，通过确认组织当前的战略与特定的优势与劣势之间的关系度，从而准备好应对环境变化的能力，帮助组织找出在复杂环境和激烈竞争中的准确定位。关于三者的关系，参见图4—1。美国国防部净评估办公室的主要工作方式就是通过SWOT方法，形成一张涵盖政治、军事竞争关系包括每个竞争对手优势、劣势、机遇和威胁的全面图景。安德鲁·马歇尔在1972年的一份备忘录中指出："国家政策制定者希望了解美国在不同竞争中所处的位置（是什么），他们对美国所处的相对位置以及有何种趋势或因素可以影响它（为什么）——这个问题感兴趣。更进一步说，了解上述因素和趋势产生的原因（为什么的为什么），显得极端重要。"

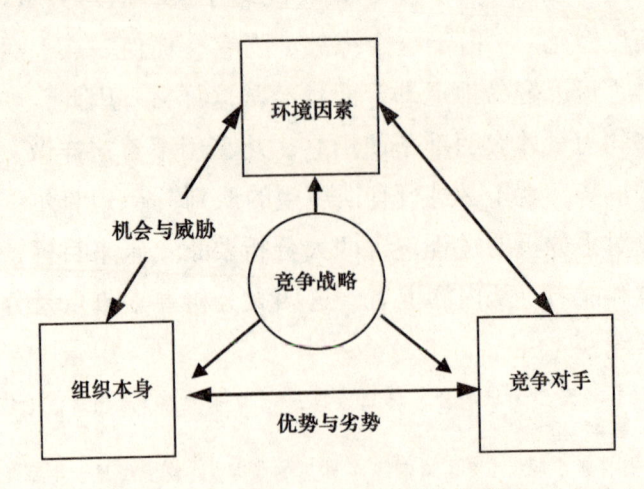

图4—1 组织、对手和环境的关系图

从程序上看，SWOT 分析一般要经过这样几个步骤：首先要进行国家内外安全环境的分析，列出国家目前所具有的优势、弱点与外部环境中存在的发展机会和威胁。其次，以外部环境中的机会和威胁为一方，以内部环境中的优势和劣势为另一方，绘制 SWOT 二维矩阵。最后，通过外部环境与内部条件的组合分析，制定合适的国家安全竞争战略。参见表 4—1。

表 4—1　SWOT 方法下的战略矩阵图

自身优缺点＼机遇与威胁	S 优势 1 2（列出优势） 3	W 劣势 1 2（列出劣势） 3
O 机遇 1 2（列出机遇） 3	SO 战略 利用优势把握机会	WO 战略 利用机会克服劣势
T 威胁 1 2（列出威胁） 3	ST 战略 利用优势回避威胁	WT 战略 将劣势降到最小并避免威胁

二、国家安全竞争战略的基本指导

所谓战略指导，是战略家在敌我双方对立运动的动态过程中，在不断变化的战略情势和存在许多不确定因素的条件下，进行的以争夺战略主动权、主导权为核心的斗争。[1] 深入了解和有

---

[1] 关于对战略指导的界定，参见李际均：《军事战略思维（增订版）》，军事科学出版社，1998 年版，第 107 页。

效加强国家安全竞争的战略指导，有利于把握增强国家竞争优势的科学性、有效性，减少被动性、盲目性，有利于提高增强竞争优势的效率。

（一）指导思想

国家安全竞争战略的指导思想是，坚持本国特色和自主创新相结合，适应国家安全与发展需求，不断抓住和发展自身在重要领域优势，紧盯主要竞争对手的短板弱点弱项，根据以长击短、以强击弱、以实击虚思路，通过充分调动国家政治、经济、军事、文化、外交、社会、舆论等多种资源，以自身优势来长期钳制、压制、攻击对手劣势，从而争取和确保在国家互动中的竞争优势和主动权，为实现和保持国家和平崛起和长治久安提供坚强力量支撑。

（二）主要原则

若米尼在《战争艺术概论》中论述战争原理时曾指出："战争的确有几条为数不多的基本原理，若是违反了它们，就一定会发生危机，若是能够好好地运用它们，则差不多总是可以成功"，[①] 国家安全竞争战略也有其应遵循的基本原则和要求。坚持这些原则与要求，将会有效增强在国际博弈中的主动权，最大限度地提高竞争优势，而违反这些原则与要求，则往往会出现偏差和失误，造成战略上的被动。

一是不断保持和塑造自身独特价值。一国的竞争战略必须包

---

① ［瑞士］A.H·若米尼著，刘聪译：《战争艺术概论》，北京：解放军出版社，1988年版，第24页。

第四章　国家安全竞争战略的理论构建

含一定的价值主张或者一整套利益机制，从而使其不同于其他竞争者的战略。① 历史地看，一个国家要想在国际竞争中占据优势地位，被其他国家所认可和追随，必须具有独特的核心价值观，在政权、传统文化等方面必须具有品牌效应，同时对外能够提供独特产品或者服务。约瑟夫·奈认为，文化是一整套价值标准和行为惯例的集合。一国文化所产生的强大吸引力，有助于国家实现它的预期目标。相反，狭隘的价值观和文化产生的吸引力要小得多。② 事实表明，如果一国内部无法保持具有吸引力的核心价值观，那么该国对内就无法产生强大的凝聚力和向心力，对外也不会产生文化吸引力，对外的竞争优势也就缺乏国内根基。历史上，基督教的传播和罗马传统价值观的丢失曾是罗马衰落的原因之一。18 世纪的历史学家爱德华·吉本就认为，基督教在罗马的传播，取代了多神论的罗马宗教，侵蚀了罗马公民道德，使得罗马帝国走上了衰落之路。

但是只有强大的核心价值观还不够，一国还必须通过自身的政策对外发挥积极作用，向国际社会提供更多独特的公共产品，以增强对世界的吸引力、感召力来提升自身的价值。美国建国以来，一直自以"山巅之城"自居，对外宣扬自由民主，特别是一战后，美国威尔逊总统提出了有别欧洲传统政治的"十四点计划"，极大地提升了美国的国际竞争力。但受国内孤立主义思潮的影响，美国并没有在一战后国际秩序的维护上发挥更大作用。二战后期，美国罗斯福总统汲取历史教训，带领美国彻底摆脱了孤立主义传统，在战后联合国、国际货币基金组织以及世界银行等国际组织建设上发挥了重要作用，提供了带有独特美国印记的

---

① [美]迈克尔·波特著，高登第等译：《竞争论》，北京：中信出版社，2012 年版，第 98 页。
② [美]约瑟夫·奈著，李宁译审：《软实力：世界政治中的取胜之道》，北京：军事谊文出版社，2006 年版，第 12 页。

国际政治和经济制度产品，奠定了美国在西方世界的领导地位和与苏联竞争的优势地位。

二是始终保持成本与效益的平衡。从企业战略看，如果企业价值链上的所有活动的累计总成本小于竞争对手，该企业就具有了战略成本优势。这一原则在国家大战略竞争中也仍然适用。美国著名学者罗伯特·吉尔平从收益角度论证了霸权国家在自身的经济活动中加速衰落的趋势。根据经济学中边际收益递减法则，霸权国提供国际公共产品的成本与从中获得的收益是成反比的。美国战略学家保罗·肯尼迪在《大国的兴衰》中认为，"如果一个国家在战略上过分扩张（如侵占大片领土和进行代价高昂的战争），它就要冒一种风险：对外扩张得到的潜在好处，很可能被为它付出的巨大代价所抵消。"历史上，1799—1814 年的法国、1933—1945 年的德国和 1937—1945 年的日本，都是因为过度扩张，造成战略成本与收益严重失衡，从而导致帝国垮塌的例证。毛泽东晚年多次谈到拿破仑后期的失败教训。1968 年 6 月 21 日，毛泽东会见坦桑尼亚总统尼雷尔时说，拿破仑的国际战略失误于"占领太多，树敌太多"。1972 年 7 月 10 日他在会见法国外长舒曼时再次谈到："拿破仑占领了差不多整个欧洲，他后来犯了错误，政策也不大对头了。第一不该去占西班牙，第二不该打俄国，又是冬天。他打莫斯科，不打彼得堡，没有一下子把沙皇抓住。"[①] 诸如此类的例子还有很多。20 世纪初俄国沙皇尼古拉二世在远东与日本进行的日俄战争，超出了俄罗斯成本—收益的临界点，直接加速了沙皇俄国的垮塌。1979 年苏联出兵阿富汗，由于战事不断扩大化，结果深陷阿富汗泥潭，直接加重了苏联不合理经济结构的负担，也直

---

① 中共中央文献研究室编：《毛泽东年谱（1949—1976）》，第 1 卷，中央文献出版社，2013 年版，第 439 页。

第四章 国家安全竞争战略的理论构建

接加速了苏联帝国的崩溃。当然,在20世纪60年代,美国因越南战争也出现了过度扩张情况,从而导致70年代处于"苏攻美守"的被动状态,但是美国战略自我纠错能力很强,尼克松政府上台后很快推出了旨在进行战略收缩的"尼克松主义",并缓和美苏对抗局势,大大降低了对抗的成本,有效对美国霸权扩张进行了"止损",为最终赢得冷战奠定了基础。从大国兴衰的历史中,可以总结出这样一点,谁更好地把握战略成本与收益的平衡点,谁就能保持对竞争对手的优势地位,谁就会始终立于不败之地。

三是坚持有所为有所不为。孟子曰:"人有不为也,而后可以有为"。又云:"君子有所为有所不为,知其可为而为之,知其不可为而不为,是谓君子之为与不为之道也"。与企业一样,每个国家都有自己特定优势和资源,或劣势和不足,因此在竞争过程中应该审时度势、扬长避短,有所为有所不为,避免做超出自身能力的事情,避免四面出击导致树敌过多,或避免过早暴露自己而招致围堵。元朝末年,各路农民义军纷纷起兵反元。灭元之后,各路义军为争夺天下再次陷入了纷争。而朱元璋则采纳谋士高升的建议:"高筑墙,广积粮,缓称王"。在金陵招兵买马,积草屯粮,一忍就是十年。因为他不称王,就没有人把他当做竞争对手,在各路义军相互厮杀元气耗尽时,朱元璋持生力军一举荡平天下,在最终竞逐中胜出,开创了明朝三百年基业。20世纪80年代末90年代初,邓小平同志纵观世界大势,提出了中国对外战略的28字总方针,即"沉着应对、稳住阵脚、冷静观察、韬光养晦、善于守拙、绝不当头、有所作为"。他说:"中国永远不称霸,中国也永远不当头。但在国际问题上无所作为不可能,还是要有所作为。"[①] 其中,"韬光养晦,有所作为"是这一方针的核

---

① 邓小平:《邓小平文选》第3卷,人民出版社,1991年版,第363页。

心，本质内涵就是"有所不为才能够有所为"。首先，韬光养晦，就是强调要埋头发展经济，不要当头，四面出击，避免树大招风和树敌过多。其次，也要有所为，就是在实力发展的基础上，中国在建立公正合理的国际政治经济新秩序，在涉及周边安全稳定，在维护国内改革稳定发展大局等问题上，必须要旗帜鲜明、坚持原则，进行卓有成效的工作和有理有利有节的斗争。正是在这一方针指导下，伴随经济军事实力不断提升，中国对外提供公共产品力度日益增大，对外综合竞争力显著加强。

四是坚持竞争对抗与合作共赢相结合。当今时代，随着"地球村"的形成和全球经济相互依赖的加深，大国间关系不再是简单的零和博弈，而是一种复杂的"竞合"关系，即彼此竞争中既有冲突对抗又有合作共存。因此，在国家间战略竞争战略中，一方面要以维护国家核心利益为准绳，坚持有理有利有节的斗争，另一方面也要秉持"自己活也要让别人活"的思维，坚持在重要利益问题上走谈判对话、协商解决争端道路，在全球治理问题上走包容交流、合作共赢道路，在重大矛盾解决之前尽量管控分歧。这是新形势下国家开展战略竞争与传统模式的根本不同。从西方历史看，新兴崛起国与传统霸权国之间结构性矛盾根深蒂固，难以从技术层面消除。这就决定了当前中美之间的战略竞争是难以避免的，冲突对抗必然是中美关系题中之义。但同时，从国家长远发展考虑，中国应力避与美国陷入恶性竞赛当中，避免与美国过早摊牌，而避免陷入历史上的"修昔底德陷阱"。反之中国应不断加大参与全球治理的力度，通过合作共赢方式向国际社会提供更多的公共产品，加强与美国在非传统安全领域的合作力度，并以和平合作方式获取对美竞争优势。质言之，新时代条件下，为获取竞争优势，和平合作与冲突对抗必须杂而用之，但和平合作的良性竞争相对于冲突对抗的恶性竞争的地位正显著上升。

五是始终兼顾硬实力与软实力。实力资源是国家间开展竞争

第四章　国家安全竞争战略的理论构建

的基础。自古以来，实力资源就分为硬的一面和软的一面，只不过硬的一面在国家间对抗中往往占据压倒性优势。在硬的一面中，军事实力优势又往往决定国家间对抗的优势。比如，19 世纪40 年代大清帝国在英国坚船利炮的攻击下，不得不签订丧权辱国条约，从此被迫打开了国门。直至 1894 年，中日甲午海战，经济实力相对落后的日本凭借较为先进的海军舰队，将清朝的北洋海军全军消灭，一举中断了清朝"同治中兴""洋务运动"的近代化势头，把中国彻底打入了半殖民地半封建国家境地。二战后，特别是冷战结束以来，随着新的信息媒体技术的迅猛发展，社会日益网络化扁平化，信息渗透、舆论主导、文化吸引、价值观传播、制度规则制定等成为一国软实力的重要来源，在国际竞争中的地位作用日益凸显。"软实力"的倡导者、美国哈佛大学教授约瑟夫·奈认为："'软实力'是在国际事务中通过吸引而非强制获得所希望结果的能力。它通过说服别人遵从或是让其同意能带来（自己所）希望结果的规则与制度来发挥作用。软权力是以思想上的吸引力或以设立议事日程以塑造他者偏好的能力为基础。如果一个国家能够使它的权力在别人的眼里看来是合法的以及能够建立促使他者引导或限制自己活动的国际制度，那么它就不需要花费传统经济或军事力量所使用的资源。"[①] 但综合分析，硬实力与软实力二者既相辅相成，又相互制约。亨廷顿曾指出，美国软权力的魅力主要来自于无与伦比的军事实力和经济实力等硬权力。"权力的扩大带来文化的传播。"[②] 在这些意义上，硬权力是

[①]　See Joseph S. Nye Jr., *Bound to Lead: The Changing Nature of American Power* (New York: Basic Books, 1990). Cited from the notes in Joseph S. Nye Jr., and William A. Owens, "American Information Edge," *Foreign Affairs*, Vol. 75, No. 2 (March/April 1996), p. 31.

[②]　[美] 塞缪尔·亨廷顿著，周琪等译:《文明冲突与世界秩序的重建》，新华出版社，2006 年版，第 358 页。

软权力的支撑，是软权力具有持久影响和效力的基础。反过来，软权力通过内在的影响力和吸引力也能进一步加强硬权力。另一方面，软权力与硬权力之间还存在着相互制约的关系。适当地对外使用硬权力所造成的结果有利于软权力的增长，但过度使用硬权力则会削弱或损害软权力。比如，苏联入侵阿富汗，美国入侵越南、格林纳达，对国家信誉和威望产生了严重的负面影响。此外，从权力的施动者来看，硬权力严格属于政府所有，相反软权力不属于美国政府而是部分地和美国政府的目标相呼应。美国公司或非政府组织形成了他们自己的软权力，这些软权力又与政府的外交政策目标相一致或相违背。总之，当今时代，一国要想形成综合竞争优势，必须善于发挥硬实力和软实力的作用。

六是坚持同质竞争与异质竞争相结合。孙子曰："凡战者，以正合，以奇胜。"国家间竞争既必须要能够顶得住对手堂堂之阵的攻击，同时又要能出其不意地使用奇招，唯此才能在有效钳制住对手同时最终获取非对称性竞争优势，将对手一拳击倒，从而取得决定性胜利。对于后发国家来说，为了同先进对手国家进行有效竞争，必须要紧盯对手，跟踪研究、跟进发展，努力把短板领域做长做强，并力争在该领域超越对手，或至少不被对手落得太远，以致出现某种代差。比如，国家间竞争要绝对避免清朝末期中国军民以大刀长矛对西方火枪的局面。但只关注同质发展，也会带来一定问题。比如，如果只是一味跟随发展，那只能永远跟别人跑，甚至有时还会搞成邯郸学步，不伦不类，最终无法超越对手，总是出现"老师打学生"的局面，或是掉入对手设置的成本强加战略陷阱之中，而招致失败。这种情况下，为有效制衡对手，在某些方面要树立异质竞争的思维，即通过差异化思路来获取非对称性竞争优势，从而形成对对手的有效制衡。冷战后，为维护自身权力，印度、巴基斯坦、伊朗、朝鲜等都先后寻求发展核武器，希望以此来同竞争对手对抗，维护自身利益。

三、国家安全竞争战略的路径与策略选择

国家安全竞争的战略指导，是对国家间在安全领域开展竞争需要把握的基本指导和遵循。为了将这些笼统的指导落到实处，我们还须明确实施国家安全竞争战略、获取竞争优势时需要把握一些路径与策略。

（一）经济实力领先

国家安全竞争的基础是经济实力。打造和保持经济领先地位，是获取国家安全战略竞争优势的基础与前提。从学理上讲，软实力的基础在于硬实力，而硬实力的根基在于经济实力，没有强大的经济实力，也不可能有强大的军事实力。因此，获取国家竞争优势，必须要有强大的经济实力作为后盾和支撑，否则一切免谈。战后美国崛起为超级大国以及充当西方世界的领导者，与美国战后初期强大的经济实力地位密不可分。从冷战结果看，美国最后在美苏竞争中胜出，也主要归因于美国超强的经济活力。王缉思教授就认为："无论如何，从冷战的最终结果看，苏联经济在解体前已经千疮百孔，而美国经济还后劲十足，这说明美国经济经受住了冷战的考验。在对苏冷战的政治、经济、军事、意识形态、文化、外交等各条战线上，美国在经济战线的优势（尤其是在冷战后期的优势）最突出，也最具有基础性和决定性的意义。"[①]

[①] 王缉思：《国内变革：美国大战略及其赢得冷战的基础与动力》（代序言），载王缉思、牛军主编：《缔造霸权：冷战时期的美国战略与决策》，上海人民出版社，2013年版，第11页。

然而，在追求经济繁荣的道路上，有的国家扶摇直上，如美国；有的国家跌跌撞撞，如墨西哥；而有些国家雄起后又落入"繁荣的瓶颈"，没有逃避开富裕后的贫瘠"黑洞"，如日本。其中打造和保持经济实力领先的奥秘到底何在？对此，仁者见仁，智者见智。根据迈克尔·波特的理论，从国际竞争角度看，国家经济发展可分成几个不同的竞争优势阶段，借此刻画国家实现经济繁荣的根本所在，这些阶段分别是生产要素导向阶段、投资导向阶段、创新导向阶段和富裕导向阶段。图4—2是这四个阶段的关系链。在这个系统图中，前三个阶段是国家竞争优势发展的主要力量，通常会带来经济上的繁荣、安全上的稳定。第四个阶段则是经济上的转折点，国家发展有可能因此走下坡路。这种阶段划分有助于理解导致国家发展或衰退的力量。[1]

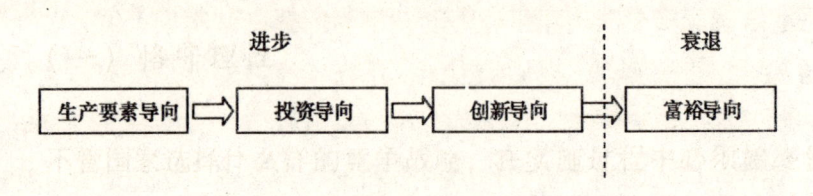

图4—2　国家竞争力的发展过程

具体看，在生产要素导向阶段，国家的发展在于生产要素从初级向高级、从一般性向专业性的转变。初级生产要素包括自然资源、气候、地理位置、非技术工人和半技术工人、资本等。高级生产要素则包括现代化通信的基础设施、高等教育人力（电脑科学家和工程师等），以及各大学及科研院所。根据专业化程度，生产要素也可分为一般性生产要素和专业性生产要素。专业性要素主要指技术性人才、先进的基础设施、专业知识领域等。相对

---

[1] ［美］迈克尔·波特著，李明轩、邱如美译：《国家竞争优势（下）》，北京：中信出版社，2012年版，第65页。

于自然而成的生产要素，专业性生产要素提供产业更具决定性和持续力的竞争优势基础。生产要素的发展趋势若是高级化、专业化，国家经济就会有更大竞争优势。比如，天然资源匮乏的新加坡，其超强的经济竞争优势主要是依靠政府指导创造出来的。[①]在投资导向阶段，国家竞争优势既来自原来的生产要素，更来自政府及企业积极的投资意愿和能力。其中，企业吸收和改良外国技术的能力，是国家突破生产要素导向阶段、迈向投资导向阶段的关键。在创新导向阶段，企业除了改进国外技术和生产方式外，本身也表现出很强的创造力。本土企业在产品、工艺流程、市场营销和其他竞争方向上逐渐接近卓越程度。这一阶段，政府应放弃过去直接干预产业的做法，坚持无为而治，将注意力放在诸如刺激或创造更多更高级的生产要素、改善国内需求质量、鼓励新商业的出现、维持国内竞争热度等间接活动上。[②] 富裕导向阶段。与前三个阶段不同，这个阶段意味着经济开始走向衰退。虽然拥有前三个阶段积累下来的财富，但这一阶段国家经济目标发生偏移，容易将重心放在社会价值上，而忽视了社会价值必须植根于经济持续进步这一基础。造成企业丧失国际竞争力的其他原因包括：国内竞争活动减退、经营战略趋于保守、企业再投资意愿降低、大企业左右政府政策保护其垄断地位、企业创新意愿下降、员工不再热衷于工作、对教育重视程度下降等。[③] 当一个国家经济陷入富裕导向阶

[①] 新加坡自1965年独立以来，在人民行动党的领导下取得了举世瞩目的经济成就，仅用30多年的时间就从发展中国家迈入了发达国家行列，成为世界上最富裕、经济最具竞争力、创新能力最强和人民生活水平最高的国家之一。比如，2009—2015年，新加坡在全球竞争力排名上一直位于世界前五名。

[②] [美]迈克尔·波特著，李明轩、邱如美译：《国家竞争优势（下）》，北京：中信出版社，2012年版，第65—82页。

[③] [美]迈克尔·波特著，李明轩、邱如美译：《国家竞争优势（下）》，北京：中信出版社，2012年版，第75页。

段的泥潭后，它有可能重回生产要素导向阶段。如果想要打破富裕导向阶段的经济下滑趋势，就必须走改变政策、跳脱惯性或大幅改变社会价值的道路。

综合分析，要保持一国经济竞争优势，就要努力保持国家经济在前三个阶段内良性发展，避免国家发展进入第四个阶段，其关键是要树立生产导向而非享受导向。历史上，英国曾经走过这一循环，而观察当今美国是否衰落，这一方法也是重要的观察点。

（二）总成本最低化

在企业管理中，总成本最低化即成本领先战略，要求企业积极建立大规模的高效设施，通过经验积极降低成本，严格控制成本和管理费用，在诸多领域中实现成本最低化。相对于企业努力成为最低价位的生产商，从而取得超凡赢利能力，国家在安全竞争中要想获取竞争优势，也必须要控制国家安全成本趋于最低化。国家安全竞争成本最低化的基本内涵是，国家具有先天的优越地理位置，在维护国家政权、主权、安全上需要投入的成本低廉，同时能够获取较高的安全和发展红利，实现高水平的回报率。

具体分析，降低国家安全成本以获取竞争优势，应注意把握四个方面：

一是坚持睦邻友好政策，以低成本维护周边安全环境。对企业来说，要获得总成本领先地位，企业需要占有较高的市场份额或者具备其他竞争优势，比如优先获得原材料。"[①] 在国家安全领

---

① ［美］迈克尔·波特著，陈丽芳译：《竞争战略》，北京：中信出版社，2014年版，第31页。

域，周边安全环境构成了维护国家安全成本的先天条件。比如，美国国家安全环境的地理特点是东西为浩瀚的大西洋和太平洋，南北是作为弱邻的加拿大和墨西哥，且对外不存在资源纠纷、跨界民族冲突、边境划界等历史遗留问题，因此美国维护本土安全的成本就较低。相对而言，中国周边安全环境比美国复杂得多。它陆地上有14个邻国，海上有8个邻国，且多为大国强国，不仅历史中国与周边国家存在各种利益纠葛容易引发矛盾争端，而且周边国家之间以及它们与域外大国之间都存在各种恩怨矛盾，使得很多问题都可能外溢影响到中国。因此，中国的国家安全成本必然比美国要高得多。这种情况下，中国周边外交的基本方针，就是始终坚持与邻为善、以邻为伴，坚持睦邻、安邻、富邻，突出体现"亲、诚、惠、容"理念，努力塑造良好的周边安全环境，这对于将中国安全成本维持在较低水平上具有重要作用。

二是提高国家安全治理体系与能力，降低国家安全自我维护成本。新中国成立以来，中国为实现国家经济社会健康发展，曾四次进行大裁军，从而为国家社会经济发展腾出了大量的资源。特别是20世纪80年代，邓小平同志高瞻远瞩、洞悉大势，从国家长远发展的角度提出裁军百万，都是主动降低安全成本以获取核心经济竞争力的典型例证。新形势下，降低国家安全成本，更在于加强社会管理，改善国家安全治理。对内，应不断改善国家治理，坚决遏制和惩治腐败，倡导核心价值观，增强社会公平正义，促进社会和谐融合，努力降低社会管理和运行的成本，特别是社会维稳成本。对外，应坚持奉行独立自主的和平外交政策，坚持走和平发展道路，力避过早与主要对手战略摊牌，力避与霸权国陷入"修昔底德陷阱"，反对侵略扩张政策，力避霸权主义和黩武主义，避免因过度扩张而造成战略透支。

三是采用联盟战略，通过分摊降低战略成本。通过联盟战略有效降低国家安全竞争成本，是国际常见做法。这方面美国的例子最典型。海湾战争中，美国领导的34国联军部队通过42天的空袭和100个小时的地面作战，一举摧毁了萨达姆的军队，解放了科威特，迫使萨达姆承认了联合国660号决议。在这次战争中，美国汲取越南战争教训，采取"美国出兵，他国出钱"方式进行"责任分摊"。参战的69万联军部队中，美军约占总兵力的74%，其他国家派出的兵力约26%。但在战争费用方面，科威特、沙特、阿联酋、日本、德国、韩国为美国领导的多国部队提供了700亿美元的现金和物资，其中540亿美元提供给了美国，其余则提供给了埃及、土耳其和约旦等国。最终，美国自身只担负全部作战费用的20%，沙特、科威特和其他海湾富裕国家负担了60%，而日本、德国、韩国等国则承担了剩余的20%。美国的联盟行动可谓"一举多得"：一是吸引多国参加，增强行动合法性，自身以正义化身高举"替天行道"大旗，塑造了美国形象；二是分摊兵员和庞大的战争费用，极大减轻了美国的战争负担；三是展示了美国的超强军事实力，战后向盟国大量兜售武器；四是借机实现了驻军中东，从而更有效率地维护海外利益。这些都极大了增加了美国对任何现实或潜在对手的竞争优势。

四是谨慎维护自身竞争优势，警惕对手施加"成本强加战略"（cost imposition strategy）。在激烈的赛跑中，领先队员在看到竞争者试图赶超自己时，往往会给对手"下绊子"或"使坏"，从而增加对手前进的障碍或困难，阻止其获取竞争优势。同样，在国家安全竞争中，原领先国家为维护自身优势，也往往会借助自身优势向对手实施"成本强加战略"，迫使对手不得不显著增大维护安全的成本，从而降低整体竞争优势，直至最后败下阵来。在冷战后期，美国针对苏联政治经济体制的弊端，通过"星球大战计划"、培植本·拉登等反叛力量，不仅把苏联拖入恶性军备竞赛当中，而且使苏联深陷阿富汗战争泥潭，从而显著加大了苏联的经济负担，致使苏联社会经济结构更加扭曲，加速了苏

第四章 国家安全竞争战略的理论构建

联帝国的崩溃。针对"成本强加战略"的效果，美国前国家安全顾问布热津斯基在《竞赛方案》中就明确说："为了确保美国政治上的成功，美国力量的部署无须以在军事上粉碎苏联为目的。但是，美国力量的部署必须保证，克里姆林宫的领导人在任何情况下都不能够有把握地断定，他们的军事力量已成为历史上起决定作用的工具。"① 目前，美国为了遏制中国崛起，也在试图对我施加"成本强加战略"，试图显著加大中国崛起的阻力和成本。2015年5月13日和15日，美国著名中国问题专家克罗宁和葛莱仪分别在国会"美中经济与安全审查委员会"南海问题听证会上阐述了对南海问题的看法，两人同时提出建议对中国实施"强加成本战略"。其战略目标是："综合运用军事、外交、法律、舆论等多种手段对我施压，增大我南海维权成本，改变我对南海维权行动的成本与收益评估，迫使我屈服。"具体对策建议包括：在军事上，加大美军在南海活动强度，反制我海军或海上执法部门行动，增大我海上维权行动的军事风险；在外交上，以菲、越为重点，深化与东南亚国家的安全合作，加大拉拢日、澳介入南海的力度，增大我经营周边的难度；在法律上，继续要求我说明"九段线"的具体内涵，并欲对台湾施压，要求其对"九段线"内涵做出说明，支持菲律宾的南海国际仲裁，并为其提供相关帮助，以此否定我南海主权主张的法律基础；在舆论上，要求有关行政部门对我在南海军事、外交、法律、信息等方面的动态保持准确、持续、密切跟踪，并建立权威信息发布机构，适时公布我在南海所谓"破坏稳定"的行为，以此抹黑我国际形象。② 2014年美国国防部提出了"第三次抵消战略"，2015年1月又将"空

---

① [美]兹比格涅夫·布热津斯基著，刘晓明等译：《竞赛方案：进行美苏竞争的地缘政治纲领》，北京：中国对外翻译出版公司，1988年版，第178页。
② 张烨：《警惕美学者提出的对华"强加成本战略"》，载《国防参考》2015年第11期，参见 http://www.81.cn/jkhc/2015-11/13/content_6767524.htm。

· 153 ·

海一体战"更名为"全球公域介入和机动联合概念",其中都有针对中国崛起进行"成本强加"的意图。对此,我们应该高度警惕、谨慎规避,在积极应对中努力超越对手的设陷。

(三) 差异化

迈克尔·波特认为,"一国的优势在于它与其他国家的差异性,而非一致性。每个国家的产业竞争力都有大小强弱之分。没有一个国家能在所有产业上维持绝对竞争力。因此,竞争的成功来自国家独具的环境与特定产业竞争优势的结合。""事实上,每个国家在需求、技术、供应系统和教育长处等各方面的差异性,正是竞争优势中最宝贵的条件。"[①] 在国家安全领域中,差异化策略选择的核心是战略非对称,前提是善于诊断竞争对手之间的战略不对称性,以支持战略决策。以差异化选择策略谋求竞争优势,应注意把握以下几点:

一是战略指导上突出非对称性战略思维。毛泽东军事战略思想的精髓和要义就在于差异化或者战略非对称。对此,毛泽东同志有过评论。1964年他在武汉东湖曾对雷英夫说过:"我们的战略思想既复杂又简单,就是四句话:你打你的,我打我的,打得赢就打,打不赢就走。简言之,不打吃亏仗,要打就打歼灭战,可前提是必须做到知彼知己。"他后来进一步总结指出:所谓战略战术者,讲过来讲过去无非就是四句话:你打你的,我打我的;打得赢就打,打不赢就走。他解释,其基本精神就是不要跟在人家后面走,要有自己的一套打法。你发挥你的优势,我发挥我的优势。你依靠先进的武器,我依靠有觉悟的人民。我能吃掉

---

① [美]迈克尔·波特著,李明轩、邱如美译:《国家竞争优势(下)》,北京:中信出版社,2012年版,第137页。

第四章 国家安全竞争战略的理论构建

你时候就吃掉你，我不能吃掉你的时候也不让你吃掉。抗美援朝战争可以说是毛泽东非对称战略思想的又一成功运用。在中美两国综合实力相差悬殊情况下，毛泽东等老一辈军事领导人发挥主观能动性，变整体力量上的劣势为局部战场上的相对均势，通过非对称性应对达成了四个平衡：国际战略格局的平衡，敌对势力打联合国旗号，我国同苏联发动亚非民族解放运动；作战时间平衡，"敌人白天控制，夜间是我们的天下"；作战空间平衡，敌有海空优势，我有地面地下优势；战斗力平衡：敌掌握技术装备优势，我有精神优势。①

二是在政策筹划和实施上强调"错峰"行动。也就是说，针对竞争对手的实力强弱、布局虚实，错开彼此重点方向、重点区域、重点时段、重点国家和重点事务，注意与对方拉开距离、"错峰出行"。比如，美国用"亚太再平衡"战略围堵我，中国则提出了"一带一路"战略构想，形成"你从东边来，我往西边去"的应对格局，使我国的战略应对思路豁然开朗，西部方向则成为拓展我国安全与发展空间的重要支撑区。此外，在叙利亚问题、伊朗核问题、巴以问题、朝核问题上，中国也应根据自身利益，进行适当的差异化策略操作，不要总是跟着美国的节奏起舞，比如你打我就拉，你贬我则扬，你东我就西，你弱我就强，你撤我就上，等等，通过同美拉开一定距离，扩大对外行动主动权。

三是在国际事务中强调提供有别于霸权国的差异化服务。历史上，新兴霸权国取代传统霸权国，不仅在于前者比后者在经济军事上更为强大，也在于前者较于后者能够提供优质的公共产品和服务。迈克尔·波特就认为，"竞争战略探讨的其实是差异性

---

① 徐焰：《谈朝鲜战争的四个平衡》，载《国防大学学报》，2003年第12期，第31—34页。

· 155 ·

的问题，它意味着选择一套不同的活动，以提供独特的价值。"[1]二战后，美国取代英国获得世界霸权，不单单是美国经济和军事实力已独占鳌头，还在于美国所提世界政策理念相对于英国更符合潮流和顺应民心。比如，一战结束前夕，美国总统威尔逊提出了旨在彻底结束欧洲传统政治的"十四点计划"，包括反对殖民主义、秘密外交、大国均势等，提出了民族自决、公开和约、集体安全等原则，受到了国际社会的广泛拥护，为美国争霸世界奠定了基础。二战期间，美国总统罗斯福和英国首相丘吉尔签署《大西洋宪章》，提出一系列国际合作维持世界和平与安全的原则，推动了后来联合国和布雷顿森林体系建立，成为战后美国霸权的"制度之翼"。新中国成立后，中国政府提出了一系列外交政策主张，比如国家不分大小一律平等、不干涉内政、和平共处、援助不附加任何政治条件等原则，这对于提升中国在亚非拉国家的竞争力起到了重要的作用。1997年东亚金融危机中，中国承受了巨大压力，坚持人民币不贬值，付出了很大代价。此举对维护亚洲乃至世界金融经济的稳定和发展起到了重要作用。2008年金融危机以来，伴随美国霸权的衰落和提供公共产品的减少，中国在参与全球治理、推动IMF改革等问题上可以发挥作用的空间显著增大。

四是在技术发展上实施非对称性开发。现代条件下，高端技术是国之利器。在技术发展初期，技术上相对落后的国家往往会更多依靠引进外国先进技术，从而在初期带来比较明显的技术进步，但是如果一味沿用这一思路，不仅总是跟在别人后面跑，而且还有可能被锁定在国际产业分工格局的低端，无法真正获得国家竞争优势。因此，在技术发展上，靠常规的、线性的、追赶式

---

[1] ［美］迈克尔·波特著，高登第等译：《竞争论》，北京：中信出版社，2012年版，第38页。

的发展是很难实现超越的，必须充分重视和发挥自身特点优势，通过非对称思路实现技术上的赶超。对此，习近平同志曾多次指出："我国科技如何赶超国际先进水平？要采取'非对称'战略，更好发挥自己的优势，在关键领域、卡脖子的地方下功夫。"[①]"我们科技总体上与发达国家比有差距，要采取'非对称'赶超战略，发挥自己的优势"。"我们在科技方面应该有非对称性'杀手锏'，不能完全是发达国家搞什么我们就搞什么。""提高技术认知力，加强独创性设计，发展独有的"杀手锏"，确保不被敌人实施技术突袭。"[②]

（四）战略集中

在企业管理中，战略集中是指把经营战略的重点放在一个特定的目标市场上，为特定的地区或特定的购买者集团提供特殊的产品或服务。即企业集中使用资源，以快于过去的增长速度来增加某种产品的销售额和市场占有率。该做法的前提思想是企业业务的专一化，能以更高的效率和更好的效果为某一狭窄的细分市场服务，从而超越在较广阔范围内竞争的对手们。这样可以避免大而弱的分散投资局面，容易形成企业的核心竞争力。[③] 在国家安全领域，战略集中是指在战略实施过程中，要针对特定阶段、特定目标、特定区域集中使用优势力量，才能在对敌竞争中形成决定性优势。与战略集中相对，战略分散是兵家大忌，往往导致

---

① 习近平：《在十八届中央政治局第九次集体学习时的讲话》，《习近平谈创新》，人民网，2016年3月1日。
② 习近平：《在中央财经领导小组第七次会议上的讲话》，中共中央文献出版社，2016年版。
③ [美] 迈克尔·波特著，陈丽芳译：《竞争战略》，北京：中信出版社，2014年版，第33页。

战争或行动的失败。

一是目标集中。是指在一个特定阶段集中于某个战略目标。切忌目标过多、过散，从而导致力量分散，最终顾此失彼，落得"鸡飞蛋打两头空"。克劳塞维茨特别强调："我们要阐明的原则是：一切用于某一战略目的的现有兵力应该同时使用，而且越是把一切兵力集中用于一次行动和一次时刻就越好。"① 20世纪70年代末，邓小平复出后针对国际国内局面，痛定思痛，决心加快推进改革开放，集中一切力量把经济建设搞上去，为此1984年宣布裁军百万，对军队发展也提出了"军队要忍耐"的方针。正是聚焦于这一战略目标，一切其他目标暂时为这一目标让步，才使得我国在随后的30年中迎来了一个经济高速发展的时代。

二是区域或方向集中。克劳塞维茨认为，"最好的战略是首先在总兵力方面，然后在决定性的地点上始终保持十分强大的力量。"② 搞好战略筹划，必须要在多个地区和多个方向中确定出主要战略地区或方向，要紧紧盯住主要地区或方向不变，同时密切关注次要地区或方向的变化或连锁反应。当前，在美国加快推进"亚太再平衡"战略背景下，中国周边安全环境日趋复杂，黄海、东海、台海、南海都面临不同程度的风险挑战，且"四海"联动趋势日益显现。然而，在"四海"当中，到底哪个是主要战略方向和根本矛盾所在，必须审慎考量。从利益权重、危害程度、威胁水平等方面综合考虑，毫无疑问，东南海上方向是当前中国的主要战略方向，对此中国必须紧盯这一方向集中进行筹划，其他方向筹划要服从服务于这一大局。

三是力量集中。在所有的军事学的著作中，以及中国和世界

---

① [德] 克劳塞维茨著，中国人民解放军军事科学院译：《战争论》（第一卷），北京：商务印书馆，1995年版，第219页。

② [德] 克劳塞维茨著，中国人民解放军军事科学院译：《战争论》（第一卷），北京：商务印书馆，1995年版，第219页。

上最著名的战争案例中，集中兵力原则是兵家最推崇的经典制胜原则。前文所讲的目标集中、区域或方向集中，其实最终都要落实到力量集中上，或者说是三者的密切结合。毛泽东同志曾明确提出，他的战法就是，你打你的，我打我的，"我不打多了，我用十个指头打你一个指头"。[①] 他把这一条原则称之为"并立一向"，即集中优势兵力于一个方向——"我们的经验是，分兵几乎没有一次不失败，集中兵力以击小于或等于我或稍大于我之敌，则往往胜利。"早在红军时期，毛泽东就明确地指出："集中兵力于主要方向，战略上一个拳头打人……反对两个拳头主义……在有强大敌军的条件下，无论自己有多少军队，在一个时间内，主要的使用方向应只有一个，不应有两个。"拿破仑自己则有"多兵之旅必胜"的格言。研究拿破仑的学者普遍认为，拿破仑之所以能20年在欧洲所向无敌，在于在战略上善于动员最强大的力量，并集中在根本性的目标上，用决战导致决胜。在朝鲜战场上，毛泽东曾提出以9倍数的优势兵力歼灭美军。1930年12月30日第一次反围剿的第一仗，便集中4万人打张辉瓒的9000人。在后来的解放战争时，更提出："集中优势兵力，各个歼灭敌人，是过去3个月歼敌25个旅时所采用的唯一正确的作战方法。我们集中兵力必须6倍、5倍、3倍，至少3倍于敌，方能有效歼敌。"1947年，毛泽东更把这一条放进了十大军事原则。但在管理和军事上，要真正做到集中，却往往很难。这就像毛泽东曾感慨过的那样："集中兵力看来容易，实行颇难，人人皆知以多胜少是最好的办法，然而很多人不能做，相反地每每分散兵力，原因就在于指导者缺乏战略头脑，为复杂的环境所迷惑，因而被环境所支配，失掉自立能力，采取应付主义。"

[①] 中共中央文献研究室编：《毛泽东年谱（1949—1976）》，第6卷，北京：中央文献出版社，2013年版，第439页。

（五）综合优势

迈克尔·波特认为，一个国家之所以能够持续创新，寻找更精致的优势来源，进而获得成功，关键在于一个国家的四大特质，这些特质各自独立，又能系统性地组合成国家优势的"钻石体系"。这四大特质是生产要素，需求条件，相关产业与支持性产业，以及企业战略、企业结构和同业竞争。该体系是一个相互作用的系统，其中任何一项因素的效果必然影响到另一项的状态。拥有钻石体系中的每一项优势，不一定等于拥有了国际竞争优势。要能将这些因素交错运用、形成企业自我强化的优势，才是国外竞争对手无法模拟或摧毁的。[1] 他认为，如果加上机会和政府，可以形成国家竞争的完整钻石体系。通过综合借鉴国家竞争优势模型（钻石体系），可以构建出国家安全竞争优势理论框架，如图4—3。通过"钻石体系"获取竞争优势，体现的是全要素优势、合力制胜的思路。

一是国家竞争重在全要素竞争优势。对于国家安全"生产要素"来说，主要是指国家安全的基干力量，包括军队以及其他国内安全力量，人员规模、素质、编制体制、武器装备、战略和作战理论、军民融合程度、战场建设等方面。对于国内国际的安全需求来说，主要是指国内社会和国际社会对某一特定国家提出的安全需求。比如，国内安全需求包括社会稳定、公平正义、经济繁荣、民众福祉和其他社会保障；国际安全需求指国际公共安全与发展产品。在满足这两大需求方面，谁做得越好谁就越有竞争力。国家安全"相关支撑性产业"，是指支撑国家安全"生产要

---

[1] ［美］迈克尔·波特著，李明轩、邱如美译：《国家竞争优势（上）》，北京：中信出版社，2012年版，第64—66页。

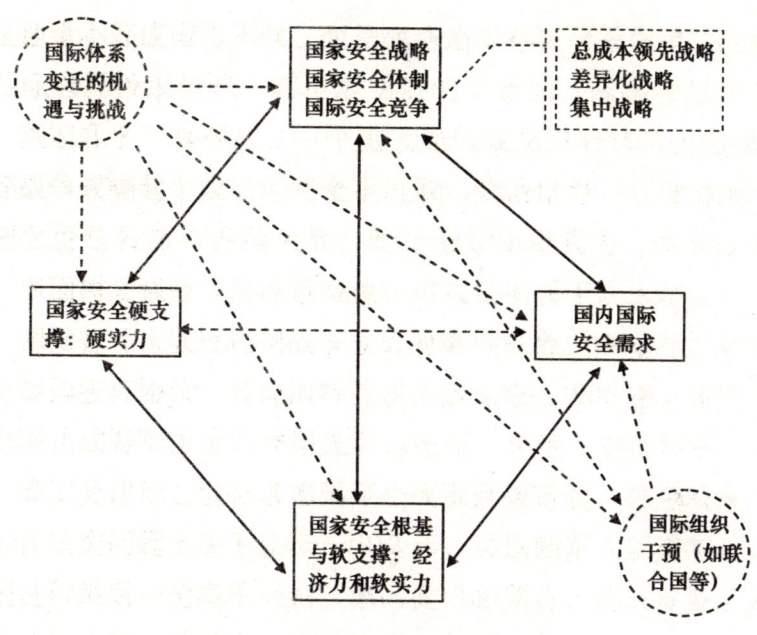

第四章　国家安全竞争战略的理论构建

图4—3　国家安全竞争综合优势图

素"、与国家安全战略密切相关的领域，包括经济安全、文化安全、社会安全、科技安全、信息安全、生态安全、资源安全等多个安全领域。其中，特别需要关注的是软实力对作为国家安全"生产要素"的硬实力的支撑与影响。国家安全战略、国家安全体制和国际安全竞争是"三位一体"的。其中，国家安全战略处于整个体系的统御位置，分别指导其他各竞争优势要素的建设和实施。它依靠健全的国家安全体制进行支撑，是国家参与国际安全竞争的核心竞争力。国际组织主要包括政府间国际组织和非政府间国家组织（NGOs），这些国际组织为国际事务的干预提供力量、资金和合法性，对国家安全战略的实施形成规制，并对国内外安全需求产生间接影响。此外，国际体系是国家安全竞争的外部环境，其变迁带来机遇与挑战。机遇是直接的机会，挑战则是潜在的机遇。以上这些要素要尽量达成最优状态，才可能促使国家安全趋于最大竞争力。

· 161 ·

二是国家安全竞争更注重体系优势竞争。国家安全"钻石体系"中的各要素之间只有处于相互"提携"的良性关系，才能使体系达到最优竞争状态。"物之不齐，物之情也。"客观上讲，让"钻石体系"中的所有要素均实现最优化只是一种理想状态，现实中是很难实现的。在国家竞争要素难以同时实现最优化条件下，更应该追求各要素之间的良性互动和正向驱动关系，借以打造总体系统优势。而且，也只有形成系统优势时，系统中的某个要素暂时失能，才不会对整个系统产生灾难性的影响。这启示我们，在国家安全领域中，打造国家战略竞争优势必须树立整体思维，既要关注每个要素的优势，又要打造要素之间相互强化的关系。冷战后期，由于苏联把整个国家竞争赌注都放在了军事力量上面，结果造成一旦军事势头受挫，整个权力体系便因这一支柱出现了坍塌而崩溃。布热津斯基在《竞赛方案》中就指出："对美国来说，只要在美苏竞争中不失败就意味着占了上风；对苏联来说，不占上风即意味着失败。美国这种不对称的有利地位，是由苏联挑战只限于一个方面这一事实本身所决定的。俄国在意识形态领域已不再具有竞争力，在技术领域则更加落后，因此，对它来说，曾经公开宣扬的'社会主义必然胜利'，已经缩小到仅限于取得明显的政治上具有决定意义的军事优势这一个方面。达不到这个目标，就意味着全面落后。"[1]

（六）弯道超越

弯道超越本身是一个赛车术语，意思是利用弯道超越对方。一般而言，在直道行驶过程中，由于选手都全速前进，所以很难

---

[1] [美] 兹比格涅夫·布热津斯基著，刘晓明等译：《竞赛方案：进行美苏竞争的地缘政治纲领》，北京：中国对外翻译出版公司，1988年版，第217页。

第四章 国家安全竞争战略的理论构建

超越。而当处在弯道时，优秀选手能够凭借其丰富经验、过人胆识和高超技术伺机超越。就社会政治经济领域而言，"弯道"被理解为社会进程中某些重大变化的时刻、关键期或转折点。从本质上看，实现弯道超车，根本在于敏锐把握时代转换、制度革新和技术革命的重大拐点，通过同一路径的提速超车，或者转换路径的换道超车，实现从落后跟跑向并跑领跑的位置转变。

一是弯道超越的根本路径是创新。国家安全竞争领域中的弯道超越策略，主要有两方面内涵：一个是制度弯道超越，另一个是技术弯道超越，二者虽然做法不同，但目的都是为了获取竞争优势，实现路径也都是创新。迈克尔·波特认为，竞争优势是由最根本的创新、改善和改变而来。"企业能够胜过它的国际竞争对手，是因为能察觉新的竞争状况，或在传统的竞争方式中添加更新且更好的材料"，"延续竞争优势需要不停的创新"，"企业一旦站在优势的浪头，维持的方法只能是不断创新。"[①]

一战之前，德国在兵员人数方面寡不敌众，但是通过创新交通运输体系和坦克及兵力的军事力量运用方式，有效地战胜了在战斗力方面享有各种优势的法国。1992年，马歇尔的军事助理安德鲁·克雷皮内维奇（Andrew Krepinevich）撰写了《军事技术革命：初步评估》，提出了思考军事革命的架构，强调了四个方面：技术变革、军事系统演化、作战创新、组织变化，其中三个方面都涉及制度性变革。

在制度稳定的情况下，技术和装备创新是国家把握竞争优势的关键。对于在国家安全领域中保持技术优势的重大意义，布热津斯基在《竞赛方案》有如下论述："为了维持共同战略安全和常规力量的全球灵活性，美国必须利用并保护其主要的财富：技

---

① ［美］迈克尔·波特著，李明轩、邱如美译：《国家竞争优势（下）》，北京：中信出版社，2012年版，第97、98页。

术优势。到目前为止，正是美国的技术优势抵消了苏联以大规模的军事开支和强迫国内人民做出牺牲所换得的成果。如果没有美国的技术优势，当今苏联很可能已经享有决定性的战略和常规优势，以及这种优势所包含的一切影响深远的地缘政治后果。"

历史上，颠覆性技术的出现及其带来的装备技术的革命能够极大推动军队的转型，比如一战时期出现坦克、飞机、航母、潜艇，二战晚期出现核武器，冷战期间出现卫星、核潜艇等等，都曾给最先采用先进技术和武器装备的一方带来军事竞争优势。

创新的动力主要来自于压力。一般而言，这种压力来自忧患意识，但是事实上真正靠未雨绸缪、忧患意识和危机意识进行主动创新的毕竟是少数，而现实中来自竞争对手的压力则直接而巨大。迈克尔·波特认为，"企业成功、经济繁荣的动力是压力、挑战和机会，而非静态的环境或外在的协助。进步来自改革，而非为稳定而稳定的偏见。"[①] 1957 年，苏联第一颗人造卫星率先发射上天，让美国人感到末日般的恐慌，也激发了美国加强战略前沿技术竞争的热情。中央情报局局长艾伦·杜勒斯说，他对苏联卫星并不感到意外，反而应当感谢苏联夸大自己的能力，因为美国人需要这种周期性的"冲击疗法"来刺激自己。[②] 不久之后，美国国防部专门成立规划军事高科技尤其是战略前沿技术的部门——高级研究计划局（DARPA），其宗旨是"努力给对手形成技术（战略）突袭，并阻止可能遭遇的技术（战略）突袭"，要在重要战略前沿技术领域形成 10 年至 20 年的技术优势，凭借高科技领域的优势创造军事战略竞争的巨大优势。

创新的实现在于敏锐洞察力以及超前谋划布局。一般而言，

[①] [美] 迈克尔·波特著，李明轩、邱如美译：《国家竞争优势（下）》，北京：中信出版社，2012 年版，第 63 页。

[②] [美] 德瑞克·李波厄特著，郭学堂等译：《五十年伤痕：美国的冷战历史观与世界》，上海：上海三联书店，2008 年版，第 273 页。

第四章 国家安全竞争战略的理论构建

创新有两大壁垒：一是思维僵化；二是行动迟缓。如对于军事技术革命，苏联人虽然见识早，但行动慢，结果最终落到美国人后边。早在20世纪六七十年代。苏联军事理论家就宣称科学技术革命的发展将带来军事技术革命，认为最先使用新技术的军队将获得决定性优势。对此，美国国防部净评估办公室主任安德鲁·马歇尔非常重视，并开始认真加以研究。1993年，马歇尔出版《对军事技术革命的净评估》报告强调，只有当军事技术革命与新式武器装备、作战理论、军队体制编制的革命结合起来，才会出现军事能力的重大革命，并最终促使美国国防部以"军事革命"取代"军事技术革命"一词。同时，其在《对军事革命的一些思考》一文提出的"军事转型"概念，成为国防部和各军种引用最频繁、流传最广泛的术语。

二是实现弯道超越的良机在于社会结构、技术结构的转型之际。建立竞争优势，单凭察觉一个新的市场需要或新技术也是不够的，更重要的是，企业必须能更果敢地抢先占领产业结构转变的先机。新的结构往往颠覆原本领先者的优势，并给予迅速行动企业绝佳的竞争机会。[①]当前，互联网、信息化、网络化、太空、量子通信技术、云计算和云制造技术、融媒体技术、"互联网+"思路等，正深度渗透到普通百姓日常生活中，这往往预示着社会结构和国家安全领域结构变革的到来。为此，我们在把握新型武器装备、新型作战力量和新质作战能力同时，也要关注新型战争形态和新型安全领域的出现。毫无疑问，结构转换存在转换成本，对成本—收益的评估是影响改革的动力和动机。所以，即使一些企业能够看到社会结构、技术结构或产业结构转型的到来，但往往受固有利益的羁绊，成本—收益评估不当而彻底地失去竞

---

① ［美］迈克尔·波特著，李明轩、邱如美译：《国家竞争优势（上）》，北京：中信出版社，2012年版，第116页。

争的机会。比如，在光学相机时代，柯达、乐凯胶卷可谓是很有竞争力的知名品牌，但是随着数码成像技术时代的到来，柯达、乐凯胶卷受到了极大挑战。由于战略转型十分缓慢，2013年8月柯达宣布破产，被产业和技术结构调整所淘汰。而乐凯在严峻的市场形势下，大力推进技术创新和管理创新，积极介入数码、薄膜等新技术领域，最终实现了成功转型。毫无疑问，冷兵器战争向热兵器战争、机械化战争向信息化战争、信息化战争向混合战争转型的时代，我们都必须积极迎接，顺应技术发展趋势。站在新的条件下评估成本和收益，只有这样才可能跟上时代的步伐，始终走在竞争的前列。

四、国家安全竞争战略的能力建设

提升国家安全竞争优势，不仅要从自身角度把握竞争战略的路径策略，做出明智的选择，同时更要在与竞争对手的博弈互动中把握主动，实现更高水平的动态优势。这就要求国家具备多种竞争能力，其中应重点关注以下六个方面：

（一）构建竞争战略体系

当今时代，国家间竞争往往表现为体系间的竞争。只有构建国家竞争战略体系，形成整体合力，才能从根本上解决如何形成长期和总体竞争力问题。综合来看，国家安全竞争战略体系包含多个方面，重点包括情报感知系统、战略规划系统、战略实施系统、战略评估系统、智库辅助系统等。

一是情报感知系统。竞争决胜，情报先行。在大国竞争日趋激烈情况下，情报特别是战略情报，成为获取竞争优势的先决条件。毛泽东在总结战争指挥的逻辑顺序时，就明确指出："正确

第四章 国家安全竞争战略的理论构建

的作战行动来源于正确的作战部署,正确的作战部署来源于正确的作战决心,正确的作战决心来源于正确的判断,正确的判断来源于周到必要的侦查以及对各种侦察材料连贯起来的思索。"习近平同志也指出,"真正做到知彼,对侦察预警等信息手段建设提出了很高的要求,对情报收集、情报分析、情报整合和情报利用提出了很高的要求,对各级指挥员和参谋机构的战略思维、信息素养、应对能力、谋划水平提出了很高要求。我们必须强化敌情意识、敌情观念,把对手研究、敌情研究作为一个紧迫的战略工程下大力气抓紧抓好。"[①] 从内容上看,情报感知体系应重点侦查主要战略对手与我竞争的重点、意图、路径、手段等方面内容。

二是战略规划系统。大国进行竞争,必须首先要有负责竞争战略规划的最高部门,对国家竞争战略进行顶层设计和总体规划。比如,美国有隶属于白宫的国家安全委员会,俄罗斯有联邦安全委员会,我国则有中央国家安全委员会等。战略规划的重点是统筹国家政治、经济、外交、军事、文化、民间等各方力量,运用官民并进、军民融合、明暗互补、高低结合等方式,加大国内力量队伍建设和海外力量布局,以期达成我方既定的战略目标。

三是战略实施系统。竞争战略的实施系统主要包括三个层面:一个是中央层面,一个是国家部委和军队层面,另一个是地方和社会层面。这三个层面的各个部分和领域要根据中央的统一规划部署,分头行动、分进合击,确保形散而神聚,针对主要对手,攻防结合,高度关注国内和海外两个大局以及网上网下两个

---

① 《深入贯彻党在新形势下的强军目标 努力建设全面过硬战略预备力量》(习近平同志在听取济南军区工作汇报后的讲话,2013年11月28日),《习近平关于国防和军队建设重要论述选编》,中国人民解放军总政治部编印,2014年2月版,第205页。

战场，进行多维立体防护和进攻。

四是战略评估系统。战略评估系统是竞争战略闭环运行中的重要一环。它可分为体制内评估和体制外评估两种。体制内评估主要是依托我体制内反馈评估系统对战略筹划及其实施效果进行分析总结。体制外评估则主要是依托第三方评估机构，比如体制外智库或体制内较为独立智库对竞争战略的事前论证、事中运作、事后收尾等各个阶段进行分析评估，从而对全过程的表现进行经验教训总结，及时反馈给战略规划和战略实施，从而实现战略调整。

五是智库辅助系统。从国外经验和中国未来发展看，实现政府职能部门与智库共同参与的"双轮驱动"决策模式是大势所趋。这一新模式既依托现有领导指挥体制，同时又吸纳专家咨询这条线进入决策链，二者相互独立但相互补充，共同支撑国家战略决策。这对于国家竞争战略制定、实施和评估同样也是适用的。新形势下，智库不仅辅助国家进行竞争战略决策，而且还可以通过"一轨半"或"二轨"外交的特殊形式释放信号，塑造舆论，争取人心，且相对于官方机构更具说服力和可信度。未来，我应借鉴西方做法，加大利用智库进行海外战略心理、舆论和组织预置的力度。

（二）提高战略领导能力

在国家安全竞争中，首要进行的是"脑袋"或顶层竞争，这事关全局、长远与根本。在战略领导能力当中，需要重点关注以下几个方面。

一是高素质的战略领导者。迈克尔·波特就从企业管理的角度指出战略领导的极端重要性。他说："今日的世界需要的是大政治家、大企业家，而不是大管家，经济要成功，先决条件是

'做'与'不做'的选择,而这种选择权最后还是操控在每个国家和企业的手中。"① 波特还认为,战略领导人比别人更了解也更相信竞争优势的关键因素;领导人相信动态和变革的重要;他们不肯受制于客观环境,相信自己能够改变看似理所当然的结果;他们所站的位置能见人所未见,而且有勇气付诸行动;当两企业所面对的环境相同时,领导人的因素将是决定成败的关键。②

二是制定正确的目标。乔治·马歇尔说,"只要目标正确,连一个尉官也能制定战略"。反之,如果目标不正确,再能干和伟大的将军也无济于事。第二次世界大战日本天皇御前会议决定攻打珍珠港,对美国开战。日本联合舰队的司令山本五十六企图通过偷袭珍珠港和部署中途岛海战等一两次决定性的战役,消灭美国海军主力,但最终惨败。可见,战略决心和指挥技巧是无法从根本上扭转不义战争结局的。

三是富有战略预见力。领导人要成功,还必须能够洞察大势和把握先机,要高瞻远瞩,充当桅杆上的哨兵,看到地平线之下的东西。解放战争刚开始时,形势对我党极为不利,106个县城被国民党军队占领。当时,多数干部认为,以我党的军事实力,尚不具备与国民党军抗衡的条件,东北的两位领导干部给中央写报告,提出了让步以求和平、拖延以待时机、坚决打下去以分胜负的三种对策,并将打作为迫不得已的最后选择。究竟怎么办,毛泽东思考了三天三夜。打,暂时没有胜利的把握;但退让更没有出路。1946年7月6日,毛泽东下了最后的决心,给党内起草了一个指示,指出东北的分析报告是合乎实际的,"但缺点是对美帝国主义及蒋介石的困难估计不足,同时对国际国内人民民主

---

① [美]迈克尔·波特著,李明轩、邱如美译:《国家竞争优势(下)》,北京:中信出版社,2012年版,第Ⅳ页。
② [美]迈克尔·波特著,李明轩、邱如美译:《国家竞争优势(上)》,北京:中信出版社,2012年版,第116页。

力量所具备的顺利条件也估计不足","主要的政策不是让步而是斗争","如无坚决斗争精神,结果将极坏"。这个指示传达到各战区,大家感到不解。但毛主席分析,与共产党作战只是蒋介石诸多事务中的一项,而共产党则是全力以赴,所以还是蒋介石的烦恼与困惑多。毛主席抓住了国民党的弱点,鼓舞了全党全军的士气,最终取得了解放战争的胜利。

四是选择正确的行动路径。正确的行动路径是通向目标的"船"和"桥"。20世纪50年代,中央考虑在经济技术条件有限的情况下,究竟是先发展飞机,还是先发展导弹?当时毛泽东接受了钱学森的建议,先发展导弹,因为飞机需要耐久性的零件互换,对技术标准要求高,而导弹是一次性的,发出去就不管了。而且当时保证国家安全最需要的是导弹,而不是像飞机这样的运输工具。没有"两弹一星",今天我们就没有这样的国际地位和国际安全环境。①

五是富有战略创新能力。创新是持续保持竞争力的根本,这在技术层面、制度层面和战略层面都是普遍适用的。在战略创新方面,一个很好的例子是,20世纪90年代初,克林顿上任伊始就决定实施"竞争力战略",以恢复美国经济的国际竞争力。克林顿总统对美国人民说,美国好像"一家在全球市场上竞争的大公司"。② 克林顿提出竞争力战略,是想克服美国巨额贸易赤字,并消除人们对美国经济非工业化现象的忧虑。美国对日贸易的巨额赤字给美国政府敲响了警钟,同时使许多人相信,美国在许多方面,尤其是高科技领域,已经丧失了对日本的竞争力。为了对付这种情况,克林顿还专门建立了国家经济委员会,负责制定解

---

① 李际均:《战略思维与科学决策》,载《2006中国战略思想报告》,北京航空航天大学战略问题研究中心,2006年12月。
② [美]罗伯特·吉尔平著,杨宇光等译:《全球政治经济学:解读全球经济秩序》,上海人民出版社,2006年版,第159页。

第四章 国家安全竞争战略的理论构建

决这些问题的国家战略。[①]

六是增强战略决策能力。如果说战略领导是战略竞争的桂冠,那么战略决策则是这颗桂冠上的明珠。或者说,战略决策是战略领导过程的关键。[②] 从现实情况看,在竞争状态下,必须注意强化快速决策能力和危机决策能力。博伊德的 OODA 循环理论,指出战争上胜利的秘诀在于决策时间上的竞争。美国海军陆战队前司令查尔斯·克鲁拉克上将就指出:"从博伊德那里,我们知道了战场上的决策竞争——压缩时间,使时间成为盟友。"博伊德的理论核心是在决策层面上以快制慢、以快制快,通过自身的行动迫使对方决策循环紊乱,直至失能和崩溃。危机决策是危机状态下的决策,与平时决策相比具有决策时间紧、压力大、风险高、不可逆等特点。与战争决策相比,危机决策既有风险大的相同点,又有由于情势的逼迫性不如战时强反而比战争决策难度大的特点。平时决策主要依靠官僚结构,按照日常程序和原则,决策时间宽松,因此决策压力较小,风险也较小,出现错误可以纠正。在战争状态,面临情况危急紧迫,全面掌握情况的时间极其有限,处置起来往往靠第一反应,反而使决策成为一种本能反应,情势越是紧迫,决策越简单。在危机时期,反而是由于决策时间不如战争那么紧迫但比平时紧迫得多,所以决策压力相比最大,面临诸多选择最令人犹豫不定,最令人煎熬焦灼,所以最能考验领导者的决策水平。

七是提升战略纠错能力。正如犯错是人的本性一样,任何领导决策都会出现失误甚至是重大错误。有错误并不可怕,关键是要能及时纠正错误。历史证明,战略纠错能力是确保本国在大国

[①] [美] 罗伯特·吉尔平著,杨宇光等译:《全球政治经济学:解读全球经济秩序》,上海人民出版社,2006年版,第159页。
[②] [俄] 安·阿·科科申著,杨晖等译:《战略领导论》,军事科学出版社,2005年版,第22页。

竞争中保持长远优势的重要因素。而战略纠错机制则是战略纠错能力的重要保证。就我国而言，我国也有很好的纠错机制，最主要的是我党始终坚持实事求是的优良传统以及老一辈传承下来的为人民服务的精神。借鉴西方经验，下一步中国应在国家制度设计上突出对刚性战略纠错能力的构建。

（三）保持战略连贯性

在纷繁复杂的国家安全竞争中，各种意想不到的突发事件层出不穷大量涌来，难免对国家安全与发展进程形成干扰，特别是竞争对手之间紧张激烈的博弈角力往往会使竞争者不得不暂时偏离原来的行动路线。这种情况下，保持战略上的连贯性，就成为获取战略竞争优势的一项重要保证。

一是保持战略实力持续增长。国家实力是大国竞争的基础，经济实力则是国家实力的根基，对此我们在第三部分第一节中已有论述。需要指出的是，国家实力是一个综合概念，包含多种要素。西方现实主义大师汉斯·摩根索曾提出国家权力的九大要素，包括地理、自然资源（粮食、原料特别是石油）、工业能力、战备（战争技术、军事领导、部队数量与质量）、人口（人口分布、人口趋势）、国民性、国民士气、外交的素质和政府的素质等。美国学者克莱因则对国家实力进行了量化研究，提出了国家实力的方程式：$Pp = (C+E+M) \times (S+W)$。其中，C代表力量基础（Critical Mass），包括人口和领土；E代表经济能力（Economic capability）；M代表军事能力（Military capability）；S代表战略意图（Strategic purpose）；W代表追求国家战略的意志（Will to pursue national strategy）。综上分析，通过提升国家实力保持竞争优势，重点在于维持经济实力、军事实力以及软实力的可持续发展。历史上美国的崛起不仅得益于硬实力的崛起，更在于软实力的巨大影响力。尽管新中国成立以来，特别是改革开放以来，我国经济实力迅速提升，在此基础上国防实力也得到了显著发展。当前我国航天等一些先进领域已跻身世界前列，经济总量排名世界第二。但是，我们目前在国际话语权和法理斗争方面仍然处于弱势地位，对国际机制的影响力仍有待进一步提高。针对这一情况，为了增强我国战略竞争力，我们在硬实力持续提升基础上应加快弥补软实力短板，并保持二者间的良性互动和可持续发展。

二是紧盯战略目标不放松。正确的目标是指路明灯。只有坚持正确的战略目标，才会让人不因一时一事的干扰因素而裹足不前，不因眼前的纷纷扰扰而偏航迷航，不因一叶障目而不见泰山。在战略竞争中，紧紧围绕目标，牢固把握方向，才能够认清大局，抓大放小，排除各种干扰杂音，持之以恒、坚持不懈地努力，从而积小胜为大胜，最终获取战略成功。针对冷战期间美苏竞赛，布热津斯基曾不无慨叹地说："在这场旷日持久的竞争中，苏联人有一个有利条件，美国人则有一个不利条件。他们执着不移；我们却急躁不安，缺乏政策的一贯性。美国公众，甚至美国对外政策的高层人士都摇摆不定，往往一会儿抱有乌托邦式的持久和平的期望，一会儿又怀有世界末日来临的恐惧，担心终极战争的爆发；有时持一种缺乏历史知识的看法，认为美国人和俄国人在政治上观点基本一致；有时又抱有一种类似摩尼教的善恶对立的成见，认为同'邪恶帝国'不可能求得任何形式的和解。与此相反，莫斯科对美国的政策则是从长期着眼的。它是有耐心而且坚定不移的。莫斯科的战略旨在通过消耗战把对方拖垮，它指望依靠苏联军事力量和各种地区性动乱日积月累的后果，来打掉美国作为世界最强国和首要稳定力量的地位。"① 但事实证明，在这次冷战竞争中最终败北的是苏联，而非美国。究其原因，就在于美国政策虽然表面上连续性差，但是骨子里美国政府的战略目标始终是坚定而清晰的，即通过各种手段搞垮苏联。相反，苏联的战略目标从军事对抗、和平竞赛又到军事对抗游离不定，最终导致自我迷茫、自我怀疑而自动崩解。

三是保持战略清醒和定力。保持战略清醒和定力，就是始终认清自身的实力地位，既不做超越自身力量的事，也绝不允许别人做损害我们自身核心利益的事。既不能被困难所吓倒，也不能被胜利冲昏头脑。要有看透事物本质的战略眼光，不被忽悠、不被诱导，始终沿着正确的战略方向前进，绝不犯颠覆性错误和历史性错误。历史上，美国之所以能够实现和平崛起，重要的一点就在于，自建国伊始到二战前期，一直坚定不移地奉行"韬光养晦"的孤立主义政策，始终保持清醒和理智，决不卷入欧洲政治军事冲突事务中去。1796年，华盛顿在告别演讲中提到："我们真正的政策，乃是避免同任何外国订立永久的同盟。"这也成为华盛顿最重要的外交遗产。之后美国多届政府都奉行了这一原则，总体上没有犯什么重大历史性错误。对于中国的和平发展，习近平也强调：我国是一个大国，决不能在根本性问题上出现颠覆性错误，一旦出现就无法挽回、无法弥补。无论是面对国内艰巨的改革任务，还是国外复杂尖锐的安全斗争形势，我们应始终保持战略定力，维护国内社会稳定，不让任何因素打乱、打断我国现代化进程。

四是保持战略耐心耐力。在战略竞争中，很多问题不是靠一次性博弈就能解决的，而是需要多次反复博弈才可能分出胜负。

---

① ［美］兹比格涅夫·布热津斯基著，刘晓明等译：《竞赛方案：进行美苏竞争的地缘政治纲领》，北京：中国对外翻译出版公司，1988年版，第217页。

在这种情况下，竞争者必须保持足够的战略耐心，具备足够的战略耐力和韧性，经得住反复折腾和冲击，才可能最终迎来胜利的曙光。2011年以来，美国在加速推进"亚太再平衡"战略背景下，不断加大对中国正面围堵遏制力度，于2014年提出了"第三次抵消战略"，意在削弱中国、俄罗斯等国军队的精确打击能力，于2015年1月将"空海一体战"作战概念更名为"全球公域介入与机动联合概念"。新概念更侧重于关键领域作战，对手指向性有所模糊，战争调门有所降低，但在军队建设和作战准备的实践上更加务实。与此同时，美国还挑拨离间中国与周边国家间关系，在朝鲜半岛、东海、台海、南海、中缅、中印等诸多战略方向上不断挑起事端，使中国面临多方向连锁反应的巨大压力，对中国安全与发展战略布局筹划和实施带来了很大冲击影响。在中央和军委的英明领导下，我们不为任何风险所惧，不被任何干扰所惑，不畏各种力量挤压冲击，咬定青山不放松，始终保持了对内改革发展稳定和对外和平发展的良好大局。

（四）增强战略谈判能力

谈判是国家间在平时、危机时以及战争时期进行竞争的另一种常用手段，具有高超的谈判能力是获得竞争优势的捷径。比如，中国历史上著名的"合纵连横"就是明证。当时的"合纵家"苏秦和"连横家"张仪都只是凭自己的游说能力，就获得了六国合纵以抗强秦的优势，或者秦联六国后逐一灭之的优势。可见，战略谈判、讨价还价、斡旋运用得当，是获取战略竞争优势的重要手段。

一是增强谈判实力。一般来说，谈判中拥有更强大的经济、物质基础、军事力量以及打击承受能力的一方占有优势，它可以承受谈判失败所造成后果的代价。但这只是一般意义上的谈判实力,更高层次的讨价还价则包括欺骗、愚弄对手的能力,但是这些手段并非长久之计,国家间竞争是一个长期过程,维护己方信誉尤为重要,因此归根结底要通过提高实力来赢得谈判。

二是掌握谈判技巧。谈判是一门关于妥协的艺术,存在很多技巧原则,这些技巧以国家实力为基础,但有时也具有相当大的自主空间。关于谈判技巧,仁者见仁,智者见智,不一而足。这里只提出一些基本的技巧。比如,利益交换方法。利益是各方行为的出发点和归宿,但在具体谈判问题上,各方的利益又是不平衡的。因此,应该把握我方的核心利益或重要利益,去对冲对方的重要利益或次要利益,从而获取谈判优势。当某一利益冲突对于双方都十分攸关时,则通过有取有予获得竞争的平衡。1990年,美国国务卿詹姆斯·贝克与中国外长钱琪琛会谈时,要求中国支持安理会通过一项有关科威特的决议。钱琪琛希望以美国总统访华作为回报,但贝克仅承诺由一名助理国务卿为他本人的下一年访问做准备。中方同意了,在安理会中投了弃权票,从而为该决议的通过铺平了道路。[①] 再比如,"一口价"方法。就是先提出一个合理的主张,详加说明,然后坚持到底。众所周知,基辛格是20世纪70年代国际外交舞台上的风云人物。他代表美国政府经历了多次重大外交谈判,从未吃过亏,并以灵活多变著称于世。他自称其谈判手法是"小切萨拉米"(切香肠):就是将谈判的要点像切"萨拉米"香肠那样切成一个个小片,然后一点点作出让步,这样给人感觉己方已作出了许多让步,但对方无从知道到底哪是最后一片香肠。与此相反,周恩来的谈判手法是"一口价"方法,即先确立一项双方共同认可的解决方案,然后不断深入探讨,直到双方满意为止。这种方法一开始就触及问题实质,

---

[①] [美]理查德·所罗门、奈杰尔·昆内著,中国现代国际关系研究院译:《美国人是如何谈判的》,北京:时事出版社,2012年版,第70—71页。

第四章 国家安全竞争战略的理论构建

并尽显谈判者的诚意,令对方很难说"不"字。1972年中美建交事宜谈判中,周恩来就用这种方法以实击虚,破解了基辛格"小切萨拉米"的以虚击实的做法。[①] 再比如,目标集中方法。即,如果谈判中,谈判的内容被扩大化,这就背离了原来谈判初衷,那么只好请首先提出另外议题的一方"出局",而出局将削弱该方的谈判地位并对其产生不利影响。日本在参与朝核问题谈判后,肆意搅局,将朝鲜绑架人质事件也拉入谈判内容,从而严重干扰了朝核问题的议程和谈判的气氛。因此,在未来可能的朝核六方会谈中如果日本再肆意这样做,可以提议如果日本不改变这一做法,就请日本撤出六方谈判。还比如,给对方留有余地原则,让对方做出有尊严的让步。防止把对方逼入死角,迫使对方铤而走险。此外,谈判策略技巧还有改换人员、车轮战、疲劳轰炸、以退为进、边打边谈、以静制动、欲擒故纵、虚张声势、声东击西、虚设后台、恐吓威胁、"人质"战略,等等。

三是把握谈判文化。文化对于谈判风格、策略、技巧具有重要影响,要占据谈判优势必须跨越文化差异,做到"知彼知己,百战不殆"。美国学者曾刻画自身的谈判肖像是"四种面相的谈判者":生意人、律师、霸权者、道德家。这四种鲜明的心态或专业视角共同构成了美国的谈判文化:生意人的务实以及在谈判中确保实际结果的兴趣;律师般的细心准备、精确以及信守承诺的审慎态度;超级大国对发号施令的偏好,通过强硬态度和炫耀武力来追逐国家利益的倾向;言必说教的使命感,自视甚高以及向世人布道的倾向。[②] 日本文化既受其岛国的特点,即地理隔绝、资源缺乏、人口密集、地幅狭窄,又受中国古文化的影响很深,

---

[①] 岳晓乐:《领导者要学周恩来谈判"一口价"》,载《现代领导》2010第10期,第44页。
[②] [美]理查德·所罗门、奈杰尔·昆内著,中国现代国际关系研究院译:《美国人是如何谈判的》,北京:时事出版社,2012年版,第15页。

因此日本文化与美国有巨大不同，与中国文化也有很大差异，反映在谈判风格上主要体现在：准备充分，集体意识，团队作战；讲求关系，讲求信任，注重和谐的人际关系；讲究礼仪，注重面子。[①] 与美日相比，中国谈判的风格是坦诚布公、重视原则、平等相待、重视面子而轻视里子、互利互让等。应当指出，各国的谈判文化与风格，各有优长，没有好坏之分，但是在更好地维护国家利益上，一国应该充分了解对手的文化与谈判风格、特点，不断地改进自身谈判技巧，加强有针对性的谈判准备，有效规避对手的欺骗与陷阱，从而切实维护好国家利益。

（五）增强战略博弈能力

国家间安全竞争行动本质上是一种博弈，即在一定条件下，按照一定的规则，一个或几个拥有理性思维的人或团队，从各自允许选择的行为或策略进行选择并加以实施，从中各自取得相应结果或收益的过程。关于博弈的理论和方法，即博弈论。博弈论最早是数学理论，但是在经济学领域效果最为突出和最为引人注目。20世纪50年代，博弈论在国际政治领域的使用，也对国际关系理论产生了广泛而深远的影响，直接促进了诸多国际竞争与合作等实践议题的突破与解决。在国家安全竞争中，引入博弈论的竞争策略，有助于通过把握博弈策略在战略互动中获取竞争优势。

一是利用囚徒困境，规避零和博弈陷阱。囚徒困境的核心理念是，竞争对抗双方最好选择合作才能获得最佳共同效果，一方合作而另一方对抗，或双方对抗都使双方损失较大。这一策略就启示我们，在与战略对手的竞争博弈中，我们一方面要始终坚持

---

① 彭华：《如何与日本人谈判》，载《辽宁经济》2007年第6期，第31页。

斗争与合作的并用，以两手对两手，但另一方面针对主要国家如美国和周边国家如东南亚国家，要始终从大局出发和长远考虑，在条件不成熟情况下，要始终立足于斗争求合作，避免过早地与美国摊牌，切忌与东南亚国家形成整体上的对抗，避免过早陷入零和博弈的陷阱，结果两败俱伤，使国家复兴崛起的进程夭折。

二是利用"智猪"策略，获取"搭便车"优势。"智猪"策略的核心是，多劳并不一定多得，小猪只有等着大猪去按进食的按钮才能获得最大食量。这启示我们，在自身力量弱小时，不要主动去干一些自身能力之外的事情，而应坐等一些大国去主动应对国际上的问题，而自己坐享其成就可以了。这在国际政治中就是著名的"搭便车"理论。长期以来，中国在维护海外能源安全、海空自由航行、全球反恐问题上一直都是搭美国的便车。美国出于维护自身霸权利益，在全球部署大量的军事力量，有效维护全球贸易通道安全、海空航行自由以及主要能源供给地区的安全稳定，美国主导的国际货币基金组织、世贸组织等对于维护全球贸易和金融稳定发挥了重要"锚定"作用。毫无疑问，这些军事力量和国际组织，首要和重要的工作是服务服从于美西方国家的利益，但是在中国等发展中国家尚未充分成长起来之前，我们还必须要搭乘这些西方的制度和国际公共安全产品的便车，利用其有利部分，而随着能力增长逐渐改造其不合理部分。

三是利用"比大胆"策略，获取风险优势。"比大胆"策略的核心是两个实力相当的对手在相遇的情形下做出是进是退的选择。面对这种情况，就需要充分认识到自己的优势，探知对方实力的深浅和虚实，在知彼知己的基础上，该进则进，当退则退。这是实力同时也是智慧的较量。当前，我国在朝鲜半岛、东海、台海、南海等诸方向上都面临美国及其盟友的压力。对于我方而言，许多争端都涉及我国主权、领土和安全的核心利益或重要利益，对于争端的另一当事方来说，某种程度上也涉及他们的核心利益，但对于美国来说，则往往不涉及核心利益，甚至只是美国边缘利益。因此，我国在处理周边危机时可以采用"比大胆"策略，在具体问题上认真分析我方与美方的利益和实力对比，对于我核心利益而非美核心利益、我有绝对实力把握制衡美国的区域和问题上，要敢于亮剑、敢于斗争，不怕鬼、不信邪，通过智慧、意志和实力的比拼有效慑制住美国，维护我国核心或重要利益。

四是利用"以牙还牙"策略，获取重复博弈优势。"囚徒困境"是典型的一次性博弈情势，而在竞争对手的多次博弈或重复博弈中，获取竞争优势的有效策略是以牙还牙策略，也叫"一报还一报"或针锋相对。"以牙还牙"策略，是克服囚徒困境的有效办法。也就是说，在初始博弈中，一方采取合作态度，而下一轮博弈中采取何种态度，视上一轮对方采取的反应而进行针锋相对的反应，如果对手合作，那么在第二轮的博弈中，己方仍然是合作；如果对方采取是损人利己的做法，那么在第二轮博弈开始时，己方也采取针锋相对的做法。这也就是孔子所说的"以德报德，以直报怨"的做法。事实证明，这种做法对于竞争者来说最公平，也最有效，以合作对合作，以对抗对对抗，最终可以起到诱导合作、遏制冲突的结果。

五是利用威胁与承诺策略，获取威慑与诱导优势。如果竞争者想让自己发出的威胁警告发挥作用，就必须充分展示威胁的实力和意志。但是，威胁成立的前提是，最终的选择权并非掌握在威胁方手中。真正的威胁和危险并不是来自"我可以实施威慑，也可以不实施，最终的选择权在我手中"，而应该是"我可能实施威胁，也可能不实施，但是最后的情况我无法确定。"也就是说，真正威胁来自连威胁方都无法控制的不确定性，比如中美大规模军事冲突、新的世界大战等的可能性，可能会超出中美双方的控制，甚至引发世界大战，这种情况的发生可能是中美都无法

第四章 国家安全竞争战略的理论构建

控制的,因此对于中美双方冲突都具有很强的威胁性。与此相反,承诺的有效性不在于模糊,而在于清晰。托马斯·谢林认为,在谈判和冲突的场合,如果博弈一方能够以可信和可观察的方式限制自己的某些选择自由反而会增强其谈判地位,而赋予一方更多的相机决策权则可能损害该参与人的利益。① 迈克尔·波特也认为,"在竞争的博弈中,制胜的秘诀是说一不二、言出必行,最大化提升企业的竞争地位。"② 波特认为,无论是竞争行动,还是坚决反击竞争对手的行动,表明决心或承诺公信力可以通过多种机制和多种信号进行传递,包括:明确表示兑现承诺的意图;快速动员兑现承诺的资产、资源和其他机制;信誓旦旦要破釜沉舟,决不后退等。③ 比如,2005年中国全国人大制定和公布了《反分裂国家法》,首次明确提出了在三种情况下中国大陆可用"非和平"手段处理台湾问题的底线。表面上,该法的公布使中国大陆的对台政策空间明显变小,明显增加了大陆动武的风险,但是由于反"台独"政策由模糊走向清晰,使得"台独"分子的活动空间也大大压缩,从而增加了大陆威慑的可信性,对于维护台海地区和平稳定起到了重大推动作用。

---

① [美]托马斯·谢林著,赵华等译:《冲突的战略》,华夏出版社,2011年版,"序言",第2页。
② [美]迈克尔·波特著,陈丽芳译:《竞争战论》,北京:中信出版社,2014年版,第86页。
③ [美]迈克尔·波特著,陈丽芳译:《竞争战论》,北京:中信出版社,2014年版,第87页。

第五章

中美战略竞争与美国对华竞争战略

当前，国际格局和国际秩序正经历前所未有之变局。中国快速崛起成为具有全球影响的大国，无疑是这场变局的主角和重要推动力量之一。随着中国经济持续快速增长、军事现代化建设稳步推进、海外利益大幅拓展，以及国际影响力不断提升，美国有一些人将中国明确视为挑战者和战略对手，对华充满了疑虑、焦躁和不满，近年美国在政治、经济、军事等各个方面加强了针对中国的竞争力度，导致中美关系基本态势和格局加速向战略竞争发展。长期以来，美国对华政策是影响中国国家发展和国家安全的重要外部因素。中美战略竞争态势，尤其是美国不断强化的对华战略竞争和压力，将给中国的国际环境和战略选择带来深刻的影响。积极管理中美战略竞争，有效应对美国对华竞争战略压力，关系到中华民族的崛起进程。

一、战略竞争已成为中美关系的新格局

2008年全球金融危机之后，尤其是美国奥巴马政府亚太"再平衡"战略的持续推进，中美关系战略博弈的味道越来越浓，战略竞争逐渐成为中美关系的新格局和新常态。中美战略竞争关系

的形成，既缘于中国的快速崛起，更是美国欲维护和强化地区和全球主导地位的政策举措的结果，体现了两国结构性矛盾不断上升。

（一）中美战略关系的历史演进

中美战略关系的发展演进，不仅是两国基于国际形势判断和国内政治需要的政策选择的结果，也深受不同时期国际格局和国际环境的影响。自中华人民共和国成立以来，中美两国的战略关系大致经历了以下几个阶段：

第一阶段，中美战略敌对（strategic rivalry）。从新中国成立至20世纪70年代初中美实现和解，中美两国经历了20多年的敌对状态。期间，美国对华奉行政治上孤立、军事上包围、经济上封锁的基本政策，而中国则在政治、军事和经济上采取针锋相对的措施。中美这种战略敌对关系最突出的反映是朝鲜战争和越南战争，中美两国军队在这两场中国周边的大规模局部战争中直接或间接交锋。虽然从总体上看，中美敌对关系从属于美苏之间的冷战对抗，但中国利用美苏矛盾和斗争，通过自力更生的社会主义建设，尤其是与美国直接的军事斗争，不仅巩固了新生的社会主义政权，还展示了强大的国力和国威，为中国大国地位的确立打下了坚实基础。

第二阶段，中美战略合作（strategic cooperation）。20世纪70年代初，中美实现和解，两国关系快速实现了从战略敌对到战略合作的"华丽转身"。如此重大"外交革命"的实现，既是中美两国领导人深谋远虑、抛弃意识形态成见的结果，也归因于两国共同面临来自苏联扩张主义的威胁。为了共同遏制苏联的霸权主义，中美形成了密切的战略合作关系，美国给予中国"准盟国"待遇，不仅取消了对华政治孤立、经济封锁政策，还直接向中国提供当时较为先进的武器装备。作为回应，中国不仅与美国合作共同遏制苏联扩张，还具备条件开启了改革开放的历程，积极利用美国等西方国家的资金、技术和管理经验实现国家发展。这个阶段堪称中美关系宝贵的"蜜月期"。

第三阶段，中美战略协调（strategic coordination）。进入20世纪90年代之后，苏联解体、东欧剧变、冷战结束，中美两国战略合作的基础不复存在，两国关系进入了动荡磨合的新阶段。总体上看，美国对华政策的主基调是"接触"，在保持接触的同时或融入或防范；[1] 而中国则"始终坚持韬光养晦的战略原则和斗而不破的策略方针，从中国整体外交战略和发展战略高度处理对美关系。"[2] 这个阶段，虽然中美经济合作关系不断发展，但两国间诸多矛盾和问题不断爆发，双边关系先后因美国对华制裁、台湾海峡危机、"炸馆"事件及南海"撞机"事件等陷入低谷，但每次双方都能够通过积极的战略协调和沟通，保持"斗而不破"的大势，推动中美关系螺旋式向前发展。之所以如此，主要是中美两国在相互交往中"各自形成了一系列在国内被广泛接受的战略假定"。就中国而言，美国是中国实现发展的最关键外部因素，只有保持稳定的中美关系才能维护良好的外部环境，因此，必要时可为维持中美关系的稳定作出一定的妥协和牺牲。而且，总体上看，美国对华战略的积极面要大于消极面。美国认为中国经济规模和综合国力的增长是不可阻挡的，应该塑造中国的发展，而不是阻挡。中国的改革开放符合美国的利益，中国政治、经济和

---

[1] 达巍：《美国对华战略逻辑的演进与"特朗普冲击"》，《世界经济与政治》，2017年第5期，第22—32页。

[2] 袁鹏：《对中美关系未来发展的战略思考》，《现代国际关系》，2010年庆典特刊，第66页。

外交发展方向大体符合美国的愿望。[①]

第四阶段，中美战略竞争（strategic competition）。进入 21 世纪第二个十年之后，中美双方实力差距不断缩小，导致两国之间战略判断和认知发生了重大变化，进而带来各自对外战略和政策相应改变。美国越来越多地从中国崛起对美国霸权可能的挑战和威胁上去思考和谋划对华政策，其涉华重大战略关注已经转向了中国国防现代化、中国与周边国家的领土争端以及中国究竟在以什么样的方式扩大在亚太地区的政治、经济与战略存在，关注中国崛起是否会实质性地侵蚀美国的战略资产，从而挑战其国际声望、利益和霸权。针对美国的亚太"再平衡"战略，中国提出了构建"中美新型大国关系"的倡议，避免两国陷入冲突和对抗，以维持中美关系的战略稳定。但同时，在处理涉及国家主权和领土完整问题时，中国更加自信而坚决地显示决心和能力。在经济领域，中国也进一步加快推进人民币的国际化，加快与周边国家的自由贸易区建设，扎实推进"一带一路"建设。随着美国亚太"再平衡"战略的不断推进，中美关系开始超越传统的双边议题，具有越来越明显的地缘战略、地缘经济、地缘政治竞争含义，中美关系能否避免"修昔底德陷阱"问题进入双方的官方话语。中美之间积极的战略协调被日益激烈的战略竞争关系所取代，"中美关系中战略竞争的帷幕已经不以我们意志为转移地拉开了"。[②]

（二）中美战略竞争的缘起

20 世纪 90 年代中国经济发展的速度远快于 21 世纪第二个十

[①] 达巍：《美国对华战略逻辑的演进与"特朗普冲击"》，《世界经济与政治》，2017 年第 5 期，第 24 页。

[②] 朱锋：《中美战略竞争与东亚安全秩序的未来》，《世界经济与政治》，2013 年第 3 期，第 7—8 页。

年，但是，从冷战结束至 2009 年将近 20 年的时间里，美国对中国的定位并非竞争对手或挑战者，而是采取了以接触为主的对华政策。整个 90 年代，中美关系历经了数次重大的波折，但是 1997 年中美两国仍达成共识，"共同致力于建立建设性战略伙伴关系"。2000 年美国大选，共和党的总统候选人小布什首次将中美关系定位为"战略竞争"。但小布什上台之后，"9·11"恐怖袭击事件扭转了其战略判断，美国希望中国在反恐、防扩散，特别是朝鲜核问题方面与美国配合，其对华战略定位也发生积极转变，中国从"竞争者"变成"合作者"，两国关系在原有基础上进一步向前发展。2005 年 9 月，时任美国常务副国务卿佐利克就中美关系发表讲话。他指出，中国不是苏联，不寻求与美国对抗，不谋求颠覆现有国际体系，而美国对华也不应该选择类似冷战时期的对苏政策和 19 世纪的均势政策，要超越让中国融入国际体系的想法，敦促中国成为一个"负责任的利益攸关方"，反映了小布什政府对中国的基本战略定位。

2008 年，奥巴马接掌美国，此时的美国"像是一艘在公海上触礁遇难的泰坦尼克号，不但底舱进水需要及时抢救，而且轮机房失火也需要实时扑灭。"[①] 面临巨大的国内外困境，美国感到其全球领导地位已经动摇。在这危急时刻，奥巴马肩负重振美国的重任，但他明显感受到此时的美国已经力不从心，为此，必须利用中国的力量。2009 年 9 月，时任美国常务副国务卿的斯坦伯格提出了中美相互进行"战略再保证"的想法。斯坦伯格认为，随着中国实力的不断增强，美国必须与中国合作共同应对全球挑战。但是，中美关系存在竞争和敌对的风险，有可能陷入"安全困境"，解决办法就是中美相互进行"战略再保证"，即中美达成

---

① 朱云汉：《高思在云：中国兴起与全球秩序重组》，中国人民大学出版社，2015 年版，第 85 页。

第五章 中美战略竞争与美国对华竞争战略

一项"核心的、默契的交易",美国清楚表明欢迎中国作为"繁荣而成功的大国"的崛起,而中国向美国保证其发展和全球作用的提升不以牺牲别国的安全和福祉为代价,中美两国必须将这个"交易"作为"美中关系的一项首要任务"。[①] 奥巴马政府提出"战略再保证",是中美实力差距缩小、美国霸权地位动摇背景下,美国国内部分政策决策者对中美关系前景的思考,反映出此时奥巴马政府仍试图通过与中国的战略协调来维护美国霸权。此后,美国方面还提出了"两国集团(G2)"概念,试图通过"中美共治",应对全球威胁和挑战,维护美国的全球领导地位。

奥巴马政府以合作和规制的方式应对中国崛起、维护美国霸权的尝试无果之后,转而推出了亚太"再平衡"战略。该战略的提出和大力推进,标志着美国政府对华政策的重大转向,成为推动中美两国战略竞争关系形成的关键因素。

推出亚太"再平衡"战略的主要原因就是,美国担心中国的快速崛起将挑战其主导的国际秩序和世界霸权。随着中美两国实力差距的不断缩小,美国越来越将中国看作是其世界霸权地位的主要挑战者,并采取相应的战略和措施加以遏制和防范,进而使得中美两国之间的矛盾越来越像历史上守成大国与崛起大国的结构性矛盾,从而具备了"修昔底德陷阱"的某些特征。守成大国与崛起大国之间的结构性矛盾,既包含双方力量对比差距缩小的实力因素,也具有大国之间的战略互疑、互相视为威胁的观念因素。

一方面,中国的快速崛起导致中美实力差距迅速缩小。美国以胜利者的姿态走出长达半个世纪的美苏冷战,更兼计算机与互

[①] James B. Steinberg, "Administration's Vision of the U. S. – China Relationship, Keynote Address at the Center for a New American Security", http://www.state.gov/s/d/former/steinberg/remarks/2009/169332.htm.

联网技术催生的知识经济带动美国经济蓬勃发展，促使美国在世纪之交成为实力空前的"孤独的超级大国"。美国政治家和战略界都认为，21世纪将是"美国的世纪"。然而，"9·11"恐怖袭击事件之后，小布什政府以反恐之名先后发动的阿富汗战争、伊拉克战争，使美国最终深陷战争泥潭，付出了巨大的社会和经济代价。据估算，仅伊拉克战争，美国所付出的经济成本就远远超过了朝鲜战争与越南战争的总和，成为美国历史上经济成本仅次于第二次世界大战的战争。[1] 巨额战争耗费不仅导致美国财政空虚，还给美国全球领导地位造成了难以补救的损害。雪上加霜的是，起源于美国的次贷危机迅速波及全球，引发了全球金融危机，给美国的国家实力、制度信心和国际地位都造成了巨大的冲击。危机不仅"非常严重地损害了美国的帝国权势和帝国地位的经济基础"，还"异常有力地影响到世界政治心理、政治文化和价值观信仰"，"金融危机的现实和经济衰退的前景使西方资本主义市场经济和自由民主制度的所谓优越性显得极不确定，人们开始大为怀疑这些是不是应对世界严重问题的最好办法。"[2] 西方政治学者开始担心，美国民主制度的自我纠错功能正在弱化，进而导致西式民主制度走向衰败。

21世纪以来，尤其全球金融危机爆发之后，相对于美国的衰落态势，中国的综合国力却不断提升。经济总量上，2000年中国的经济总量是美国的11.7%，到2015年则升至60.5%。2010年，中国超越美国成为世界第一制造业大国，同年，中国经济总量超越日本。2013年，中国取代美国成为全球货物贸易第一大国。全球金融危机之后，中国一直是全

---

[1] Joseph E. Stiglitz and Linda J. Bilmes, *The Three Trillion Dollar War: The True Cost of the Iraq Conflict*, W. W. Norton & Company, 2008.

[2] 时殷弘：《金融大危机与国际大格局》，《现代国际关系》，2009年第4期，第13—14页。

球经济增长的第一大引擎。同时，犹如经济能力，中国的军事能力呈现出快速追赶态势。基于近代以来备受屈辱和欺凌的历史教训，也出于国家利益不断拓展的现实需要，中国扎实推进军事现代化建设，在某些关键的军事能力领域已开始真正触痛美国的过敏的神经"

另一方面，中美实力差距缩小的同时，两国间战略互疑也在不断加深。2016年12月初，英国一部纪录片一时占据了世界各大媒体的版面，也引发了广泛的关注和讨论，因为它有一个极具震撼的名字——《即将到来的对华战争》。这部纪录片认为，美国针对中国的第三次世界大战即将成为现实。无独有偶，美国重要智库兰德公司同年也发布了名为《与中国的战争：仔细思考难以想象的事》的研究报告。报告明确指出："美国与中国爆发战争对两个国家、东亚乃至整个世界的破坏如此之大，似乎是难以想象的。但这并非不可能：中国和美国围绕几个地区问题正激烈交锋，这可能导致军事对峙甚至暴力冲突"，"中美战争———一场可能耗费巨大的大规模战争——并非只是想象。"[1] 实际上，2012年以来，在西方学界，中美战争已经由一个不可想象的问题，逐渐上升为一个需要研究的重要议题。越来越多的西方学者愿意拿当前中美关系与一战之前的英德关系作类比，用以揭示中美之间冲突或战争的风险。尽管冷静观察当前中美关系大势，中美之间的冲突或战争仍属难以想象，但相关报道和研究至少反映出中美两国战略互疑进一步加深、战略竞争日趋激烈的现实。

中美之间的战略互疑首先来自两国实力对比的巨大变化，正如美国新保守主义重要理论家加里·斯密特指出的："对于中国

---

[1] David C. Gompert et al., *War with China: Think through the Unthinkable*, RAND Corporation, 2016, p. iii.

崛起的忧虑源于历史表明随着快速崛起的国家在国际舞台上开始变得坚定而自信,它们总是带来不确定性、不稳定和竞争……崛起国硬实力的快速增长也会使得它的邻国和区域内的霸权国担心未来局势的演变。因此,出于担心,它们至少会在某种程度上采取制衡。而崛起国无疑会将这种举动解读为对其崛起的遏制或者阻碍。结果是埋下了一条夹杂着野心、不安、或真实或臆想的怨念的潜在导火索。"[1]

尽管美国总统反复确认"欢迎中国崛起,不寻求遏制中国"的战略意图,但可以看到美国学界和官方日益倾向于将中国的崛起视为美国的重大挑战。例如,迈克尔·斯温认为:"作为全球政治、经济和军事上的主导国家,美国在如何应对中国不断增强的实力和影响力这个问题上面临着尤为艰巨的挑战……新的世纪在许多方面提出了一系列新的与中国崛起相关的挑战,这不仅迫使美国要制定更加有效的政策,还要从根本上重新评估其战略假定和对外关系。"[2] 阿隆·弗里伯格更加明确地指出:中国实力和地位的上升、日益高涨的民族主义和中国的政治体制,将不可避免地促使中国对外投送、炫耀和显示力量,中国必然谋求与美国争夺亚洲的主导权,中美争夺霸权的时代已经开始。[3] 2015 年,美国外交委员会在经历对华政策大讨论之后发表了《修正美国对华大战略》的研究报告。报告认为:"中国现在和未来几十年里都是美国最重要的竞争者。中国的崛起已经在地缘政治、军事、

---

[1] 加里·斯密特主编,韩凝等译:《中国的崛起——美国未来的竞争与挑战》,新华出版社,2016 年,第 4—5 页。

[2] Michael D. Swaine, *America's Challenge: Engaging a Rising China in the 21st Century*, Carnegie Endowment for International Peace, 2011. pp. 1 – 2.

[3] Aaron L. Friedberg, *A Contest for Supremacy: China, America, and the Struggle for Mastery in Asia*, w. w. Norton & Company, 2011.

第五章 中美战略竞争与美国对华竞争战略

经济和意识形态上构成了对美国力量及美国主导的国际秩序的挑战。"① 2016 年,国防部长卡特在其《防务态势声明》中更是明确将中国与俄罗斯、伊朗、朝鲜及"伊斯兰国"等恐怖组织并列为美国面临的五大安全挑战。② 反过来,美国学界和官方对于中国崛起的疑虑,尤其是从政治、经济和军事上采取的应对中国崛起的政策和行动,证实了中国政府和学界关于美国遏制中国崛起的担心,进而强化了中方对美国的战略疑虑。

值得注意的是,"中美之间的结构性矛盾,包含了两个层面的问题。"除了实力对比缩小外,还有政治制度和意识形态方面的差异,这是影响中美战略互疑的结构性和深层次因素。③ 从而使得中美战略互疑更为深刻而难解。正如美国战略学者罗伯特·卡根所指出的,中美之间不可能出现类似于 19 世纪末英国将西半球的主导权让给美国那样的事情,"理由并不仅仅是美国人会担心不稳定,不安全,失去贸易和资源,或损害美国的其他物质利益……使东亚局势不同的是某种不那么有形却可能更加强大的东西,这就是美国与中国之间意识形态的冲突。"④

综合来看,中美实力差距缩小导致两国战略互疑不断加深,反过来,战略互疑的加深,又进一步强化中美两国实力差距缩小的认知,从而促使作为守成大国的美国采取更加积极而有力的防

---

① Robert D. Blackwill and Ashley J. Tellis, *Revising U. S. Grand Strategy Toward China*, Council for Foreign Relations, Council Special Report No. 72, March 2015. pp. 5-6.

② Ash Carter, 2017 *Defense Posture Statement: Taking the Long View, Investing for the Future*, February 2016, p. 23.

③ 王缉思、李侃如:《中美战略互疑:解析与应对》,北京大学国际战略研究中心,2012 年;崔立如:《管理战略竞争:中美新关系格局的挑战》,《美国研究》,2016 年第 2 期,第 11 页。

④ 罗伯特·卡根:《雄心和焦虑:中美之争》,参见加里·斯密特主编,韩凝等译:《中国的崛起——美国未来的竞争与挑战》,第 23—24 页。

范、对冲或遏制措施，结果进一步加深了中美之间的战略互疑。如此循环发展，中美关系便逐渐由战略协调转变为战略竞争。

（三）中美战略竞争的维度

2011年11月，美国亚太"再平衡"战略正式出台，美国政府对华政策重心转为制衡中国的崛起，对此，中国作出了针锋相对的回应，两国关系开始呈现战略竞争的态势。随着美国亚太"再平衡"战略的持续推进，中美之间的战略竞争日趋激烈，领域和范畴不断拓展。对于多元化、复杂化的中美战略竞争关系，我们可以从不同的维度加以认识。

从竞争的地域来看，包括南海在内的西太平洋地区日益成为中美战略竞争的前沿和焦点。大国崛起最直观的表象就是其地区权势和影响力的提升。大多战略学者习惯首先从地缘政治角度去认识中国的崛起及其对美国的挑战，认为中国崛起的结果必将排挤美国在东亚和西太平洋的权势和影响力，而为了确保世界霸权，美国必须努力巩固地区权势尤其是保持军事存在。由此，中国崛起的力量与美国维持世界霸权的力量便在西太平洋地区形成了对峙和交锋。正如兰德公司一份报告所指出的："无论现在、过去还是未来，美国在西太平洋的权势很大程度上都由海上力量所定义。然而，中国把美国在附近的海上力量看作是威胁性存在，是对其地区利益的制约及其利用和获得世界海洋、资源和市场的障碍，因此部署反舰导弹、潜艇和其他能力来威胁美国的水面舰队……由此，一种经典的现成海洋大国对抗崛起海洋大国的例子便开始在西太平洋形成。"[①]

[①] David C. Gompert, *Sea Power and American Interests in the Western Pacific*, RAND Corporation, 2013. p. xi.

第五章 中美战略竞争与美国对华竞争战略

美国亚太"再平衡"战略正是基于这样的战略逻辑和判断提出来的。针对中国不断扩大的地区影响力,美国从政治、经济和军事各个方面加强了对亚太尤其是西太平洋地区的战略关注和投入。在政治领域,积极拉拢日本、澳大利亚等国强化共同价值观联盟,同时,大力向缅甸、老挝、柬埔寨等周边国家传播西方民主价值观,推动这些国家的"民主化"进程,削弱中国对这些国家的影响;在外交领域,加大对东南亚国家外交力度,积极参加东盟等多边国际组织的活动,塑造有利于美国的战略竞争环境,"推回"中国不断增长的地区影响力;在经济领域,大力推动"跨太平洋伙伴关系协定"(TPP),重塑由美国主导的地区经济体系,打造有利于美国的战略竞争新平台,阻滞中国自由贸易区的建设进程。军事领域无疑是亚太"再平衡"战略中"最高调、最切实的部分"[①],主要包括:强化与日本、澳大利亚、韩国等国的军事联盟,鼓励盟国之间加强防务合作,推动美国亚太地区的同盟体系由"辐辏型"向"网络化"方向发展;强调以"地理上更加分散、行动上更有弹性、政治上更可持续"[②]的方式加强在亚太地区的军事存在;将兵力部署重心加快向亚太地区转移,并且优先部署最先进的武器装备;加强与西太平洋地区其他国家的伙伴关系,通过增强越南、马来西亚等南海争端声索国的海洋能力来制约中国,同时获取相关国家的港口和机场使用权,从而为美国在西太平洋的军事存在和各种军事活动提供方便。

中美在西太平洋地区的战略竞争最突出地反映在南海问题

---

① Mark E. Manyin et al, *Pivot to the Pacific? The Obama Administration's "Rebalancing" Toward Asia*, Congressional Research Service, March 28, 2012, https://www.fas.org/sgp/crs/natsec/R42448.pdf, p. 10.

② U. S. Department of Defense, "Remarks by Secretary Gates at the Shangri-La Dialogue", June 03, 2011, http://www.defense.gov/transcripts/transcript.aspx?transcriptid=4831.

上。美国宣布"转向亚洲",开始实施亚太"再平衡"战略不久,东海钓鱼岛问题和南海问题迅速升温,可见美国政策调整是东海、南海升温背后的重要驱动因素。东海和南海争端的急剧升温虽给中国制造了麻烦,却也刺激了中国,促使中国更加坚定地维护国家主权,更加自信地展示力量。中国抓住争端升温的机会,不仅实现了在钓鱼岛海域的常态化存在,还趁机划定"东海防空识别区"。同时,在南海地区中国加快了南沙岛礁的扩建及相关基础设施建设,大幅增强了在南海地区的力量和影响。面对中国在西太平洋力量的增长,美国一方面多次重申《美日安保条约》适用于钓鱼岛,另一方面,自2015年开始,美国在南海问题上由幕后走上前台,开始频繁派遣军舰实施所谓的"维护航行自由行动",甚至强闯中国南沙和西沙有关岛礁邻近海域。美国的行动直接导致中美博弈日趋成为南海形势发展的"新主线"。特朗普总统上台之后,美国所谓"维护航行自由"的南海巡航并未减少,相反,还积极拉拢日本、澳大利亚等盟国在南海地区实施联合巡航。事实上,美国的南海巡航行动已经成为中美在西太平洋地区战略竞争的象征,且越来越具有大国意志和力量较量的含义。可以预料,美国南海巡航行动将呈常态化、机制化发展趋势。

从竞争的领域看,中美战略竞争涉及经济、贸易、金融、军事等多个领域,但军事领域的竞争日益突出。亚太"再平衡"战略是包含政治、经济、外交和军事等各个领域的综合性"再平衡",不可避免地点燃了中美两国在相关领域的激烈竞争。

在经贸领域,以中国为代表的新兴国家在现有国际贸易规则下,利用全球化浪潮,扩大了对外贸易,实现了经济快速发展,但美国传统的制造业却在激烈的竞争中走向衰落,美国贸易赤字连年攀升,引起了美国政府和民众对于现有国际贸易规则的不满。因此,奥巴马政府试图在世界贸易组织(WTO)之外,建立

第五章 中美战略竞争与美国对华竞争战略

国际贸易的新规则，缔造新的全球贸易体系，重新确立美国的贸易优势地位。美国政府这方面努力主要针对的就是以中国为首的新兴国家。正如奥巴马总统所宣称的："作为总统，我最优先考虑的事情是确保更多勤劳的美国人民能够有机会取得成功。这就是我们为什么要确保美国，而不是像中国那样的国家，来书写本世纪世界经济的规则。"[1] 为此，奥巴马政府先后发起和推出了《跨太平洋伙伴关系协定》《跨大西洋贸易与投资伙伴协议》（TTIP）和服务业贸易谈判（Trade in Service Agreement，TiSA）。三项计划构成了美国构筑新的国际贸易规则体系的三根核心支柱，一旦完成将重塑整个世界经济格局。这些贸易谈判确立的国际贸易和投资标准非常高，基本已将中国排除在外，制衡中国经济崛起的意图非常明显。中国是既有贸易规则体系的受益者，面对美国改变国际贸易规则的攻势，中国开始更加积极地介入国际贸易体系的制度建设，通过构建和扩大自由贸易区网络来回应美国的压力。为此，中国加快了自由贸易区谈判，着力打造中国—东盟自贸区升级版，大力支持"区域全面经济伙伴关系"（RCEP）谈判，重启中国—海合会自贸区谈判，努力推进中日韩自由贸易区谈判。[2] 此外，中国还提出"一带一路"倡议，通过加强"互联互通"开启中国新一轮对外开放格局，推动构建发展共同体、责任共同体和安全共同体。

在金融领域，二战结束以来，美国就是国际金融的主导力量，这也是支撑美国世界霸权的主要支柱之一。但长期以来，美国滥用其在国际金融领域的特权，尤其是为了稀释债务或支付国

---

[1] The White House, "President Obama: 'Writing the Rules for 21st Century Trade'", 2015 - 02 - 18, https://www.whitehouse.gov/blog/2015/02/18/president-obama-writing-rules-21st-century-trade.

[2] 李巍：《制度之战：战略竞争时代的中美关系》，社会科学文献出版社，2017年版，第133—167页。

外军事行动费用而滥用其铸币特权，已经引起了其他国家的不满。2008年，美国国内次贷危机引发全球金融风暴，激发了国际社会对于美国主导地位和作用，以及现有国际金融制度的合理性的质疑。与之相比，中国经过30多年的改革开放，经济影响力不断扩大，也积累了大量的国际金融资源和经验。同时，中国在国际金融活动中也深切感受到现有金融体系的弊端。为更好地维护自身的利益，改变在现有国际金融体系中的不利地位，中国逐步采取行动，推动既有国际金融制度体系的改革。

中国的行动主要表面在三个方面。一是积极推动现有全球性金融制度的改革，以反映各国经济实力的变化，获取相应的权力和利益。包括推动二十国集团成为全球经济和金融治理的主要平台，以争取更大的发言权；推动国际货币金融组织等现有全球性国际金融机构的改革，提升中国在这些机构中的份额，推动特别提款权改革，提升人民币国际地位，制衡美元的主导地位。二是积极进行区域性国际金融制度的建设。包括成立金砖国家开发银行，加强金砖国家的金融合作；推动上海合作组织金融合作，加快成员国货币互换，建立区域性贸易和投资结算支付体系，推动成立上合组织开发银行；创建亚洲基础设施投资银行（AIIB）。三是加快推动人民币国际化。自2010年至2013年，中国人民银行先后跟韩国、马来西亚、印度尼西亚等23个国家签署货币互换协议，总金额达3万亿人民币。近几年，人民币结算的双边贸易总量快速增加，2012年规模达到2.97万亿人民币，2013年跨境贸易人民币结算总量达到5.16万亿人民币，2013年底，人民币在全球外汇市场交易已达第3位。[①]

中国等新兴国家推动国际金融改革的正当合理行动，在美国

---

① 朱云汉：《高思在云：中国兴起与全球秩序重组》，中国人民大学出版社，2015年版，第72—73页。

第五章 中美战略竞争与美国对华竞争战略

看来却是对其金融霸权的直接挑战。全球金融危机之后,为争取中国等新兴国家对于美国的支持,美国部分接受了中国等国提出的改革国际金融制度的主张,"但随着危机逐渐远去,美国表现出强大的制度守成姿态,采取各种手段应对来自中国的制度挑战,以捍卫自身的国际金融制度霸权。"[①] 对于中国提出的改革全球金融机构的一些要求,美国采取拖延战术;对于中国积极推进的人民币国际化,美国认为此举将直接冲击美元主导的国际货币体系,因此立场暧昧,甚至设置障碍;对于中国倡导成立的"亚洲基础设施开发银行",美国更是在一开始便明确表示反对立场,批评中国此举旨在削弱世界银行和亚洲开发银行的地位,极力游说盟国不要加入亚投行。最后,美国抵制亚投行的做法在英国、德国、韩国、澳大利亚等盟国纷纷倒戈的情况下宣告失败。中美在成立亚投行问题上的斗争,充分体现了两国在国际金融领域激烈的战略竞争。

在军事领域,中国军事现代化的持续推进,已经成为美国战略家和保守派心目中最突出的问题,也是最需要美国着力对付的问题。"超级强国美国决心维持自身最重要、最显赫的战略资产,即美国的军事优势,中国则从根本和起码的国家利益出发,决心实现必不可少的军事现代化:这一根本矛盾将在愈益增大的分量上影响或规定中美关系,使之逐步地越来越带有强国之间竞争性关系的首要战略色彩。"[②] 我们看到,美国政府日益把中国军事力量建设,尤其是武器装备方面取得的进步视为对美国的重大威胁。前国防部长盖茨宣称:"中国正实现整个武装力量的现代化。最令人关注的是中国在网络战和反卫星战、防空和反舰武器系

[①] 李巍:《制度之战:战略竞争时代的中美关系》,社会科学文献出版社,2017年版,第106页。

[②] 时殷弘:《现当代国际关系史(从16世纪到20世纪末)》,中国人民大学出版社,2006年版,第376页,脚注1。

统、潜艇、弹道导弹等领域的投入及能力的不断提高。这些领域的现代化将威胁到美国投送力量和在太平洋地区帮助盟国的主要手段：我们的基地、空中和海上资源及支持它们的网络。"① 美国认为，中国不断增强的军事能力，"尤其是'反介入/区域拒止'能力的发展对美国在东亚的地位及其他地区大国的安全，构成了严重并且日益增长的威胁"，"这些力量的持续增强将使盟国置疑美国的安全保证，削弱美国的联盟体系并最终削弱美国作为亚太主导大国的地位。这种趋势如果不加遏制的话，地区军事平衡将从美国及其盟国那边向中国倾斜，还可能增加误判和威慑失败的风险。"②

针对中国不断增强的"反介入/区域拒止"能力，美国提出"空海一体战"概念（Air Sea Battle Concept）并积极付诸实践和操作。2010年2月美国国防部《四年防务评估报告》正式宣布"美国空军和海军正在共同开发一种新的联合空海一体战概念"③。不久之后，美国智库"战略与预算评估中心"（CSBA）先后发表题为"为何采取空海一体战"和"空海一体战：启航点作战概念"研究报告，全面阐述了实施"空海一体战"的原因、目的、意义、措施和方法④。2012年1月颁布的防务战略报告《维护美国全球领导地位：21世纪的国防优先权》直接将中国的军事"拒

---

① U. S. Department of Defense, "Submitted Statement on DoD Challenges to the Senate Armed Services Committee", January 27, 2009. Available at http://www.defense.gov/speeches/speech.aspx?speechid=1337.

② Beyond Air-Sea Battle, *Beyond Air-Sea Battle: The Debate over U. S. Military Strategy in Asia*, pp. 12–13.

③ U. S. Department of Defense, *Quadrennial Defense Review Report* 2010, p. 32. http://www.defense.gov/qdr/qdr%20as%20of%2029jan10%201600.pdf.

④ Andrew F. Krepinevich, "Why Air-Sea Battle?", February 19, 2010; Jan van Tol, Mark Gunzinger, Andrew F. Krepinevich, and Jim Thomas, "Air-Sea Battle: A Point-of-Departure Operational Concept", May 18, 2010. Both are available at http://www.csbaonline.org/.

止能力"列为美国所面临的重大军事威胁,并第一次明确宣布美军的军事作战任务之一,就是要"在即便拒止能力发展的情况下,也有军事投送和穿透的能力",并将针对中国的"反拒止能力"作为美军在 21 世纪的基本军事目标[1]。2012 年 1 月 17 日,美国参谋长联席会议主席签署并发表了《联合作战介入概念》报告,具体提出了美国"反拒止"战争行动的协同与作战计划,进一步细化了美军正在构建中的"空海一体战"实施构想。[2] 至此,"空海一体战"已经成为美国针对未来"中国军事威胁"的新的战争规划、战斗行动设计和战争能力建设计划。

"空海一体战"概念的提出和付诸实施无疑激化了中美两国在军事领域的战略竞争。该作战概念明确把中国作为首要的军事假想敌,将进一步加剧两国之间的"安全困境"。"尽管五角大楼宣称该计划不针对特定的对手——但只有两个国家拥有先进的反介入/区域拒止能力,即中国和伊朗。而中国是美国在七大海洋无限制的主导地位的最强大挑战者"[3],其对手到底是谁不言自明,因此该作战概念"有可能加深中国对于美国意图的担忧,导致中国付出双倍的努力去加强反介入/区域拒止能力"[4]。同时,该作战概念还主张,为有效打击"杀伤链条"(kill-chain),应该

---

[1] U. S. Department of Defense, *Sustaining U. S. Global Leadership*: *Priorities for 21st Century Defense*, January 2012, http://www.defense.gov/news/defense_strategic_guidance.pdf.

[2] U. S. Department of Defense, *Joint Operational Access Concept* (*JOAC*), Version 1.0.

[3] Amitai Etzioni, "Air-Sea Battle: A Dangerous Way to Deal with China", September 03, 2013, http://thediplomat.com/2013/09/air-sea-battle-a-dangerous-way-to-deal-with-china/.

[4] David C. Gompert and Terrence K. Kelly, "Escalation Cause: How the Pentagon's New Strategy Could Trigger War with China", August 5, 2013, http://www.rand.org/blog/2013/08/escalation-cause-how-the-pentagons-new-strategy-could.html.

使用物理和网络攻击手段向中国大陆的纵深发动袭击，致盲和压制中国的监视系统，削弱其远程打击能力。这种攻击，即便完全使用常规武器，也很可能导致冲突全面升级。[①] 2016 年 10 月，"全球公域介入与机动联合概念"获得批准，取代了"空海一体战"概念，但新的作战概念更多的是对"空海一体战概念"的继承和升级。

从竞争的内涵看，中美战略竞争被越来越多地赋予国际秩序竞争的涵义。冷战结束之后，世界秩序就成为国际关系研究的一个重要议题。2008 年全球金融危机之后，世界权力分布失调、经济发展失衡及全球治理失灵，刺激反全球化和逆全球化潮流勃兴，现有世界秩序面临巨大的冲击和挑战。[②] "山雨欲来风满楼"，世界各国纷纷感到现有的世界秩序正经历几百年来未有之变局。推动世界大变局的众多力量当中，中国的崛起无疑是其中最重要的力量之一。"中国的兴起和中国发展模式的出现，对于全球而言是石破天惊的历史巨变。对所有东亚国家的社会精英而言，21 世纪最重要的知识挑战，就是去理解中国兴起如何带动全球秩序重组。"[③]

中国的崛起将对现有世界秩序产生重大影响。首先，不同于政治军事大国的苏联和经济大国日本的崛起，中国的崛起是综合政治、经济、军事等各个方面的全面型崛起，因此，对于现有世界秩序的影响和冲击也将更加广泛。其次，中国是美国霸权体系

[①] David C. Gompert and Terrence K. Kelly, "Escalation Cause: How the Pentagon's New Strategy Could Trigger War with China", August 5, 2013, http://www.rand.org/blog/2013/08/escalation-cause-how-the-pentagons-new-strategy-could.html.

[②] 秦亚青：《世界秩序刍议》，《世界经济与政治》，2017 年第 6 期，第 4—10 页。

[③] 朱云汉：《高思在云：中国兴起与全球秩序重组》，中国人民出版社，2015 年版，第 113 页。

外的国家。美国霸权体系所主导的世界秩序的"内核是由美国领导的军事联盟和共同价值,在观念上是排他性的,视美国及其盟友信奉的自由民主政治制度为优于且必然要取代其他的'山巅之城',把小圈子的安全利益凌驾于其他国家安全利益之上。中国并不认同,也不见容于此。"① 因此,中国的崛起必将给美国的霸权体系带来压力。再次,推动中国崛起的社会主义市场经济的发展道路和发展模式,不同于美国所代表的自由资本主义模式。国际金融危机之后,以自由资本主义为核心的"华盛顿共识"威风扫地,遭到越来越多的批评和置疑,相反,强调依据各国国情着力推动经济发展的"北京共识",似乎成为发展中国家走向成功的秘诀。"发展导向型"中国模式也将对美国主导的自由资本主义世界秩序形成影响。最后,中国是一个亚洲国家,也是最大的发展中国家,将不可避免地冲击西方国家主导的世界秩序。正因如此,"有人担心中国要挑战美国主导的世界秩序,或者另起炉灶。"②

中美两国的秩序之争,源于两国对于世界秩序的不同认识。对于美国及其盟国来说,当今的世界秩序是由美国创建和主导的,是"美国治下的和平"。这个世界秩序有三大支柱:一是美国主导的军事联盟,二是西方的民主价值观,三是联合国及其下属机构组织。作为现有国际秩序的一部分,中国是当前国际秩序的受益者、贡献者,但中国所理解的国际秩序有别于美国主导的世界秩序。中国所认同的国际秩序,"指的是以联合国为主体,包括世界贸易组织、世界银行等相关国际机制构成的国际框架。这个秩序最初是二战后由战胜国主导设计,基于民族国家理念和

---

① 傅莹:《全球的变革与中国的角色》,《中国人大》,2017年4月5日,第26页。
② 傅莹:《失序与秩序再构建——7月6日在英国皇家国际问题研究所的演讲》,《中国人大》,2016年7月20日,第25页。

多边主义的'世界政府'理想而创建的,对保障世界和平发挥了重要作用",但并不包括美国军事联盟和民主价值观等内容。事实上,中国不仅被排斥在美国的军事联盟之外,还是其针对和防范的主要对象;同样,中国的政治制度没有得到西方民主价值观的认可,属于西方世界改造的对象。正因如此,中国长期以来一直是这个世界秩序之外的国家。"于是乎,中美关系走到今天,秩序之争越来越成为凌驾一切之上的核心问题。这恐怕是中美关系过去三四十年来最深刻的变化。"[①] "现在,美国战略界日益形成的一个共识就是,看起来北京并不想帮助美国维护自由海洋秩序,而是意图重新定义或摧毁它。"[②] 美国政府和军方也日益将中国看作是现有世界秩序的"修正主义国家"。例如,2015年美国《国家军事战略》将中国与俄罗斯等国一起定性为"修正主义国家",宣称中国"修改国际秩序的关键方面,并以威胁我们国家安全利益的方式行事。"[③]

(四)中美战略竞争关系的属性

当前的战略竞争关系,对中美两国来说都是全新的国家关系形态。"作为众多国家中的一个重要国家在21世纪秩序中如何发挥作用,中国没有先例可循。美国则从未和一个在国土面积、影响力和经济实力方面与它相似,但国内秩序却迥然不同的国家长

[①] 袁鹏:《四百年未有之变局:中国、美国与世界新秩序》,中信出版社,2016年版,"前言"。

[②] James R. Holmes, "The State of the U.S.–China Competition", in Thomas G. Mahnken ed., *Competitive Strategies for the 21st Century: Theory, History and Practice*, Standford University Press, 2012. p. 138.

[③] U. S. Department of Defence, *The National Military Strategy of the United States of America* 2015, p. 2.

第五章　中美战略竞争与美国对华竞争战略

期互动过。"① 推动构建中美新型大国关系，首先需要认清两国战略竞争关系的属性。

一方面，从基本范式来看，中美战略竞争关系类似于历史上霸权国与新兴崛起大国之间的关系。相当长的一段时间里，中美关系的基本范式是"超—强"关系，美国当时是超级大国，而中国只是众多强国当中的普通一员。但进入21世纪之后，随着中国实力的不断增强，中美两国关系"更像'老大—老二'的关系……开始被真正赋予国际关系史上权力转移的特殊意义。""中国作为美国的区域性军事对手、全球性经济对手、全面性政治对手的观念正在美国精英层逐步强化，并朝着'自我实现的预言'方向发展。"② 正因如此，自2012年美国哈佛大学教授格雷厄姆·阿利森再次提出"修昔底德陷阱"这个概念以来，这个意指守成大国与崛起大国战略竞争及其危险后果的"历史学家的隐喻"③，日益成为研究和讨论中美关系的主题词之一。许多知名学者，包括对中美关系最具有历史感、政治洞察力和战略眼光的基辛格博士，都将当前的中美关系与一战前的英德关系进行对比。"基辛格之所以在他的《论中国》一书结尾处专门引用《克劳备忘录》来说明21世纪前期中美关系可能出现的重大问题，其根源在于他认为一战前的英德关系与当今的中美关系有很大相似性。"④ 尤其是近两年来，中美两国间的结构性矛盾不断上升，两

---

① 亨利·基辛格著，胡利平等译：《世界秩序》，中信出版社，2015年版，第293页。

② 袁鹏：《四百年未有之变局：中国、美国与世界新秩序》，中信出版社，2016年版，第238—239页。

③ Graham Allison, "Avoiding Thucydides's Trap", Financial Times, August 22, 2012, http://belfercenter.ksg.harvard.edu/publication/22265/avoiding_thucydidess_trap.html.

④ 吴征宇：《亨利·基辛格论〈克劳备忘录〉与中美关系》，参见吴征宇编译：《〈克劳备忘录〉与英德对抗》，广西师范大学出版社，2014年版，第290页。

国关系存在较大脆弱性和战略误判的风险。中美之间的战略互疑和相互不信任不仅没有减轻，反而更多、更深了。尤其是，国际秩序问题上升为双方争论的焦点问题。[1] 结果，中美关系一些方面越来越符合"修昔底德陷阱"所指的霸权国与崛起国之间的关系特征。

但另一方面，从竞争格局来看，两国的战略竞争是一种"竞—合"关系，既有激烈的竞争，也进行重要的合作。"双方的互动在竞争与合作两条线上并行推进，一方面是主要的战略竞争对手，另一方面又是相互需要的重要合作伙伴。"[2] "不同历史时期之间的比较从本质上而言是不精确的，甚至最精确的类比也不意味着当代人一定会重复前人的错误……必须小心翼翼，否则双方都有可能把自己推入自我实现的预言。"[3] 将中美关系类比一战之前的英德关系，只是看到了中美两国关系中矛盾和竞争的一面，却忽视了两国关系中相互依存与合作的方面。

中美战略竞争关系并不是一种敌对或战争状态。对于中美两国来说，两国爆发大规模战争甚至冲突都是不可接受的，避免全面冲突在两国国内都具有广泛的共识。正因如此，中国政府提出的建设中美新型大国关系倡议中，首先强调的是"不冲突、不对抗"。虽然，中美两国对于如何推动构建新型大国关系存在诸多分歧，甚至美国政府刻意回避使用"新型大国关系"的提法，但两国对于新型大国关系的一个核心内容，即"不对抗、不冲突"，避免落入"修昔底德陷阱"的认识却是一致

---

[1] 傅莹、王缉思主编：《超越分歧走向双赢——中美智库研究报告（中方）》，2017年5月22日，第4页。

[2] 崔立如：《管理战略竞争：中美新关系格局的挑战》，《美国研究》2016年第2期，第9页。

[3] 亨利·基辛格著，胡利平等译：《论中国》，中信出版社，2012年版，第511页。

第五章　中美战略竞争与美国对华竞争战略

的。近年来，中美关系总体保持稳定，中美双方都积极把握中美关系的航向。"中美高层都认识到'修昔底德陷阱'的危险性，对'不对抗、不冲突'互有需求，双方努力'避撞'，防范两国关系'脱轨'。两国政府防范危机的意识都在增强，在南海争端等问题上能把握住'止损点'，也都清楚双方承受不起陷入'恶斗'的代价。"[1]

中美战略竞争也有别于美苏冷战对峙关系。"中美关系中既有竞争成分，也有合作内容，这与美苏之间压倒性的竞争关系形成鲜明对比。"[2] 美国虽然积极利用其亚太地区的联盟体系来应对甚至遏制中国的崛起，但是，中国并未谋求建立地区联盟来回应美国的围堵，因此，两国之间的战略竞争并不存在政治—军事联盟的对抗；冷战期间，美国对苏实施经济封锁和遏制导致两国及北约和华约两个集团之间的经济和贸易往来相对有限，与之形成鲜明对比的是，中美经济往来频繁，经济相互依赖程度很高；美苏两国的冷战对峙，被赋予了浓厚的意识形态对抗意味，美苏都把双方之间的对抗和较量定位和宣传为"正义"与"邪恶"的较量。与之相比，中美两国的竞争虽然仍然存在一定的意识形态内容，意识形态色彩已大幅减弱，双方往往出于保持两国总体关系大局的考虑有意降低意识形态的对立；中国虽然对美国主导的世界秩序持有保留意见，但是，中国反复重申不谋求以激进方式改造现有的国际秩序，既不推倒重来，也不另起炉灶；作为世界最大的发展中国家和最大的发达国家，中美两国对维护世界和平、促进人类发展肩负着重大的责任。目前，两国已经在应对国际金

---

[1] 傅莹、王缉思主编：《超越分歧走向双赢——中美智库研究报告（中方）》，2017年5月22日，第4页。

[2] James R. Holmes, "The State of the U. S. - China Competition", in Thomas G. Mahnken ed., *Competitive Strategies for the 21st Century: Theory, History and Practice*, p. 137.

融危机、推动世界经济复苏、维护国际反扩散体系,以及打击海盗、应对全球气候变化等全球性问题和挑战方面展开了有效的合作。因此,"中美关系不必,也不应成为零和博弈。"①

总之,作为一种全新的国家关系形态,中美之间的战略竞争关系,既包含中美两国在政治、经济、军事等多个领域激烈的竞争,也包括两国双边广泛而深入的交流与合作,以及在全球治理等重大问题上的协调与配合。中美战略竞争关系,就是中美两国竞争与合作相互交织的一种复杂的关系形态。

二、美国对华竞争战略

2008年全球金融危机之后,中国的快速崛起与美国的战略困境形成鲜明对比,以美国智库"战略与预算评估中心"主任迈克尔·曼肯(Michael G. Mahnken)为代表的一些战略学者感到,美国在应对中国崛起方面的战略表现欠佳,为此,必须按照竞争战略的逻辑,制定深思熟虑的对华竞争战略,只有这样才能赢得中美长期的战略竞争。② 在学界的推动下,美国政府以竞争战略为指导,逐步推出实施针对中国的竞争战略政策和举措。

(一)美国竞争战略的历史演变

尽管直至20世纪70年代,"竞争战略"这个词语才进入美国国防部的词典,但这个战略概念及其实践却具有悠久的历史。

---

① 亨利·基辛格著,胡利平等译:《论中国》,中信出版社,2016年版,第511页。

② Thomas G. Mahnken, "Cost-Imposing Strategies: A Brief Primer", Center for a New American Security, 2014.; Thomas G. Mahnken ed., Competitive Strategies for the 21st Century: Theory, History and Practice, Standford University Press, 2012.

第五章　中美战略竞争与美国对华竞争战略

回顾历史，我们可以找到很多大国之间进行长期和平竞争的实例，包括公元前3世纪时雅典与斯巴达、18—19世纪法国与英国、19—20世纪德国与英国以及美国与英国、20世纪上半叶美国与日本，以及20世纪下半叶美国与苏联的竞争。其中，英美之间的竞争最终以两国和解结束，美苏的竞争制造了核恐怖平衡下的"长和平"并最终以苏联的解体而结束，其他大多都以战争结局。[①] 自19世纪末以来，美国相继经历了与英国、日本和苏联的长期竞争，并且都赢得了竞争。可以说，美国积累了丰富的大国竞争的实践经验。

竞争战略最早是经济和管理学领域的概念，重点关注企业产品和服务参与市场竞争的方向、目标、方针及策略。企业制定竞争战略的目的就是要在市场上打造别人无可取代的地位，从而在竞争中求得生存与更大发展。1972年，担任兰德公司战略研究室主任的安德鲁·马歇尔撰写《与苏联的长期竞争：一种全新的分析框架》，明确提出美苏处于长期战略竞争状态，为此，美国必须评估竞争的本质，明确国家目标，制定能够更加有效地与苏联竞争的战略，成为一个强大的竞争者。报告首次将经济学领域的竞争战略思想引入美国国防发展和国家安全领域。报告中，马歇尔还系统分析了美苏长期竞争的本质，探讨了美国对苏竞争战略的目标、原则和手段，提出了制定和实施与苏联进行长期竞争的主要战略工具——"净评估"方法。[②]

1976年，已经担任美国国防部净评估办公室主任的马歇尔与詹姆斯·罗奇合作完成了《在持久的政治军事竞争中与苏联进行军事领域竞争的战略》报告，正式提出美国应该在国防发展领域

[①] Thomas G. Mahnken, "Cost-Imposing Strategies: A Brief Primer", Center for a New American Security, 2014. p. 5.

[②] Andrew W. Marshall, *Long-Term Competition with the Soviets: A Framework for Strategic Analysis*, April 1972.

制定针对苏联的竞争战略。马歇尔撰写这份报告时，美国刚从越战泥潭中脱身，国内面临严重的经济困难，国际上苏联的赶超态势愈益明显。面对这种形势，马歇尔强调，美国要想摆脱颓势、赢得主动，必须制定一项基于竞争战略思维的国防发展战略，其要点应包括：制定与苏联进行长远竞争的计划并确立积极的长远目标，而非仅限于思考如何应对可能的灾难性战争和"避免最坏情况"；积极发挥其技术和管理方面的优势，同时发现和利用对手的弱点集中发力，以牵引竞争领域，掌握竞争的主动权；通过技术创新来创造和利用竞争优势，以此来增加苏联的竞争成本，从而达到在长期竞争中战胜对手的目的。

马歇尔的这两份报告标志着美国竞争战略思想的形成。虽然它仍然保留着经济学领域"竞争战略"的概念，但其目标、手段和策略都发生了重要变化。一直以来，马歇尔并没有对竞争战略作出定义。近年来，美国的战略困境和中国的崛起再次唤起一些美国战略学者对于马歇尔竞争战略的兴趣。基于对竞争战略的认识和理解，他们认为竞争战略"聚焦于如何在和平时期使用潜在的军事力量，即军事力量的发展、建设、部署和展示，以此来塑造竞争对手的选择，使之有利于己方的战略目标。"[①] 因此，竞争战略"既是过程，也是结果"，"作为过程，它是系统的战略思维方法，它着眼于通过与对手长期的军事竞争来构建和评估美国的国防战略。作为结果，它是一个行动计划或仅仅是一种指导，旨在帮助美国在与对手的竞争中获得和维持长期的优势。""竞争战略的主要目的就是，通过系统、长期的战略竞争规划，使得美国在与苏联的竞争中能够更加高效、更有效果，从而能够提升美国及其朋友和盟国的威慑力和

---

① Thomas G. Mahnken, *Competitive Strategies for the 21ˢᵗ Century: Theory, History and Practice*, Standford University Press, 2012, p. 7.

第五章 中美战略竞争与美国对华竞争战略

安全。它谋求将竞争导向更加稳定且威胁较小的领域（即迫使苏联集中更多力量用于防守，而无法用来增强其进攻能力），或者苏联运行相对不那么有效的领域。"[1]

自提出以来，美国的竞争战略大致经历了三个阶段：

第一阶段，竞争战略的提出及"小试牛刀"。马歇尔于20世纪70年代初提出了竞争战略理论。正是在竞争战略理论的指导下，美国对苏实施了"抵消战略"（Offset Strategy），试图利用其信息、隐形和远程精确打击方面的技术优势，抵消苏联和华约常规部队的数量优势。此外，美国80年代初加快发展的一些武器装备（如 B－1 轰炸机），也是根据马歇尔的建议，对苏联实施的一种竞争战略举措。

第二阶段，竞争战略的机制化。1986—1987 年，美国国防部长温伯格先后发布《落实竞争战略》《竞争战略机制化》备忘录。随后，美国国防部正式公布了《在与苏联长期竞争中的竞争战略》的政策文件。温伯格这些举措旨在通过设立相应的竞争战略机构，推动竞争战略思维的机制化。1990 年，美国国防部发布《新竞争战略：工具和方法》的报告，对"竞争战略倡议"的实施情况进行总结和评估。报告指出，虽然由于各方面的原因，美国国防部推动竞争战略思维机制化的努力并不理想，但美国国防部的这个做法至少取得了有限的成功。[2]

第三阶段，竞争战略的泛化。为了在长期的竞争中取得胜利，竞争战略强调要以己之长攻敌之短、采取各种策略和手段分

---

[1] David J. Andre, *New Competitive Strategies Tools and Methodologies*, Vol. I: Review of the Department of Defense Competitive Strategies Initiative 1986 – 1990, U. S. Department of Defense, 1990, pp. 3 – 4.

[2] David J. Andre, *New Competitive Strategies Tools and Methodologies*, Vol. I: Review of the Department of Defense Competitive Strategies Initiative 1986 – 1990, pp. 133 – 134.

散对手有限的资源,并给对手施加竞争成本,进而牵引和塑造战略竞争。因此,心理劝阻、成本强加等都是竞争战略的基本策略和手段。但进入21世纪之后,为应对中国的快速崛起,帮助美国走出战略困境,美国一些战略学者将这些策略提升为战略,提出了"劝阻战略"(Dissuasion Strategy)、"成本强加战略"(Cost-imposing Strategy)等概念,他们强调虽然竞争战略主要聚焦于军事领域的竞争,但不应该仅仅集中于军事领域,还可以在政治、经济、金融、外交等领域实施,从而推动了竞争战略的泛化。[①]

(二) 美国"第三次抵消战略"

随着中美战略竞争关系的形成,美国开始对中国实施竞争战略,最为突出的表现是美国国防部推出的"第三次抵消战略"。

冷战期间,美国先后提出过两次"抵消战略"。第一次是20世纪50年代初期,是美国艾森豪威尔总统提出的"新面貌"战略。当时,美苏冷战已经进入高潮,但西方世界还没有从战争的创伤中恢复过来,尤其是美国在朝鲜战场陷入僵局、一筹莫展。为有效推进对苏遏制,艾森豪威尔总统提出了"新面貌"战略,试图充分发挥美国在核武器、远程空中力量及弹道导弹技术方面的领先优势,以相对较少的成本来威慑和遏制苏联,抵消苏联及

[①] Andrew F. Krepinevich and Robert C. Martinage, *Dissuasion Strategy*, Center for Strategic and Budgetary Assessments, 2008; Thomas G. Mahnken ed., *Competitive Strategies for the 21st Century: Theory, History and Practice*, Standford University Press, 2012; Michael Pillsbury, "The Sixteen Fears: China's Strategic Psychology", *Survival*, Vol. 54, No. 5, 2012, Thomas G. Mahnken, "Cost-Imposing Strategies: A Brief Primer", Center for a New American Security, 2014; Carlyle A. Thayer, "Indirect Cost Imposition Strategies in the South China Sea: U. S. Leadership and ASEAN Centrality", Center for a New American Security, 2015.

第五章 中美战略竞争与美国对华竞争战略

华约在常规力量方面的数量优势。第二次是70年代中期，被命名为"抵消战略"。当时，美国同样面临重大的战略困境。经济陷入长期低迷，同时，苏联及华约的常规部队规模不断扩大，数量上已经远远超过了北约部队，苏联核武器及其运载工具的数量也逐渐超越美国。为了遏制苏联的扩张态势，美国国防部推出了抵消战略，试图利用其信息、隐形和远程精确打击方面的技术优势，抵消苏联和华约常规部队的数量优势。[①] 综合来看，这两次"抵消战略"都取得了成功，不仅重新确立了美国的军事技术优势，帮助美国赢得了美苏竞争的战略主动，还产生了深远的军事影响，先后引发了两轮影响深远的军事革命，即核武器军事革命和基于信息和远程精确打击技术的新军事革命。

近些年，美国战略学者和政策决策者感到，美国正陷入类似于20世纪70年代那样的战略困境：美国精确制导等军事技术优势正被俄罗斯、中国等国快马加鞭地赶上，全球金融危机导致其世界霸权地位动摇，国内面临严峻的财政紧缩压力，经济活力和创新能力不足。这样的困境之下，他们想到"抵消战略"，试图再次通过"抵消战略"，重新确立军事技术优势，重塑美国的世界霸权。2014年10月27日美国战略与预算评估中心发布《迈向新抵消战略：利用美国长期优势恢复全球兵力投送能力》的研究报告。11月15日，美国国防部部长查克·哈格尔签署《国防创新倡议》备忘录，正式启动了"第三次抵消战略"。

新抵消战略瞄准抵消的对象是中国、俄罗斯、伊朗等国不断增强的所谓"反介入/区域拒止能力"。美国国防部主要负责"第

---

① Robert Martinage, *Toward a New Offset Strategy: Exploiting U. S. Long-Term Advantages to Restore U. S. Global Power Projection Capability*, Center for Strategic and Budgetary Assessments, 2014, pp. 5 – 20.

三次抵消战略"推进实施的副国防部长罗伯·沃克强调,"当美国及其最亲密的盟友在过去的13年里进行两场漫长的战争之时,世界其他国家尤其是我们潜在的对手们都在观察我们是如何行动的。他们注意到了我们的优势并且进行深入的研究和分析,从中查找弱点,然后,着手寻找能够对付我们技术优势的方法。因此,放眼望去,我们看到核武器的快速发展和现代化,新反舰、防空导弹,远程攻击导弹,以及不断增强的反卫星能力、网络能力、电子作战能力以及特种作战能力。所有这些都是专门为对付我们传统的军事优势和我们偏好的作战行动而设计的。"因此,"第三次抵消战略"的目的就是,"找到抵消反介入/区域拒止能力优势以及其他先进技术的手段"。[1] 虽然美国国防部多次宣称,新抵消战略是针对美国面临的多元威胁和挑战,而不是针对某个特定国家。但是,美国多次宣称面临来自中国不断增强的"反介入/区域拒止能力"的威胁,中国无疑是"第三次抵消战略"的主要目标。正如"新美国安全中心"一份研究报告所承认的,"事实上,'第三次抵消战略'至少隐约地提出,由于中国阻止美国进入西太平洋,尤其是东海和南海海域的能力正不断增长,抵消战略主要应对的就是中国的这种能力。"[2]

新抵消战略的主要策略是谋求竞争优势并给对手施加竞争成本。谋求竞争优势并给对手施加竞争成本是马歇尔竞争战略的核心思想,"第三次抵消战略"明显也是按照这个思想实施的。2016年4月,美国国防部负责研究与工程的助理国防部长史蒂芬·韦尔比向参议院作证时指出,"抵消战略……谋求把竞争的

---

[1] "The Third U. S. Offset Strategy and its Implications for Partners and Allies", As Delivered by Deputy Secretary of Defense Bob Work, Willard Hotel, Washington, D. C., January 28, 2015.

[2] Richard A. Btzinger, "Third Offset Strategy and Chinese A2/AD Capabilities", Center for a New American Security, May 2016.

第五章 中美战略竞争与美国对华竞争战略

轴线转至美国拥有重大而持久优势的领域。一项成功的抵消战略使对手当前优势贬值的同时，还增加其应对美国行动的成本，从而帮助美国建立长期的竞争优势。"[1] 美国战略与预算评估中心报告《迈向新的抵消战略——利用美国长期优势恢复全球兵力投送能力》，为美国实施"第三次抵消战略"提供了基本思路和框架，该报告列表详细分析了其建议发展和应用的各项技术及装备可能给对手施加的竞争成本。[2]

新抵消战略强调创新，尤其是军事技术和作战概念的创新。马歇尔的竞争战略强调，与竞争对手相比，美国最为明显的优势是管理和技术，为保持和发挥美国的技术优势，必须大力推进创新。同样，"第三次抵消战略"特别强调创新，主要包括技术、应用和作战概念的创新。其中，军事科技的创新是核心。新抵消战略突出强调要研发和利用"能够改变游戏规则的"颠覆性技术，以此来保持和促进美国的军事能力。所谓"颠覆性技术"是一种另辟蹊径、会对已有传统或主流技术途径产生颠覆性效果的技术。目前来看，其重点关注的颠覆性技术至少包括：超智能无人武器系统、大数据挖掘技术、高超声速武器系统、人体机能改良技术等共十余项技术，涉及信息、生物、新材料、新能源等多个不同领域。美军还强调通过兵棋系统等方式，探索新的作战概念以更好地利用新型军事技术。例如，美军积极开发和测试利用无人设备作战的"蜂群"作战概念等。

可见，"第三次抵消战略"的主要原则、策略和手段都来自

---

[1] "Third Offset Technology Strategy", Statement by Stephen Welby, Assistant Secretary of Defense for Research and Engineering, before the Subcommittee on Emerging Threats and Capabilities, Armed Services Committee, U. S. Senate. April 12, 2016.

[2] Robert Martinage, *Toward a New Offset Strategy*: *Exploiting U. S. Long-Term Advantages to Restore U. S. Global Power Projection Capability*, Center for Strategic and Budgetary Assessments, 2014, p. 65.

于竞争战略理论。其核心就是,充分利用美国的技术优势,重点开发和利用颠覆性技术,以此牵引与竞争对手在军事领域的竞争,并向对手施加竞争成本,重新构建美国压倒性军事优势,维护世界霸权地位。

(三) 竞争战略的泛化

按照美国学者的解释,和平时期实施竞争战略至少可以采取四种战略策略:一是拒止战略(strategies of denial),即通过威慑等手段,阻止竞争对手采取军事行动来实现其政治目标;二是成本强加战略(cost-imposing strategies),"它们谋求使对手意识到持续的竞争或冲突的代价如此之高而望而却步,从而相信和解才是更好的选择。成本强加战略可能在竞争对手身上谋求多种效果。例如,可能谋求使对手相信其行动代价过高、难以取得明显效果甚或产生相反的效果,从而劝阻或慑止竞争对手采取颠覆性或威胁性的行动;或者,也可能谋求引导竞争对手从事那些耗费财力或不具进攻性的活动"[1];三是"伐谋",即攻击竞争对手的战略,诱使其采取战略上自取灭亡的行动;四是攻击竞争对手的政治制度,使对手面临政治上的分裂或让步。[2] 可见,成本强加战略原本只是竞争战略的一种策略手段。

但 21 世纪以来,随着美国维持霸权地位的成本越来越高,美国感到其敌人和竞争对手们也在对它实施成本强加战略,主要表

---

[1] Thomas G. Mahnken, "Cost-Imposing Strategies: A Brief Primer", Center for a New American Security, 2014, p. 6.

[2] Bradford A. Lee, "Strategic Interaction: Theory and History for Practitioners", in Thomas G. Mahnken ed., *Competitive Strategies for the 21st Century: Theory, History and Practice*, pp. 128 – 43; Thomas G. Mahnken, "Cost-Imposing Strategies: A Brief Primer", Center for a New American Security, 2014.

第五章　中美战略竞争与美国对华竞争战略

现为:"基地"组织等恐怖主义组织向美国发动恐怖袭击,诱使美国对其发动了耗费巨大的"全球反恐战争"。美国为此付出的成本远远高于袭击世贸大楼和五角大楼所造成的物理破坏,以及对整个国家经济生活的影响;对美国政府发动的网络攻击,导致美国不断加强网络安全防护,从而给美国施加了竞争成本;中国等国发展的所谓"反介入/区域拒止能力"也给美国施加了巨大的竞争成本。"随着美国领先优势的削弱,战略思维的价值不断提升。随着美国及其盟国和利益面临威胁的不断上升,塑造中国政策选择和慑止侵略必要性也在不断增加。"为应对新世纪以来的多元威胁,尤其是中国快速崛起的挑战,美国必须向竞争对手实施成本强加战略。[①]"成本强加战略应该利用经济、军事和外交等各种工具给竞争对手施加成本。"[②] 由此,竞争战略便从聚焦于军事领域的竞争,向政治、经济、外交等其他领域竞争拓展。

成本强加战略强调,要有意识地针对竞争对手的长期劣势,制定周全完备的战略,通过经济、军事、外交等手段来增加对手的竞争成本。一般来说,成本强加战略的主要工具和手段包括:一是增加对手的经济成本。这是成本强加战略的基本工具,具体包括增加对手的资金成本、人力成本、技术成本,等等。增加对手的资金成本,就是诱使对手在昂贵的军事能力发展方面投入大量资金,结果没有足够的资金用于发展更加重要的技术或能力。增加对手的人力成本,采取包括刺杀等方式在内的各种行动,使竞争对手丧失或缺乏关键的技术人才。增加技术成本,主要是通过严格的技术出口限制,防止竞争对手获取关键性的技术,从而需要花费大量的时间和财力去进行技术开发。二是增加对手的军

[①] Thomas G. Mahnken, "Cost-Imposing Strategies: A Brief Primer", Center for a New American Security, 2014, p. 5.

[②] Ibid., p. 9.

事成本,即主要通过军事政策或行动,降低竞争对手军事体系运转的效率或者国防和军队建设的效果,甚至使对手对某些军事能力的投资成为虚耗成本。三是增加竞争对手的政治或外交成本,"这或许是最为普遍,但持续时间最短的成本强加手段",主要包括推动联合国安理会决议,或者联合其他国家共同发表谴责声明等。①

基于成本强加战略的基本逻辑,一些战略学者明确提出应对中国实施成本强加战略。例如,美国特朗普总统中国问题顾问白邦瑞(Michael Pillsbury)2012年在《生存》杂志发表《十六怕:中国的战略心理》的文章,列举了"怕岛屿封锁、怕丢失海洋资源、怕海上运输路线被切断"等中国的"十六怕",在此基础上提出应该围绕"再保证、成本强加和劝阻"三个概念来制定对华政策。②

2015年,美国"新美国安全中心"发布题为《在南海的间接成本强加战略:美国领导与东盟中心》的报告,明确提出要通过政治、外交等非军事手段在南海地区对华实施成本强加战略。该报告提出,"任何单一的成本强加战略都不太可能劝阻中国停止当前的行动。由不同行为者同时实施的多重成本强加战略更可能取得成功。"因此,美国在南海地区应采取的成本强加战略包括:一是美国带头对华实施"信息作战","公布中国在南海地区采取的单方面破坏稳定的活动,使得媒体、学者、安全专家、其他分析人员及政府官员都可以获取这些情况。"例如,美国国防部年度中国军力报告应详细公布"中国在南海地区所采取的行动";美国政府官员参加与东盟有关的安全会议时,"应利用这些

---

① Thomas G. Mahnken, "Cost-Imposing Strategies: A Brief Primer", Center for a New American Security, 2014, p. 11.
② Michael Pillsbury, "The Sixteen Fears: China's Strategic Psychology", Survival, Vol. 54, No. 5, Oct. – Nov, 2012.

第五章　中美战略竞争与美国对华竞争战略

机会详细介绍中国在南海的活动";美国应资助智库,"加强对中国活动及其对南海安全消极影响的研究和报告",等等。这种"信息作战"行动的目的是"持续对中国施加强大的舆论压力,使其各项活动更加透明,并按照国际规则行动。"二是美国应制定和实施主要使用非军事资源来应对中国活动的战略。"美国应与志同道合的域外国家及菲律宾、越南等国,开展民间海事机构之间的联合和协同行动",包括三个层次:与澳大利亚、日本、韩国、新西兰及印度等东盟对话伙伴国的联合行动;与地区盟国和安全伙伴国的多边联合行动;与地区国家双边联合行动。美国应与日本、澳大利亚等盟国加强双边和多边的协调与合作,以便更好地向菲律宾等国提供物质援助,增强其海洋安全能力。美国、日本、澳大利亚、菲律宾、越南等国的海岸警卫队应加强双边合作,并且在双边合作的基础上向三边甚至多边演习和联合行动发展。此外,美国及其盟国应该定期进行海军演习,"以维护美国的海上航行和飞越自由,防止中国过度声索海洋空间,或者恐吓地区海军力量。""这样的间接战略并不需要美国直接面对中国。它把责任推给了中国,由中国决定是否面对美国、日本、菲律宾、越南及其他志同道合国家的混合海岸警卫队或海军舰船。"[①]

自 2015 年以来,美国在南海问题上由后台走向前台,南海等地区成为中美战略竞争的前沿。针对"中国的威胁和挑战",美国《亚太海上安全战略》报告提出,美军将重点采取四类措施:"提升美国在海洋领域的军事能力;建设我们盟友和伙伴国的海上能力;利用军事外交来降低风险并提高透明度;推进建设一个

[①] Carlyle A. Thayer, *Indirect Cost Imposition Strategies in the South China Sea: U. S. Leadership and ASEAN Centrality*, Center for a New American Security, 2015, pp. 7–9.

公开且有效的地区安全架构。"① 除了第一类措施直接增强并使用美国的军事能力外，后三类措施都明显包含成本强加战略的成分。

近年来，美国越来越重视加强与西太平洋地区其他国家的伙伴关系，其主要目的有二：一是通过增强越南、马来西亚等与中国在南海存在海洋权益争端国家的海洋能力来制约中国；二是获取相关国家的港口和机场的使用权，从而为美国在西太平洋的军事存在和各种军事活动提供方便。当前美国借助东南亚国家，对中国实施成本强加战略的主要做法至少有：

第一，推进"东南亚海上安全倡议"，有针对性地提升东盟南海声索国的海洋能力。自亚太"再平衡"战略推行以来，美国逐渐加大了对越南、马来西亚、印度尼西亚等国的海上安全援助力度，这些援助包括：提供军事援助，用于购买通信设备和飞机及帮助海军舰队升级；提供海岸雷达系统，帮助加强巡逻、情报、监视与侦察一体化建设，等等。在此基础上，2015年5月，美国国防部长卡特在香格里拉对话会上提出"东南亚海上安全倡议"，标志着美国援助东南亚国家海洋能力建设以制约中国的力度进一步加大。该倡议确定的工作重点包括：与伙伴国合作加强地区海上感知能力，推进地区通用作战图像建设；提供必要的基础设施、后勤和作战程序支持，有效提高海上情况反应能力；通过深化和扩大双边和地区海上演习和接触，提升伙伴国的作战能力和适应性；帮助伙伴国加强海上机制、管理和人员训练。为充分落实这个倡议，美国将进一步加大对东南亚国家的援助力度。②

第二，打造地区海上信息共享中心，全面提升东南亚国家的

---

① U. S. Department of Defense, *Asia-Pacific Maritime Security Strategy* 2015, p. 19.

② U. S. Department of Defense, *Asia-Pacific Maritime Security Strategy* 2015, p. 26.

第五章　中美战略竞争与美国对华竞争战略

海上态势感知能力。美国《亚太海上安全战略》强调，"美国国防部的最优先任务之一就是促进更强大的海上态势感知能力，这对所有沿海国家而言都是关键能力。"由于亚洲地区海域面积广阔，任何一个沿海国家都不可能单独实现有效的海上态势感知。为了主导建立亚太地区伙伴间的基本海域探测和信息共享机制，以便准确、实时掌握中国所有海上动向并做出适当回应，美国将与西太平洋地区主要伙伴国合作，"强化信息共享并建立海上态势感知网络，以生成通用作战图像，确保数据的实时分发。"在这方面，美国与新加坡的合作已经取得了初步成效，两国共同建立了"新加坡海上信息共享工作组"，可以分享两国海上信息，共享近期地区海上活动的经验教训，有效提高海上感知能力。近期内，美国将逐步将这种合作模式向菲律宾、马来西亚等其他国家拓展。随着各国海上感知能力的提升，这种合作模式由双边向多边拓展，最终形成覆盖整个西太平洋的网络体系。此外，"美国和新加坡还共同致力于将新加坡信息融合中心发展为地区跨机构信息共享中心。"[1]

第三，利用军事援助，获取更多国家的港口和机场使用权，增加在西太平洋的军事存在和军事活动。除了在新加坡轮换部署濒海战斗舰之外，美军还以各种军事援助的方式，不断加大在马来西亚、越南等国的军事存在。随着美越关系的发展，美国有可能利用中越南海争端，派出更多的军舰甚至航母访问越南的金兰湾等港口；美国前海军作战部长格林纳特承认，美国已经就机场使用问题与马来西亚协调，马来西亚可能向美国的 P-8A 巡逻机提供机场，以方便美国对南海地区的巡逻。[2] 可以预见，随着中

---

[1] U. S. Department of Defense, *Asia-Pacific Maritime Security Strategy* 2015, p. 28.

[2] Shannon Tiezzi, "Will Malaysia Host US Spy Planes? Adm. Jonathan Greenert indicated that Malaysia offered to host U. S. spy planes", September 16, 2014.

美两国围绕南海问题的斗争日趋激烈,美国还将设法获得西太平洋更多国家的港口和机场使用权。值得高度关注的是,美国也鼓励甚至帮助南海声索国购买和发展自己的"反介入/区域拒止能力",以限制中国在争议海域的行动自由。[①]

总之,随着中美战略竞争关系的不断发展,马歇尔竞争战略越来越引起了美国战略学界关注,美国的政策决策者也越来越多地按照竞争战略的思路,从寻找中国长期劣势和不足入手,基于中美长期战略竞争假设对中国实施竞争战略。由于中国的崛起是经济、政治、军事等各个领域的综合崛起,美国对华竞争战略也不仅仅局限于军事领域的竞争,将进一步向政治、经济、外交等领域拓展。

---

① 关于东南亚各国"反介入/区域拒止"能力的发展,可参见 Christian Le Mière, "The Spectre of an Asian Arms Race", *Survival* (2014). Vo. 56, No. 1.

第六章

中国在大国竞争中的战略选择

当前，国际形势风云变幻，国际体系和国际秩序面临重大调整，新机遇新挑战错综交织、相互转换。作为新兴国家代表，中国取得举世瞩目的成就，其发展走向尤其令人关注，中国日益接近国际舞台中心，同时也接近斗争中心。变革的中国面临变化的世界，中国与外部世界由此进入深度互动的关键阶段。为此，中国应吸取一切竞争战略理论的合理成分，借鉴历史上主要大国竞争战略的成功做法和经验，与当前时代特征和中国实际密切结合，确立中国的竞争战略，确保国家富强和民族复兴大业的顺利实现。

一、中国面临的战略竞争环境

当今世界正进入大国博弈、力量分合、格局转移的新纪元，处于和平与危机、发展与动荡、合作与竞争密切交织互动的新时期。国际环境总体对我较为有利，但大国间的战略竞争日趋激烈而复杂，各种可以预见和难以预见的挑战不断增多，预防和控制危机、遏制和打赢战争，在总体和平下赢得竞争胜利仍面临着诸多风险。

（一）和平竞争成为大国战略竞争的主要形态

二战后，核武器的出现使人类社会进入了核时代，开启了大国战略竞争的新时期，促使和平形式的战略竞争成为大国对抗和较量的主要形态。冷战期间，虽然美苏两个超级大国之间的霸权争夺有时表现为低烈度的代理人战争，但绝大部分时间里则主要表现为和平状态下激烈的战略博弈和战略竞争。当今世界，虽然国际格局已发生重大变化，国际安全环境依然充满不确定和不稳定因素，我国仍然面临种种现实和潜在的重大安全威胁。总体而论，世界政治多极化、经济全球化、社会信息化深入发展，国际社会日益成为你中有我、我中有你的命运共同体，和平、发展、合作、共赢成为不可阻挡的时代潮流，大国关系总体将保持稳定。在可预见的未来，世界大战甚至大规模局部战争打不起来，总体和平态势可望保持。在和平发展时代背景下，大国之间权力争夺仍将主要表现为和平方式的战略竞争。值得关注的是，虽然和平竞争成为大国竞争的主要形态，但由于传统安全与非传统安全相互交织，国家安全问题变得更加错综复杂，大国之间在政治、经济、外交、军事、文化等各个领域展开全方位的竞争与较量，这种竞争的结果与以往战争一样，决定着一个国家民族的前途命运和兴衰沉浮。

（二）国际格局正处于大变动、大调整之中

冷战结束后，国际力量对比此消彼长，各种战略力量分化组合，世界权力分散化、去中心化及力量对比均衡化的趋势难以逆转，国际格局的多极化前景更加明朗，但发展演变更加复杂。一是受阿富汗战争、伊拉克战争和国际金融危机的影响，以美国为

首的西方世界内外交困，全球优势地位被严重削弱，操控国际关系和国际事务的能力下降。二是新兴国家和发展中国家的异军突起，成为促使国际格局变化和国际秩序调整的重要驱动力，促使全球权力分布日趋分散，使数百年来以西方为中心的国际等级结构更加多元，有助于推动国际政治经济秩序的多极化和民主化进程，使得大国主宰世界越来越难。三是新兴国家与发达国家围绕全球经济治理、新型领域规则制定展开激烈博弈，国际秩序竞争凸显，新兴国家谋求改革不合理的传统国际制度与规则，推动构建全球治理新规范，全球治理体系将发生历史性变化。面对国际格局的大变动、大调整，各大国之间的互动和博弈越来越频繁，大国间既相互借重，又相互斗争，国际力量加快分化组合，国际战略竞争环境更加复杂多变。

（三）中国面对来自美国的战略竞争压力不断上升

面对中国的快速崛起，中国已被锁定为美国霸权的头号挑战者。为应对中国的挑战，美国大力推进亚太"再平衡"战略，多管齐下，软硬兼施，全面强化了与中国的战略竞争。在政治领域，大力传播西方民主价值观，意识形态领域的战略竞争与对抗日趋复杂；在外交领域，塑造有利于美国的战略竞争环境，"推回"中国不断增长的地区影响力；在经济领域，打造有利于美国的战略竞争新平台，阻滞中国自由贸易区的建设进程；在军事领域，强化地区军事合作和军事部署，两国军事竞争越来越激烈而直接。面对来自美国日益上升的战略竞争压力，中国必须从加快构建中美新型大国关系的战略视角出发，努力推动两国关系始终保持在健康稳定发展轨道上。

(四) 亚太地区竞争日益成为国际战略竞争的核心

随着全球战略重心加速从跨大西洋地区向亚太地区转移，亚太地区日益成为国际战略竞争和博弈的核心，全球各主要力量纷纷加大对亚太地区的战略关注和投入，在交往加深、利益交融的同时，区域内大国间的战略博弈和战略竞争相互交织、错综复杂。一是日本借力美国战略重心东移，积极争夺地区主导权，围绕东海、台海、南海问题的角力日益激烈；二是印度的亚太战略由"东向政策"升级为"东向行动政策"，在加强与中国经贸合作的同时，积极发展与日本、澳大利亚、越南等国的安全和军事合作，加大战略对冲；三是其他大国和地区组织纷纷谋求扩大地区影响。俄罗斯提出"东方战略"，不断加大对远东和亚太地区的战略关注和投入，力图在亚太的大国竞争和博弈中占据有利位势。澳大利亚国家安全战略的重心日益聚焦亚太，加强对亚太事务的介入和影响，试图充当亚太地区的大国。东盟积极推进"10＋X"机制，以图充当大国战略博弈的平衡者。印度尼西亚等东盟大国试图借东盟平台，在地区事务中发挥更大作用。

(五) 科技创新日益成为战略竞争的焦点

历史上，凡是率先启动科技革命并且占据领先地位的国家，往往在大国竞争和较量中居于优势地位，并最终跃升为世界一流大国。随着科学技术的发展，人类再次迎来新一轮科技革命。这一轮科技革命，无论是速度、内容，还是广度和深度，都与人类过去经历的变革截然不同，它对人类社会的方方面面尤其是大国战略竞争，都将产生革命性甚至颠覆性影响。世界主要国家相继出台创新战略，科技领域的战略竞争已经展开，科技创新已经成为大国在战略竞争中谋求主动的共同举措。2015年10月,美国奥巴马政府推出了其任内的第三版《美国创新战略》,力图保持美国全球科技的领先地位,巩固世界霸权。德国连续三次颁布高技术战略,2016年3月推出《数字战略2025》,推动数字经济发展。法国也于2015年发布了《未来工业计划》,日本2016年通过了《第五个科学技术基本计划》,提出建设"超智能社会",把日本建成"世界上最适宜创新的国家"。

(六)军事大国努力抢占军事竞争的战略制高点

发轫于20世纪70年代的新军事革命正加速发展,推动战争形态加快向信息化战争演变。大国军事竞争呈螺旋式上升趋势,主要大国普遍调整军事战略,以改革和创新为抓手,加快发展海洋、太空、网络、深海等新型领域作战力量,以及以远程、无人、隐形、智能为特征的高新武器装备,力求在未来的军事竞争中占据优势地位。当前,美国国防部已经启动新一轮国防改革,根据未来战争发展趋势调整部队结构及各司令部的职责和任务区,将战略司令部下属的网络司令部,升格为与战略司令部平级的一级职能司令部;2014年美国发布《国防创新倡议》备忘录,启动实施"第三次抵消战略",着重研发和运用包括人工智能、大数据等在内的多项颠覆性技术,谋求通过军事技术和作战概念的创新,维持美国绝对军事优势。2008年10月,俄罗斯正式开启了"新面貌"大规模军事改革,建立了战区联合作战指挥体制,合并了空天军,设立了国家防务指挥中心,并加快了军用机器人、无人机、电磁轨道炮、高超声速武器等新概念武器装备的研发和应用。2016年英国发布了《国防创新倡议》,强调把重点放在先进计算、小型化、大数据和3D打印等颠覆性技术领域,以塑造有利环境,确立战略优势。

（七）中国战略竞争力量建设与布局喜中有忧

改革开放以来，中国保持了 30 多年高速发展，经济和社会发展取得了举世瞩目的成就，积聚了雄厚的战略竞争资本。2010 年，国内生产总值已经超过日本，成为世界第二大经济体，预计未来 15—20 年里将成为世界第一大经济体；自 2008 年国际金融危机以来，中国经济增长成为世界经济增长最重要的拉动力，经济增长对世界的贡献率近几年达到 50% 以上；世界经济体系中的竞争地位不断提升，推进实施"一带一路"战略构想，推动设立"亚洲基础设施投资银行"，积极适应、主动塑造全球贸易规则和投资规则的能力进一步提升；积极参与全球治理，推动构建更为公平的新型国际关系和全球治理新秩序，承担大国责任的能力和意愿大幅增长；军事能力不断增强，对美国的战略威慑和制衡能力快速发展，管控危机、遏止冲突、稳定周边和保护海外利益的能力进一步增强；科技创新能力大幅提升，从以跟踪为主步入跟踪和并跑、领跑并存的历史新阶段，一些重要领域跻身世界先进行列，正处于从科技大国向科技强国迈进的重要跃升期。

同时，中国仍然面临着由大向强阶段难以回避的瓶颈和困难。就国内来说，目前面临"中等收入陷阱"的严峻挑战，经济发展进入新常态，传统发展动力不断减弱，需要优化产业结构，改变国家经济增长方式；中国许多产业仍处于全球产业价值链的中低端，面对发达国家的"再工业化"战略和广大发展中国家加快开放、积极承接劳动密集型产业和资本转移，中国产业发展面临高端和中低端领域"双向挤压"的严峻挑战；科技领域，一些关键核心技术受制于人，发达国家在科学前沿和高技术领域仍然占据明显领先优势，中国支撑产业升级、引领未来发展的科学技术储备亟待加强；信息化、全球化的影响和冲击下，中国也面临

"塔西佗陷阱"的风险,需要改善国家治理,提升政府公信力。就国外来说,中美结构性矛盾持续上升,陷入"修昔底德陷阱"的危险不断增加;美国在世界范围内拥有众多的政治、军事同盟,与之相比,中国在外交舞台上缺乏真正的盟国;西方发达国家继续垄断国际话语权,宣扬"中国威胁论""中国责任论""中国崩溃论"等论调,中国在国际舞台上仍然缺乏话语优势。

总的来看,政治多极化、经济全球化、社会信息化深入发展,国际形势保持总体和平、缓和、稳定的基本态势,西方发达国家集体衰落,新兴国家和发展中国家群体性崛起,各种国际力量加速分化组合,世界多极化加速发展,新一轮科技革命、工业革命孕育兴起,军事革命深入演化,为中国参与国际战略竞争,以和平方式实现国家崛起、赶超跨越发达国家提供了难得的机遇。同时,经济全球化和社会信息化深入发展,导致国家经济和安全更加脆弱,周边仍然存在诸多的动荡和不稳定因素,中国仍然面临被侵略、被颠覆、被分裂的危险,美国进一步加大对中国的战略挤压和遏制,日本、印度、澳大利亚等加强对中国战略竞争和对冲的力度,发达国家利用先发优势率先布局新一轮科技革命、产业革命和军事革命,都将使中国面临更加严峻的挑战。

二、推进实施竞争战略的总体思路和基本原则

在和平与发展的时代条件下,激烈的大国战略竞争成为国际关系的常态。战略竞争虽然不会直接造成大量的人员伤亡和财产损失,却跟大国战争一样能够决定民族命运和国家兴衰。从某种意义上讲,和平形态的战略竞争也可看作是传统意义上战争的延伸,是不流血的大国战争,是大国总体综合实力的全面较量。当前,中国正处在国家由大向强发展的关键阶段,为遏阻中国崛起、维护霸权地位,美国正推动实施竞争战略,试图用冷战期间

击败苏联的策略和手段来打断中国的崛起进程。因此,主动参与并赢得大国战略竞争,是实现"两个一百年"奋斗目标和民族伟大复兴中国梦所无法回避的选择。我们既要研究和辨析大国战略竞争的形态和本质,更要积极借鉴竞争战略理论与实践经验,确立科学的竞争战略指导思想,制定符合中国基本国情的战略竞争方案。

在当前历史条件和时代背景下,筹划和实施中国战略竞争,应遵循以下基本原则:

(一)坚持中国特色道路

大国战略竞争从根本上说就是道路的竞争,比拼的是哪个国家更能够充分发挥和调动本国的资源和潜力。中国和美国拥有不同的社会制度、意识形态、发展模式、传统文化及核心价值观,两国战略竞争从根本上说也是两种不同道路的比拼和竞争。因此,开展与美国的战略竞争,首先需要坚持中国道路,打造具有中国特色的国际价值体系。一方面,要发挥社会主义制度优越性,集中力量办大事,抓重大、抓尖端、抓基本。另一方面,要坚持并升级"中国模式",打造中国政治软实力。中国经济社会发展的巨大成就吸引了国际社会的广泛关注,中国成功的发展政策和经验被归纳为"北京共识""中国模式",为许多发展中国家争相效仿和借鉴。尤其是2008年世界金融危机之后,美国奉行的自由资本主义模式遭受重创,"中国模式"的吸引力进一步增强。但需要注意的是,中国发展模式同样也存在一些问题,也需要不断升级完善。当前,中国既需要通过更成功的发展来诠释"中国模式",也需要在国际上讲好中国故事,塑造"中国模式"的国际价值体系。

（二）以我为主保持战略定力

当前，国际力量对比正发生重大变化，中美实力对比差距缩小，两国战略竞争不断升级，这种情况下，尤其需要保持战略定力。一是应清醒认识自身能力的优势与不足。当前，中国综合国力和国际影响力不断增强，但与主要战略竞争对手美国相比，仍然存在较大的差距。约瑟夫·奈认为，"在全球范围的整体军事、经济和软实力资源方面，美国在未来数十年中仍然领先于中国。"[①] 这个结论虽然带有明显偏见，但中国不断壮大的经济实力还没有有效转化成为军事能力和政治影响力却是客观事实。开展战略竞争，必须首先认清和牢记这个事实。二是坚持合理的国家竞争战略目标。当前，中国不具备条件，更不应该像苏联那样奉行扩张战略，在多个领域展开与美国的全面竞争，挑战美国的世界霸权。面对美国不断升级的战略竞争压力，中应着力营造有利于和平发展的国际环境，坚决维护国家核心利益，不断增强在亚洲和西太平洋的影响力，坚定不移地走和平发展道路。三是保持战略耐心和韧性。中美战略竞争绝不是一朝一夕就能见分晓的，需要着眼长远筹划战略竞争的政策和措施，从战略竞争的全局评判行动的得失，坚持既定的战略方向、目标和计划，扎实而稳健地推进实施，谋求"积小胜为大胜"，绝不能因美国的战略调整而轻易放弃。

（三）以和平合作为主轴

当今时代，大国竞争不再是简单的零和博弈，而是既有冲突

---

① ［美］约瑟夫·奈著，［美］邵杜周译：《美国世纪结束了吗？》，北京联合出版公司，2016年版，第61—78页。

对抗又有合作共赢，开展战略竞争应立足和平、服务和平，既要开展有理有利的斗争，也要加强互利共赢的合作。面对美国的遏制和打压，应积极推进中美新型大国关系建设，避免陷入"修昔底德陷阱"。开展频繁有效的战略沟通与协调，以防止战略误判和误算导致武装冲突或战争；加强两国的经济合作，发展反恐、打击海盗、应对气候变化以及网络安全等非传统领域的安全交流与合作，以拓宽两国共同利益和重叠利益，营造和平合作的友好氛围；中美两军直接交锋日益频繁，两国舰机相遇引发意外的可能性增加，应进一步加强中美军事交流与合作，构建完善的危机应对和管理机制，避免因意外事件引发两国的军事冲突。但同时，要加强军事力量尤其是战略威慑力量建设，形成有效的战略威慑和制衡，并选择性地有限使用军事力量，以展示使用武力的决心和意志，慑止大国的战争企图和小国的战略冒险，维护和平环境。

（四）坚持发展创新驱动

近代以来大国兴衰的历史反复证明，科技和体制机制领域的发展和创新是大国赢得战略竞争主动和优势的核心。全球新一轮科技革命、产业革命加速演进，各种颠覆性技术不断涌现，技术领域的创新正在重塑世界竞争格局、改变国家力量对比，创新由此成为大多数国家谋求竞争优势的核心战略。二战以来，美国之所以能够在大国战略竞争中占得先机，一个重要原因就是其强大的创新能力。与美国展开战略竞争，中国需要聚焦创新，只有在创新上超越美国才能真正赢得两国战略竞争的主动。一方面，牵住科技创新这个"牛鼻子"。把握当前科技革命的发展趋势，高度重视颠覆性技术发展，选准科技创新的重点，确定正确的突破策略，选准主攻方向和突破口，加紧在一些战略必争领域形成独特优势；另一方面，加快体制机制的创新和改革，构建和完善有利于科技创新的平台和机制，充分释放科技创新的活力。国防发展领域，更应坚持创新驱动，抓住新一轮科技革命和军事革命的契机，积极开发利用颠覆性技术，创新作战理论和作战概念，推动国防建设的整体跃升和跨越式发展。

（五）主动发力赢得竞争优势

"善战者，致人而不致于人"。掌握主动是赢得战争胜利的关键，也是赢得大国战略竞争的关键。战略竞争中，为将战略竞争引入自己拥有比较优势而对手并不擅长的领域，进而赢得竞争优势，竞争双方往往采取攻势、主动出击。当前，中美战略竞争全面升级，为抢占战略竞争的主动，美国试图通过实施"第三次抵消战略"诱使中国与其进行全面军备竞赛，以此施加竞争成本，最终像拖垮苏联那样拖垮中国。对此，中国既需保持高度警惕，更应主动作为。一方面，应提防美国陷阱，避免陷入全面军备竞赛。当前，美国实施"第三次抵消战略"，明确提出要"抵消"中国"反介入/区域拒止"能力，施加竞争成本，隐含着引诱中国展开军备竞赛的成分。对此，中国应保持高度警惕。短期来看，中国应继续以对美保持有效的战略威慑和战略制衡为目标，有选择、有重点地加快发展部分领域的军事能力，而不应全面挑战美国的军事优势，避免陷入恶性军备竞赛，将有限的国家资源投入军备竞赛的"无底洞"。另一方面，中国应以更加积极的姿态主动出击，摆脱不断接招、被动应对的局面，选择中国具有比较优势的领域主动出击，以牵引竞争，赢得先机。在国家层面，与当前的美国相比，中国的优势在于经济能力，为此，我应积极发挥经济领域的比较优势，推进"一带一路"建设，推动构建开放型世界经济体系，以经济方式加快走出去步伐，以此增强中国的政治和制度影响力；积极发挥中国的金融优势，加快人民币国际化步伐，扩大国际金融影响力；以"亚洲基础设施投资银行"为平台，加快地区基础设施建设，增进地区互联互通，深化和拓展中国的地区影响力。国家安全和国防建设层面，在加强防范的同时，仍需强化攻的能力，找准战略前沿科技的突破点，发挥社会主义制度的优势，集中力量创新发展一些新型能力和手段，努力将战略和国防竞争引入有利领域。

（六）兼顾开放与自主

改革开放的实践证明，开放和交流是推动国家发展的重要动力。在激烈的大国战略竞争中同样需要保持开放，加强交流与合作，积极学习发达国家先进技术和管理经验，促进自身更好更快地发展。但是，近代以来大国兴衰的历史表明，自主能力更是国家发展壮大和赢得战略竞争的根本。首先，要确保国家战略产业的独立自主。战略产业往往关系大国竞争优势，任何国家相关产业及其技术的出口都是有保留的，如果过于依赖进口，没有形成独立的战略产业，最终将会受制于人。其次，不断培育壮大国家自主创新能力，即重大前沿科技领域的自主能力。在日趋激烈的大国战略竞争中，科技能力扮演着越来越重要的角色，以美国为首的西方大国对于科技转让非常敏感，设置了重重障碍。只有把核心技术掌握在自己手中，才能真正掌握竞争和发展的主动权，才能从根本上保障国家经济安全、国防安全和其他安全。尤其是武器装备发展上，在通过国际合作与交流积极引进国外先进武器装备和技术，加快武器装备更新换代的同时，更要加快消化吸收，提升自主研发能力，增强国防工业的自主能力。

（七）把握成本与效益的平衡

大国之间的战略竞争是耐力的比拼，必须着眼长远，考虑国家的可持续发展，避免空耗国力、战略透支。美国作为一个商业民族，在重大决策时注意权衡成本与收益，较好地保证了美国战略投资的收益，为美国夺取和维护世界霸权提供了支撑。当前，中国经济实力大幅提升，积聚了巨大的战略竞争资本，但在战略竞争中仍需注意把握成本与效益的平衡。一是把握经济建设及国民福利投入与国防发展投入的平衡。当前，面对严峻的安全环境，仍需加大国防投入，但不能因此而影响国家再生产的投入。尤其是，军队建设和装备发展时，应当加强成本核算，做到将有限的财力投入到最能产生效益的领域，避免"跟随式"、"比宝式"的军事竞争，防止空耗国家的资源和财力。二是把握国内建设与国外投资的平衡，国内建设发展是国家强盛的根基，应始终以国内建设，尤其是国内工业能力建设为重。三是把握经济收益和战略收益的平衡。为在国际舞台上结交朋友，扩大国际影响力，加强国外战略预置，通过对外投资或援助的方式实施战略投资很有必要，但为避免战略透支的风险，应兼顾战略收益和经济收益。

三、国家安全领域实施竞争战略的主要举措

国家安全战略竞争历来是国家战略竞争的关键领域，理应成为国家总体战略竞争的重中之重。

（一）积极管理中美战略竞争关系

中美两国乃至整个世界都无法承受中美战略对抗带来的损

失,避免陷入"修昔底德陷阱",推动构建"不对抗、不冲突、相互尊重、合作共赢"的中美新型大国关系应成为两国共同的追求。"两国能否维持和平,要看双方在追求自己的目标时能否保持克制,能否确保彼此之间的竞争只停留在政治和外交的层面上。"① 为此,必须管理好中美之间的战略竞争。

第一,保持战略清醒。一是双方都应清楚战略对抗和战争的可怕后果。中美两国之间的战争,不仅要断送中国崛起的进程,也必然导致美国霸权的终结;二是要清醒地意识到并且承认两国间存在着"安全困境"。"安全困境"并不必然导致战争,是可以通过双方的信息沟通和相互让步来取得的。"对困境双方的领导人来说,承认存在着'安全困境'是为了开启讨价还价的空间,以期采取对等的步骤管理和缓和可能非常危险的竞争升级"②;三是要保持政治清醒,防止军事统帅政治。战争期间要想赢得战争,军事需要服从政治,和平时期要想避免战争、维持和平,更需要保持政治对军事的统帅地位。这方面一战提供了最为深刻的教训。一战前,"军界的决策影响随战争技术变革而剧增,以至刻板狭隘的纯军事计划竟能主宰最重大的政治决定……无论是欧陆列强各自的全面快速动员规划,还是著名的'施里芬计划'和法国'第十七号方案',统统以一开始就大打全面战争为前提,它们不仅在平时严重限制了政府外交行动的回旋余地,而且在战争危机来临时成了政治领导不得不盲目接受的唯一权威对策。"③

---

① [美]亨利·基辛格著,胡利平等译:《世界秩序》,中信出版社,2015年版,第303页。

② Adam P. Liff and G. John Ikenberry, "Racing toward Tragedy? China's Rise, Military Competition in the Asia Pacific, and the Security Dilemma", *International Security*, Vol. 39, No. 2 (Fall 2014), p. 89.

③ 时殷弘:《论第一次世界大战的成因——一种宏观阐析》,载《江海学刊》2000年第1期,第148、149页。

第六章 中国在大国竞争中的战略选择

就当前中美关系来说，军事统帅政治的情况少有可能发生，但是军事竞争和对抗的升级影响和主导外交乃至政治议程的可能并非不存在。冷战结束以来，拥有世界独一无二军事力量的美国往往倾向于动用武力这种简单快捷的方式去解决远为复杂而困难的问题，外交政策日益呈现出军事化的趋势①，"小布什政府上台尤其在'9·11'事件之后，美国外交政策的军事化达到了新的巅峰"②。奥巴马上台之后，美国外交政策的军事化趋势有所纠正，但其亚太"再平衡"战略过于突出军事方面，美国军方以中国为假想敌提出"空海一体战"、"全球瞬时打击"等一系列新的作战概念和计划，如小布什时期一样强调先发制人地使用军事力量等等，说明使用简单化的军事手段和军事思维处理复杂问题的倾向在美国军方乃至国家战略的决策层仍然存在，军事统帅政治仍然是中美双方都需要保持警惕和努力防止的。

第二，保持战略克制。"未来中美冲突是一种选择，而非必然"，中美关系的未来取决于两国领导人的选择。"守成大国和新兴挑战者都愿意相互克制是确保权势实现转移时不发生危险和对

---

① 美国对外政策军事化趋势引起了美国许多外交官、学者和军人的关注，相关论述包括：Karl W. Eikenberry, "The Militarization of U. S. Foreign Policy", American Foreign Policy Interests 2013, http://www.ncafp.org/ncafp/wp-content/uploads/2013/02/Amb.-Eikenberry-Mil-USFP.pdf; Donald F. Herr, "Changing Course: Proposals to Reverse the Militarization of U. S. Foreign Policy", http://www.ciponline.org/images/uploads/publications/Mil_USFP_IPR0908.pdf; Michael T. Moon, "On Politics: The Militarization of America Policy", http://www.dtic.mil/dtic/tr/fulltext/u2/a449411.pdf; Mel Goodman, "The Militarization of U. S. Foreign Policy", Foreign Policy in Focus, Feb. 2004, http://www.comw.org/qdr/fulltext/0402goodman.pdf; Christopher J. Coyne, "Delusions of Grandeur: On the Creeping Militarization of U. S. Foreign Policy", http://papers.ssrn.com/sol3/papers.cfm?abstract_id=1736765。

② 程群：《奥巴马政府与美国外交政策军事化趋势》，载《现代国际关系》2009 年第 10 期，第 7 页。

抗的核心"①，为确保做出正确的选择，双方领导人需要坚持战略适度原则，保持战略克制。为保持战略克制，在对外战略层面，政治家需要正确界定并且追求适度的国家利益；保持自我克制，避免过度扩张；还要加强战略学习，从历史和国际事件中吸取战略经验和教训。在国内层面，既要控制民众激情，又要平衡各集团的利益诉求。② 对于当前中美两国来说，保持战略克制具有尤其重要的意义。它意味着双方都要认识、理解并尊重对方的重大利益关切，避免有意无意地挑战对方的底线，也意味着双方限制和控制国内民族主义情绪和各种利益集团可能对中美关系造成的不利影响。例如，在中国军事力量现代化问题上，美方应该认识和理解中方推进现代化建设的客观必要和正当合理，而中方"与此同时在自身军事力量的大力发展过程中一定要经常地考虑和研究一个问题：到哪个点上和哪些领域，美国可能变得不愿长时间容忍中国军力的进一步增长？"③ 中国的军事现代化建设应努力避免迎合和取悦国内的民族主义情绪，更需避免为国内高涨的民族激情和"胜利主义"所主导和左右；鉴于当前不断升温的中国与美国个别亚太盟国的领土纠纷和海洋权益争端，美国也应保持足够的理性和克制，避免卷入这些国家与中国的领土争端之中。

第三，积极构建新型军事关系。军事关系在促进国家间关系健康和稳定方面发挥着重要的积极作用。从短期看，两军之间开展坦率和建设性的交流，有利于防止因误解、误判、误算而导致

---

① Charles A. Kupchan, "Grand Strategy and Power Transitions: What We Can Learn from Great Britain", July 2011, New American Foundation, available at http://newamerica.net/sites/newamerica.net/files/policydocs/Kupchan.%20Grand%20Strat%20and%20Power%20Formatted%20PDF.pdf

② 左希迎：《大国崛起与政治家的责任》，载《国际观察》2009年第1期，第51、52页。

③ 时殷弘：《现当代国际关系史（从16世纪到20世纪末）》，中国人民大学出版社，2006年版，第378页。

的冲突，加强危机管理；从长远看，通过进一步完善各种机制，逐步深化合作，有利于增进相互了解和战略互信。"大国冲突范式的实质是，（大国之间）以阶梯上升的形式获取更多的硬实力是不可避免的，'零和'游戏和冲突也是近乎不可避免的。因此，这个范式把中国和美国的武装力量置于了双边问题的核心位置。打破这种困境的主要办法……就是增加两国武装力量各个军种和各个层次的积极的互动。"[1] 构建健康稳定的中美新型军事关系，对于防止两国因误解、误判和误算而导致的冲突，加强两军之间的相互了解和战略互信，缓解业已加剧的中美安全困境，推进中美新型大国关系建设具有重要意义。习近平在访问美国国防部时指出，中美两军关系是两国关系的重要组成部分，需服从、服务于建设中美合作伙伴关系的大局。希望中美两国防务部门本着"尊重、互信、对等、互惠"的原则，继续扩大和加强多领域、多形式的对话交流，尊重和照顾彼此重大关切，培育和增进战略互信，为构建健康、稳定、成熟的两军关系而共同努力。[2] 然而，新型军事关系的构建面临着巨大的困难，自冷战结束以来，中美两军关系始终滞后于两国政治经济关系，是两国关系中最敏感、最脆弱、最困难的部分。阻碍中美军事关系发展的三大传统障碍，即美国对台军售、美军机军舰抵近中国海岸侦察、美国国内法限制两军未来发展仍然存在，并且短期内难以克服。尽管如此，两国两军仍需以极大的耐心、付出最大的努力，推进中美新型军事关系建设。

特朗普就任总统以来，中美关系实现了平稳过渡。两国高层及各级别交往密切。2017年10月特朗普总统成功访华，中美双

---

[1] David M. Lampton, "A New Type of Major-Power Relationship: Seeking a Durable Foundation for U.S.–China Ties", Asia Policy, Number 16, July 2013, p.14.
[2] "习近平会见美国国防部长帕内塔、参联会主席邓普西"，人民网，2012年02月15日，http://politics.people.com.cn/GB/1024/17122050.html。

方在经贸、两军、地方、人文等领域达成了多项共识，同意加强在重大国际、地区和全球性问题上的沟通与合作，为新时代中美关系发展发挥了战略引领作用。尤其是，中美双方认真落实两国元首共识，相继启动了外交安全对话、全面经济对话、社会和人文对话、执法及网络安全对话等四个高级别对话机制，有利于更好地管理两国在各领域的分歧和战略竞争。一年里，两国关系经历短暂风波之后趋于稳定，反映了两国共同管理分歧和竞争。一年里，两国关系经历短暂风波之后趋于稳定，反映了两国共同管理分歧和竞争，维持两国关系总体稳定的共同愿望。当然，中美之间的竞争和分歧并未从根本上解决，特朗普政府的政策走向也仍存在较大的不确定性，未来中美关系还可能经历波折甚至对抗，为此，中美双方都应积极的姿态、切实的行动管理好两国间的战略竞争关系。

（二）塑造有利的周边战略环境

为应对来自美国不断上升的战略竞争压力，应着眼中美战略竞争的全局去筹划对外战略和周边外交，塑造良好的周边环境。

一是加强中俄战略协作伙伴关系。随着中美结构性矛盾的持续上升，俄罗斯对于中国的战略意义不断提升，是中国开展战略竞争必须依靠和利用的重要战略力量。联合俄罗斯，一是要修好与俄罗斯的关系，打造稳固的战略后方，以充分发掘中国陆海复合型国家的地缘政治潜力；二是要加强两国战略协作，在联合国等国际舞台上共同制约美国的强权政治和霸权行为，在美国反导系统建设等危及全球战略稳定的重要问题上共同发声、协同行动；三是加强中俄军事合作交流，通过引进俄罗斯先进武器装备和军事技术，带动军队建设和军事技术快速发展，借助上海合作组织平台，以联合军事演习等方式共同应对美国的军事压力；四是增进两国经济领域的交流与合作，加大中俄能源合作力度，实现能源供给的多元化，维护中国能源安全。同时，推动"一带一路"与俄罗斯"欧亚联盟"接轨，借重俄罗斯的力量推进"一带一路"建设，加快推进欧亚大陆的互联互通。

二是积极管控日本风险。2010年国内生产总值被中国超越之后，日本心态失衡，急于夺回东亚地区的主导地位，致使中日关系持续动荡。当前，因日本政府"购岛"风波而引发的中日钓鱼岛危机，经历四年多之后形势趋于平缓，但是，钓鱼岛问题以及东海海洋权益争端仍然是中日关系改善的重大障碍，东海局势仍然存在较大的不确定性。尤其是，2016年以来，日本政府继续强化对"中国威胁"的认知，不断加强西南诸岛的军事部署，积极争取美国承诺钓鱼岛适用于《日美安全保障条约》第五条，采取各种手段包括发射干扰弹妨碍中国军舰、军机正常的巡航飞行。在中日战略互信缺失、双边关系回暖缓慢的背景下，双方因意外相撞、擦枪走火引发军事冲突的可能性不能排除。"日本战略的不确定性、消极性和危险性的日积月累正在将日本变成一个具有进攻性和冒险性的国家。如何管控日本风险，是中国和平发展进程中面临的严峻考验。"[1] 为有效管控日本风险，一是要敢于斗争，坚决维护国家核心利益。在领土领海主权、台湾问题等涉及国家核心利益的问题上继续坚持针锋相对的斗争，通过斗争坚守底线，以斗争求和平。二是要利用美国力量管束日本。美日虽然是盟国，但两者的关系是主从关系，美国对于日本对外政策具有决定性影响。美国在东亚地区拥有重要战略利益，中日关系的恶化和对立不符合美国的利益。美国亚洲战略本质上仍然是均势战略，既不容忍中国独大，也不允许日本彻底摆脱战后体制，破坏

---

[1] 门洪华、宋志艳：《日本相对衰落与中国的应对》，《社会科学》，2016年第7期，第18页。

地区秩序，从而为中国利用美国力量约束日本行为提供了回旋的空间。三是进一步加强中日两国的经济联系。中日两国自改革开放以来持续的经济往来，形成了两国之间密切的经济相互依存关系，成为保持两国关系总体稳定的重要基础。四是加强军事力量建设。中日军力相比，中国整体占优，为有效慑止日本的战争冒险，应进一步强化整体力量优势，对日形成强大的整体威慑，重点加强海空力量建设，做好应对钓鱼岛冲突的行动准备，以强大的军事力量和有效的军事斗争准备慑止日本的战争冒险。

　　三是维持中印关系的总体稳定。当前，为制衡和对冲中国的崛起，印度不断加大国防建设力度，加强针对中国的军事部署，积极发展与美国的战略与军事合作关系，中印边境地区蚕食和反蚕食斗争仍然激烈。为保持中印关系的总体稳定，首先，应继续维持中印边界谈判，构建和完善边境地区相互信任措施，防止擦枪走火等意外情况引发军事危机或冲突；其次，加强中印战略沟通，增进经济交流与合作，增信释疑，塑造双边关系友好氛围；再次，加强与南亚地区各国的交流与合作。积极推进"一带一路"，尤其是"中巴经济走廊"建设，促进巴基斯坦、孟加拉等国的经济发展，维持南亚大陆力量的总体平衡。继续深化与斯里兰卡、尼泊尔等其他南亚国家的战略合作。稳步推进斯里兰卡科伦坡港口城和汉班托塔港建设，加大对斯里兰卡的经济和军事援助力度，将其打造为经略印度洋的重要战略支点。最后，要优化作战力量布势并加强战场体系建设，有效遏阻印军的蚕食行动和进攻企图。

　　四是积极维持周边邻国的安全稳定。与中国接壤的小国多，热点问题多，美国往往会利用周边邻国的国内动乱或热点问题发难，维护周边邻国的安全和稳定关系中美战略竞争的全局。为此，一是应积极落实"亲、诚、惠、容"的周边外交理念，以诚待邻、以利惠邻，借助"一带一路"平台，加强邻国的基础设施建设，帮助邻国经济社会发展，逐步构建周边利益共同体；二要加强地区安全合作，共同应对恐怖主义、海盗威胁，以及地震、海啸、洪灾等自然灾害，打造地区安全共同体；三是加大对地区热点问题的介入和管控力度，积极谋求化解或缓和矛盾，防止为其他外部大国利用。

（三）善于借助第三方力量弥补自身力量不足

中美战略竞争中，中国力量相对较弱，在很多方面难以单独与美国对抗和较量，需争取并借助第三方力量，跳出东亚和西太平洋的内线，将中美战略较量的前线转移至广大新兴国家、发展中国家、美国联盟体系，以及联合国等重要国际舞台。

一是积极借助新兴国家的力量。新兴国家的群体性崛起是中国开展战略竞争可资利用的重要力量和资源，在全球治理体系变革、新的国际规则制定等方面，中国应加强与新兴国家合作，形成集体合力，共同推动建立更加公正合理的国际政治经济新秩序。

二是积极借助广大发展中国家的力量。中国是最大的发展中国家，与美国相比，中国与发展中国家建立了长期的友谊，也拥有广泛的共同利益。长期以来，发展中国家都是中国可以借重的重要国际战略资源。当前，广大发展中国家还是中国重要能源资源出口国和对外投资目标国。中国需进一步强化与发展中国家的政治、经济和战略合作，拓宽共同利益，形成更加紧密的统一战线，共同推动建立公正合理的国际政治经济新秩序。

三是积极借助联合国等国际组织和机制的力量。联合国等国际组织自建立起就是大国激烈斗争和交锋的重要舞台。

在中美战略竞争中，中国也要善用巧用国际组织和机制。一是利用联合国等国际组织宣扬中国声音和中国主张，扩大国际话语权；二是利用联合国、G20等国际组织和机构，发布中国议程和中国方案，修改和制定有利的国际规则，推动建立公正合理的国际秩序；三是利用联合国军备控制和裁军机构，制约美国的军备发展，缓和中美军备竞争；四是在联合国等国际组织的框架下，更加积极地参与全球安全治理，借船出海，以维和、打击海盗、反恐及人道主义救援为平台，维持中国海外的常态化军事存在，维护重要海上通道安全，保护国家海外利益。

（四）以非对称发展和自主创新实现弯道/变道超车

在国防和军队建设领域，非对称发展主要指独辟蹊径地开拓新领域和新方向，以发挥自身特点，在关键领域形成局势优势，借此抢占先机，牵引竞争领域，给对手施加竞争成本，最终赢得战略竞争。所谓"弯道超车"，有战略层面和技术层面两层含义。从战略层面理解，弯道主要是指，国际战略格局大动荡、大变化，尤其是新一轮工业革命和科技革命孕育兴起、大规模颠覆性技术群体性迸发，给中国超越其他国家带来的有利机会。如果能够抓住这个机会，选准具有比较优势和巨大潜力的科技领域，发挥社会主义制度的优势，集中力量实现突破，那么就有可能实现超车。从技术层面理解，由于美国等西方国家在一些关键领域拥有明显的技术领先优势和垄断地位，如果继续沿着它们的技术路径发展，中国基本不可能实现超车，要想超车就必须变道，即寻求新的技术路径，通过大量颠覆性技术的创新，开辟自己关键技术的发展道路，最终凭借颠覆性技术来实现超车。总的来看，不管弯道超车，还是变道超车，其本质上都是一种非对称发展

第六章 中国在大国竞争中的战略选择

思路。

美国的国防和军队建设一直高度强调非对称发展。推进实施"抵消战略"时，美国强调要选择自身占据优势的领域集中发力，尽可能地将竞争引入国家已经形成竞争优势的领域，给对手施加竞争成本。当前，美国大力推进实施的"第三次抵消战略"同样强调非对称发展。美国助理国防部长史蒂芬·韦尔比就承认，抵消战略本质上就是一种以非对称的方式补偿自身不利位势的军事竞争战略。[①]

对中国来说，推动国防和军队建设非对称发展，应该重点把握以下几个方面：

一是避免"跟随式""反应式"的发展模式。"跟随式"发展主要指，参照强国或对手发展军事能力，人家有什么就跟着人家搞什么；"反应式"发展指的是，专门发展对付对手武器装备的军事能力，人家有什么，就搞个东西来对付。这两种模式都是线性发展模式，结果不仅难以赶超对手，还可能消耗大量的国家资源，甚至可能陷入恶性的军备竞赛。以往中国国防和军队建设也存在"跟随式""反应式"发展的问题。当前中国部队建设和武器装备发展仍存在"跟随式""反应式"发展的印痕，一些装备发展上存在求大求全的问题。尤其需要注意的是，虽然中国海外利益不断拓展，但国防和军队建设绝不应像美军那样谋求建立快速全球投送能力，没有必要像美军那样打造 10 个庞大的航母战斗群，而是以"够用"为基本目标。

二是构建"核常兼备"的战略威慑能力体系。以核武器为核心的战略威慑能力是中国遏制侵略和武装干涉、争取和平的重要

[①] "Third Offset Technology Strategy", Statement by Mr. Stephen Welby, Assistant Secretary of Defense for Research and Engineering, Before the Subcommittee on Emerging Threats and Capabilities, Armed Services Committee, United States Senate, April 12, 2016.

保障，是维护国家主权和安全的战略基石。近些年，中国按照非对称思路，重点发展了一些新型"杀手锏"武器装备，成为抗强敌干预的重要手段。针对中国的军力发展，美国不仅宣布投入1080亿美元全面升级其核武库，还大力推动实施"第三次抵消战略"，试图通过重点发展颠覆性技术，抵消中国不断增强的所谓"反介入/区域拒止能力"。对此，必须按照"精干有效、核常兼备"的战略要求，进一步加强战略威慑能力体系建设，依靠科技创新加快核武器作战系统的改进与升级，打造"三位一体"的核武器运载力量体系，重点加强战略核潜艇的建设和发展，大力发展新概念武器装备，提高战略预警、指挥控制、导弹突防、快速反应和生存防护能力，提高战略威慑与核反击和中远程精确打击能力，确保有效、可靠的战略威慑，慑止他国对中国使用或威胁使用核武器。

三是加快颠覆性技术创新，努力在一些关键领域抢占竞争优势。弯道超车的根本路径在于技术创新，尤其是颠覆性技术创新。颠覆性技术是一种另辟蹊径，会对传统或主流技术途径产生颠覆性效果的技术。军事实践表明，颠覆性技术是科技创新的突破口，谁率先把颠覆性技术用于军事领域，谁就抢占了军事竞争的先机。当前，新一轮科技革命孕育兴起，大量颠覆性技术呼之欲出。军事领域的颠覆性技术至少包括：高超声速武器系统、水下无人潜航器、不依赖GPS系统的精确导航技术、智能无人武器系统、大数据技术、新型能源技术、人体机能改良和打造"超级士兵"的生物技术、训练场景全息模拟技术、战场3D打印技术，等等。为抢占军事竞争的先机，应选准具有相对优势并能取得重大突破的技术领域，加强前瞻性先导性探索性重大技术和新概念研究，大力开发颠覆性技术，加紧在一些战略必争领域形成优势，实现弯道超车。

四是加强基础前沿和高技术研究，补足关系国家安全的关键核心技术短板。虽然中国在科技创新方面已取得巨大成就，但许多关键核心技术仍然受制于人。随着中美战略竞争的不断升级，尤其是美国"第三次抵消战略"的推进，中国在信息、网络等方面将面临更加严峻的威胁，必须围绕涉及长远发展和国家安全的"卡脖子"问题，加强基础研究前瞻布局，加大对太空、航空、海洋、网络、能源、信息、生命等领域重大基础研究和战略高技术的攻关力度，尽快补足国防科技的短板，实现关键核心技术的安全、自主、可控。当前，美军重点发展多功能无人潜艇器、长航时无人侦察/作战系统、网络攻防等领域的军事能力和手段，这应引起高度重视，大力加强相关领域的投入，重点增强水下态势感知、深海反无人潜艇、空中反无人机的技术和能力，补足中国在这些领域的短板。

五是加强军事理论的创新研究。美国战略学者马克斯·布特指出："由于创造力无法预测，因此没有一个国家可以指望自己能够在所有甚至是大多数重要科技领域都取得突破性成果。因此，要获得军事优势，并不一定非要第一个做到生产某种新工具或新武器，而是要比他人更好地利用现有的工具或武器。"虽然中国在很多军事技术领域落后于美国，但仍然可以通过军事理论的创新，更好地利用前沿技术和装备来抢占竞争优势。

（五）加快国家战略竞争体制机制改革

随着新一轮科技革命、产业变革和军事革命的展开，世界各主要国家围绕抢占科学技术的制高点而展开激烈争夺，事实上竞争的背后是国家体制间的竞争，比拼的是谁的制度更能激发创新活力，以驱动颠覆性技术创新，支撑激烈的大国战略竞争。

一是加强战略规划与战略管理能力。随着科学技术的快速发展和大国战略角逐的升级，规划和计划在大国战略竞争中发挥着越来越重要的作用。回顾冷战历史，美国能够在与苏联的竞争和对抗中占据优势并最终赢得胜利的一个重要因素就是，美国进行了比苏联更有效的规划和计划。这方面，美国国防部的净评估办公室及其采用的净评估方法发挥了重要的作用。净评估作为一种战略分析辅助手段，通过对美国和对手在某军事领域的短期和长期竞争形势进行对比分析，为决策者提供诊断性和前瞻性的战略参考。当前，大国间的竞争更加激烈，技术更新更快，外部环境的不确定性不断增加，无论对一支军队，还是一个国家，放弃规划和计划就等同于放弃了目标，放弃了秩序，放弃了未来。为此，必须高度重视和加强战略规划与管理能力建设。强化军委有关部门的战略规划与管理职能，加强国家安全尤其是军事安全有关信息和数据的采集管理，建立相关信息数据库，借鉴和采纳净评估方法，加强对有关国家国防领域长期发展趋势的分析，发现相对优势和弱点，为制定竞争战略提供参考。在装备发展领域，应强化军委有关部门对全军装备发展的战略管理和战略规划，瞄准未来装备发展趋势，立足自身能力和条件，制定和完善中长期的装备发展规划和计划。

二是推进军民融合，充分调动和发掘开展战略竞争的国家潜力。军事能力建设和军事竞争优势必须走军民融合道路，这是由国家配置资源的基本体制和现代高技术发展的特点决定的。当前，中国已经把军民融合发展上升为国家战略，这是党中央从国家安全和发展战略全局出发作出的重大决策，对于开展战略竞争具有十分重大意义。要加大推进国防科技和武器装备领域军民融合的力度，重点围绕提高国防科研和武器装备的自主创新能力。可以依托科技创新资源集中的地区，搭建军民协同创新的平台，整合国防科研力量、高新技术企业创新力量与高校基础研究力量，重点扶持具有颠覆性作用的重大技术研究；积极推进空天领域的军民融合，把开发空天资源与维护空天安全统一起来，制定空天安全与发展规划，努力打造由空中安全、太空安全和信息安全构成的军地一体化国家空天安全体系；加快推进信息领域的军民融合，把国家信息化建设与军队信息化建设统一起来，实现军民信息技术的共享和相互转移，大幅提升军地信息获取、信息共享、信息利用、信息对抗等能力，有效整合军地力量，构建军民一体的网络空间防御力量。

三是设立专门负责前瞻性技术先期研究和前沿技术军事应用转化的机构。为推动前瞻性技术的开发，美国早在20世纪50年代就设立了"国防高级研究计划局"（DARPA）。为加快前沿技术的军事应用转化，2012年美国又专门成立了"战略能力办公室"。"国防高级研究计划局"的主要任务是，以未来战争形态为牵引，研究分析某些具有重大颠覆性、创新性和前瞻性的高新技术群，从而为解决中、远期国家安全问题提供高技术储备，防止对手的技术突袭。"战略能力办公室"的任务重心是，通过不断加大军民融合的力度，加快推进无人机、3D打印、云计算等前沿技术的军事转化和运用。实践表明，这两个机构为推进美军前沿技术研发和应用，确保美军绝对军事优势地位发挥了突出的作用。中国应利用国防和军队改革的契机，通过明确赋予军委有关部门相关职能，或设立类似的专门机构，重点围绕技术发展趋势预判和科技成果转化应用，改革完善体制机制，以提升颠覆性技术的认知力和鉴别力，增强前沿技术的前瞻布局和超前谋划，加快科技成果向军事应用的转化，确保技术和军事竞争综合优势。